ÉTUDES CARTÉSIENNES

BIBLIOTHEQUE D'HISTOIRE DE LA PHILOSOPHIE
Fondateur H. GOUHIER   Directeur E. CATTIN

Ferdinand ALQUIÉ

ÉTUDES CARTÉSIENNES

Deuxième édition revue et augmentée
par
Mathias GOY et Thibaut GRESS

PARIS
LIBRAIRIE PHILOSOPHIQUE J. VRIN
6 place de la Sorbonne, V e
2023

© *Librairie Philosophique J. VRIN*, 1982, 2023
ISSN 0249-7980
ISBN 978-2-7116-3097-4
www.vrin.fr

ALQUIÉ, LE DÉMARCHEUR DE VÉRITÉ

Histoire d'un esprit libre

Rééditer sous une forme substantiellement augmentée un recueil d'articles de Ferdinand Alquié près de quarante ans après sa première publication, c'est réaffirmer l'actualité d'un auteur structurellement inactuel et juger que sa manière de faire et d'écrire constitue toujours aujourd'hui une voie autant qu'une voix dont on ne saurait sous-estimer l'importance[1].

Né à Carcassonne en 1906, mort à Montpellier en 1985, Alquié traversa le siècle d'un pas libre et indépendant, imprimant à l'histoire de la philosophie classique une marque indélébile et irréductible à quelque courant que ce fût. Sa liberté fut d'abord celle d'une tonalité, d'une *langue* qui était celle d'un écrit soutenu mais libéré de toutes les lourdeurs et de tous les jargons inutiles ; fuyant toute pédanterie comme toute syntaxe alambiquée, se méfiant des formules verbeuses simulant la profondeur ou des pseudo-paradoxes rejouant sans fin les artifices de

---

1. Depuis plusieurs années déjà, par un remarquable travail, les éditions de la Table Ronde s'emploient à rééditer autant qu'à actualiser les titres épuisés de Ferdinand Alquié, maintenant ce dernier dans une certaine lumière éditoriale. Nous sommes heureux, par cette présente réédition, de contribuer à cette entreprise.

problématisation dissertatoire, il déploya de clairs énoncés exprimant des conceptions qui ne pouvaient être que bonnes.

Libre, il le fut également par son rapport aux modes et aux tendances de son temps : s'il fut certes séduit par le surréalisme et par André Breton, il publia dans le cinquième numéro de la Revue de son ami une lettre s'inquiétant du « vent de crétinisation systématique qui souffle d'URSS »[1] et se mit à l'écart du marxisme dont, de toute façon, l'historicisme ne pouvait le séduire. Par l'importance accordée à l'expérience existentielle des philosophes, il ne put jamais être attiré par le structuralisme qui ne voyait dans la philosophie que des textes sans auteur, tandis que l'heideggérianisme lui sembla produire une série de contresens importants sur l'histoire de la philosophie en général, et sur l'Être en particulier. Enfin, son amour pour la vérité autant que sa croyance dans l'expérience consciente du sujet le tinrent éloigné de toutes les philosophies dites post-modernes, si bien qu'il renonça à publier un texte sur la fameuse querelle entre Foucault et Derrida autour de la question de la folie dans la Première Méditation. Dans une lettre adressée à Jean-Marie Beyssade le 12 février 1974, Alquié justifiait en ces termes son refus de le publier : « À la réflexion (…), trop de choses me séparent actuellement de Foucault pour que je discute avec lui »[2]. Par ce biais pointait peut-être son ultime inactualité qui n'était autre que son scepticisme à l'endroit du désormais sacro-saint dialogue érigé en vertu : celui-ci paraît toujours vain car,

1. Cf. *Le surréalisme au service de la Révolution*, n° 5, 15 mai 1933, Paris, José Corti, p. 43.
2. La lettre est citée par Jean-Marie Beyssade dans « La "querelle sur la folie" : une suggestion de Ferdinand Alquié », texte reproduit dans le présent volume, p. 129.

soit les interlocuteurs partagent l'essentiel et peuvent
dialoguer, auquel cas l'accord est toujours déjà acquis, soit
il n'y a plus rien de commun entre eux et le dialogue n'est
plus possible, ce qui semblait être le cas avec Foucault.
Ainsi, prise en tenaille entre la fiction et l'impossibilité,
la discussion philosophique apparaissait bel et bien à Alquié
comme l'une des vanités de son temps[1] – et du nôtre.

Les refus philosophiques d'Alquié engageaient
également sa tonalité ; en se tenant éloigné aussi bien du
marxisme que de l'heideggérianisme et de son héritage
postmoderne, il n'endossa jamais les habits souvent
crispants du médecin auscultant telle ou telle pensée pour
y découvrir les symptômes de maux plus ou moins incurables
– expression idéologique de réalités économico-sociales,
tentation métaphysique, exclusion des marges, instauration
de normes, etc. Ne croyant ni au progrès ni à l'histoire, il
ne se pensait pas en position de surplomb et ne jugeait pas
du haut de sa cime illusoire 2500 ans de philosophie par
d'irrévocables sentences. Enfin, non structuraliste, il
accordait crédit à l'expérience vécue des philosophes, et
faisait du texte philosophique une sorte d'expression

---

1. On retrouve dans le présent volume de nombreux passages allant
en ce sens ; de même, un débat à Bruxelles est l'occasion pour Alquié
de railler l'idée de « dialogue » : « On parle toujours de dialogue à l'heure
actuelle, et l'on estime que le dialogue, c'est la philosophie, et que la
philosophie c'est le dialogue. Sans dialogue, il n'y aurait pas de philosophie,
et sans philosophie il n'y aurait pas de dialogue. On ne prend pas assez
en considération le fait que tous les dialogues philosophiques sont des
dialogues truqués. Le philosophe, c'est le metteur en scène du vrai, et je
n'ai jamais lu un dialogue écrit par Malebranche, par Platon, par Descartes,
où, à la fin, le philosophe avoue : je me suis trompé. À la fin du dialogue,
c'est toujours celui qui représente le philosophe qui triomphe. » *Revue
de l'Université de Bruxelles*, 3/4, 1973, « Philosophie et méthode »,
Éditions de l'Université de Bruxelles, p. 365.

toujours recommencée d'une expérience intime côtoyant l'indicible.

Ainsi, ni pédant, ni ricanant, ni surplombant, Alquié cherchait moins à être brillant qu'à restituer à partir des textes ce qu'avait pu éprouver un esprit pensant, et à établir que l'écrit philosophique ne pouvait jamais être que *second* et *imparfait* au regard de cette expérience. De cette singularité intellectuelle et formelle découle le vif intérêt des textes réunis dans le présent volume où s'entremêlent Philosophie, Histoire de la Philosophie et Philosophie de l'Histoire de la Philosophie dans une démarche dont il nous faut restituer les grandes lignes.

PHILOSOPHIE, HISTOIRE DE LA PHILOSOPHIE, ET PHILOSOPHIE DE L'HISTOIRE DE LA PHILOSOPHIE

En 1950 paraissaient deux livres importants de Ferdinand Alquié, d'une part *La Découverte métaphysique de l'homme chez Descartes*[1], classique de l'interprétation de la pensée cartésienne et, d'autre part, *La Nostalgie de l'Être*[2], présentation synthétique de sa philosophie propre. Fort d'une œuvre déjà abondante et singulière, le natif de Carcassonne publiait coup sur coup ses deux thèses de doctorat, indiquant par là même l'intime solidarité de ses activités de philosophe et d'historien de la philosophie[3].

1. F. Alquié, *La Découverte métaphysique de l'homme chez Descartes*, « Bibliothèque de philosophie contemporaine », Paris, P.U.F., 1950, 2ᵉ éd. mise à jour, 1966, rééd., « Épiméthée », 1987.
2. F. Alquié, *La Nostalgie de l'Être*, « Bibliothèque de philosophie contemporaine », Paris, P.U.F., 1950, rééd. 1973.
3. A. de Waelhens, dans son compte-rendu de *La Découverte métaphysique de l'homme chez Descartes*, avait tout de suite compris que ce dernier contenait des idées qui deviendraient « plus claires à la lecture de la seconde thèse de M. Alquié sur *La Nostalgie de l'Être*. »

Dans une langue claire et dénuée d'effets de manche, l'auteur livrait ainsi au public aussi bien l'analyse magistrale d'un philosophe – Descartes – avec lequel il ne cessait de s'expliquer depuis l'âge de 10 ans[1], que le *mode d'emploi* de son approche à travers l'exposition concise de sa pensée personnelle.

Par le rappel constant de ce lien, Alquié faisait voler en éclats la pseudo-neutralité de l'historien de la philosophie et rappelait une évidence, à savoir que nul ne pouvait aborder l'histoire de la philosophie sans disposer d'une interprétation de celle-ci, elle-même subordonnée à un certain nombre de principes philosophiques propres. Dans un très bel hommage rendu à Henri Gouhier en 1982, se laissait ainsi deviner – non sans une douce ironie – le scepticisme d'Alquié à l'endroit du silence des historiens quant à leurs propres convictions :

> Mais beaucoup d'historiens de la philosophie semblent refuser de nous dire ce qu'ils pensent. Tel fut le cas de Delbos, de Bréhier, de Gueroult. Après avoir lu, par exemple, le *Descartes* ou le *Malebranche* de ce dernier, on ignore si, comme Descartes et Malebranche, Gueroult croit en Dieu ou s'il n'y croit pas. Étrange situation,

A. de Waelhens, « compte-rendu de *La Découverte métaphysique de l'homme* et de *La Nostalgie de l'Être* », *Revue philosophique de Louvain*, troisième série, t. 48, n° 20, 1950, p. 579.

1. On lit dans les étonnants *Cahiers de jeunesse* l'importance de la rencontre précoce autant que séminale avec Descartes : « J'avais trouvé, très jeune, l'argument de Descartes : « Je pense, donc je suis » et je m'étais aperçu qu'à strictement penser, nous ne pouvons être absolument certains d'aucune existence, si ce n'est de la nôtre propre, j'entends de celle de nos états psychologiques car, pour ce qui est du corps, son existence est douteuse. À dix ans, je savais déjà cela. », dans F. Alquié, *Cahiers de jeunesse*, présentés par P. Plouvier, Lausanne, L'Âge d'Homme, 2003, p. 46.

semble-t-il, pour un philosophe, que de laisser ignorer ce qui, nous avons tout lieu de le croire, devait être pour lui l'essentiel[1].

Si l'historien de la philosophie est engagé par l'objet de son enquête, s'il n'est donc pas qu'historien mais aussi philosophe, alors sa neutralité en matière historique est non seulement feinte mais de surcroît proche d'une certaine forme de dissimulation ; il n'est en effet d'approche en histoire de la philosophie qui ne soit celle d'un philosophe animé par des *intentions* et des *principes philosophiques* et l'on ne voit guère pourquoi la probité consisterait à les occulter. Or, raisonner ainsi, c'est déjà rappeler que, derrière les textes étudiés, deux esprits sont à l'œuvre, à savoir l'auteur du texte étudié et l'auteur de l'étude : « l'historien de la philosophie, écrit Alquié, est un philosophe qui a choisi de parler, non de sa propre philosophie, mais de celle des autres. Ce choix pose déjà un problème psychologique sur lequel on ne s'est pas assez penché »[2].

Capital est ici le choix du terme « psychologique » qu'il nous semble presque possible d'interpréter au sens le plus radical, c'est-à-dire au sens d'un certain rapport à l'esprit : loin de *soupçonner* de manière critique des intérêts masqués – économico-sociaux ou moraux – le terme interroge bien plutôt ce qui est *en jeu* dans l'interprétation de la pensée d'un *autre* ou, plus exactement, ce qui est en jeu *derrière* la volonté de l'historien d'interpréter une philosophie qui n'est pas la sienne. Pourquoi chercher à connaître la pensée d'un esprit que l'on *n'est pas* et, plus

1. F. Alquié, « Philosophie et histoire de la philosophie chez Henri Gouhier », *Nouvelles de la République des Lettres*, Istituto Italiano per gli Studi Filosofici, Napoli, 1982-II, p. 8.
2. *Ibid.*, p. 7.

délicat encore, l'esprit que nous sommes est-il de toute façon en mesure de comprendre ce qu'il n'est pas ? Très tôt déjà, Alquié s'était inquiété de la dimension négatrice de l'esprit et de son incapacité à saisir son autre :

> L'esprit ne « comprend » rien car, comprendre, c'est s'assimiler quelque chose qui n'est pas nous-mêmes. L'esprit sape le réel, et il est nous-mêmes[1].

Retrouvant l'écho de l'esprit négateur du *Faust* de Goethe, Alquié eut très vite l'intuition que l'esprit ne pouvait avoir affaire qu'à lui-même, ce rapport à soi étant la négation de son autre pour le dire en termes hégéliens. Dès lors se comprend ce malaise devant sa propre activité d'historien de la philosophie revêtant les habits de la contradiction : en effet, au moment même où l'esprit s'empare de la pensée d'un autre, ce ne peut être que pour en nier l'altérité ou, tout au moins, pour s'y retrouver soi-même. À cet égard, l'examen de la pensée d'autrui ne vaut jamais que comme confirmation implicite des croyances de l'historien, et ce tant au sujet de l'histoire de la philosophie qu'à celui de la philosophie elle-même. Par conséquent, l'historien n'étudierait la pensée d'un *autre* que pour valider en retour sa propre pensée, la philosophie d'autrui étant alors une forme de *détour* provisoire et inessentiel, niée du fait même que l'esprit s'en est emparé[2].

Tout se passe chez Alquié comme s'il n'y avait de pensée que de celle de l'esprit comme tel, et qu'à ce titre l'intérêt accordé à la pensée d'un *autre* ne pût être qu'une forme de leurre puisque « *nous ne pouvons être assurés*

1. F. Alquié, *Cahiers de jeunesse, op. cit.*, p. 89-90.
2. « L'esprit ne peut se retourner contre lui-même, car lui-même n'est pas, il n'est, plus exactement, que négation et force de négation. », *Cahiers de jeunesse, op. cit.*, p. 90.

que d'une sorte d'être, celui de la pensée, de notre pensée »[1]. Mais alors rien ne saurait être plus impérieux pour l'historien de la philosophie que d'exposer ses principes propres puisque l'activité même de son esprit consiste à nier l'altérité de l'œuvre dont il s'est emparé, afin de s'y retrouver lui-même. En somme, si l'historien de la philosophie n'était qu'un être *intelligent*, c'est-à-dire apte à saisir une réalité autre que lui-même, l'exposition de sa pensée personnelle serait superflue ; mais, précisément parce que l'historien est *Esprit* et qu'à ce titre il aura tendance à ne se rapporter qu'à lui-même et, partant, à nier l'altérité de la pensée étudiée, la probité lui impose de dire quels sont les principes auxquels il accorde sa créance afin de ne pas simuler une science qui est par nature impossible.

TROIS PRINCIPES DE LA PHILOSOPHIE D'ALQUIÉ

S'il ne nous appartient pas dans cette préface de livrer une étude exhaustive de la philosophie d'Alquié, nous souhaitons en revanche établir trois principes directeurs structurant celle-ci et dont nous déduirons d'une part la conception de l'histoire de la philosophie qui en découle, et d'autre part la logique interprétative de la philosophie cartésienne qui en résulte, afin de rendre sensible la solidarité de ces trois moments dans l'œuvre d'Alquié.

L'objet n'est pas l'Être

Toute la philosophie propre de Ferdinand Alquié repose une opposition qui est celle du relatif et de l'absolu, du conditionné et de l'inconditionné ou, pour le dire avec ses termes propres, de l'objet et de l'Être. Ce que pense l'homme

---

1. *Cahiers de jeunesse*, *op. cit.*, p. 94. C'est nous qui soulignons.

– c'est-à-dire ce qui est relatif à ce qu'il *peut* penser ou connaître – ne saurait s'identifier à ce qui *est* indépendamment de lui, c'est-à-dire indépendamment de ses structures conscientes de connaissance. Affirmation logique autant que métaphysique, elle gouverne l'entièreté de ses écrits et ne cesse d'être réaffirmée dans les études qui constituent le présent volume, notamment dans le débat bruxellois de 1973 :

> Je n'ai jamais voulu réduire la philosophie à une espèce de formule. Si j'avais à réduire la philosophie à une telle formule, je la réduirais volontiers à la formule suivante : l'objet n'est pas l'être. Je crois que là est toute la philosophie. Mais ce n'est pas évidemment en disant « l'objet n'est pas l'être » que je ferais une œuvre de philosophie géniale, ou même compréhensible.

Dix ans plus tard, à la faveur d'un entretien avec *Le Monde*, Alquié réaffirmera son *credo* principiel, condensant toute sa démarche en une seule formule, très proche de ce qui se donnait à entendre en 1973 :

> en fait, je crois que si l'on considère la démarche philosophique dans ce qu'elle a d'essentiel, on voit que toutes les grandes philosophies sont une critique de l'objet au nom de l'être. J'entends par là qu'elles critiquent ce qui apparaît au nom de ce qui est en soi.

Ainsi s'impose une distinction entre la Philosophie comme telle, dont la vérité est unique, et le Système, qui est présentation différenciée de cette unique vérité. Alquié ne nie pas la singularité de chaque pensée, mais tend à distinguer l'expérience que chaque conscience est en mesure d'accomplir – expérience qui est universelle – de l'exposition de cette expérience que chaque conscience tend à accomplir sous une forme singulière. Pour le dire autrement, s'il y a expérience universelle et métaphysique de l'esprit, chaque conscience présente une intelligence différente de cette expérience, et c'est de cette entente intellectuelle différenciée que naissent les multiples systèmes.

La nostalgie de l'Être
comme dialectique de la présence et de l'absence

Il découle du premier point une évidence, à savoir que toute philosophie authentique est épreuve d'une perte – celle de l'Absolu qu'Alquié nomme l'Être – et, partant, que la condition humaine n'est jamais que l'épreuve de l'impossible saisie de l'Être. Ainsi, il n'est de philosophie qui ne soit description de la condition humaine conçue comme lieu de la séparation d'avec l'en-soi. « Toute philosophie est, en effet, pensée de la séparation[1]. » Éprouver la condition humaine, c'est éprouver ce qu'Alquié appelle magnifiquement « la nostalgie de l'Être », de même qu'analyser cette incapacité à saisir l'Être c'est du même geste découvrir la condition humaine en son épreuve fondamentale. Par-là se comprend le titre de l'ouvrage de 1950, *La Découverte métaphysique de l'homme chez Descartes*, dont l'entente doit être celle d'un arrachement de l'homme à l'anthropologie au profit d'une redéfinition de ce dernier à partir d'une condition spécifiquement métaphysique, celle d'un être *sachant* qu'il y a de l'Être mais condamné à ne saisir que l'objet.

C'est de cette perte et de cette quasi-fatalité que nous entretient *La Nostalgie de l'Être* où de nombreuses propositions, cousues d'une langue claire et limpide, rencontrent un grand bonheur d'expression :

---

1. F. Alquié, *La Nostalgie de l'Être*, *op. cit.*, p. 112.

> La certitude de l'Être est donc, avant tout, certitude de
> son absence : comme telle, elle est inséparable du désir
> de la retrouver, car, n'étant pas connaissance objective,
> elle ne saurait se manifester que dans le sentiment de
> notre séparation, naissant lui-même de notre tendance à
> n'être pas séparés[1].

Partant, éprouver la condition humaine c'est faire face à cette situation ontologique par laquelle l'Être s'éprouve toujours déjà comme perte, mais aussi comme ce qui est *consciemment* perdu, donc comme *présence* imposant à la conscience son absence. La « nostalgie » n'est ainsi possible que si une certaine présence de l'Être révèle son irrémédiable perte, si donc l'objet comme réalité relative à la conscience humaine se fait signe de l'absolu. L'Être n'est en effet pas ce qui fut présent et qui pourrait être retrouvé, mais il est au contraire ce qui n'a *jamais* été présent et qui, en même temps, est toujours désiré en tant que l'objet présent ne peut être objet qu'en étant signe de l'Être. Ainsi sommes-nous confrontés à chaque instant à un monde d'objets qui, à bien des égards, *sont* et qui, en même temps, par leur manière d'être, signifient qu'ils ne sont pas l'Être. Chaque philosophie n'est dès lors que la tentative de dire cette absence à partir de la présence d'une réalité qui, conditionnée, ne saurait être l'Absolu tout en le signifiant.

La résonance psychanalytique de cette approche n'est guère contestable et l'on serait tenté de voir dans l'épreuve même de la condition humaine telle que décrite par Alquié une forme d'ontologisation de la perte originaire chère à la psychanalyse, ce dernier reconnaissant du reste l'influence de Freud et de la métapsychologie sur son parcours : « (…) je voudrais dire, écrivait-il en 1963, tout ce que je

1. *Ibid.*, p. 12.

dois moi-même aux idées de Freud, et de façon plus générale, aux conceptions psychanalytiques »[1].

Primauté de l'expérience existentielle, secondarité du texte

Ce qui précède suppose un élément crucial de la réflexion d'Alquié, à savoir que le *texte philosophique est toujours second et que l'expérience existentielle est toujours première.* Il n'y a même de philosophie écrite que parce qu'il y a expérience originaire de la perte de l'Absolu et tout texte philosophique est explication imparfaite de cette perte.

L'esprit est donc à la fois activité de négation et expérience existentielle d'une impossibilité ou, plus exactement, d'une perte. Il en découle aussitôt que si l'objet est signe de l'Être, l'esprit, lui, est pris dans un entre-deux : ni véritablement absolu, ni véritablement objet, il se saisit dans l'ambivalence même qui lui confère l'éminence au regard de l'objet et la nostalgie à l'égard de l'Être. « La pensée de l'absence, écrit ainsi Alquié, est le signe que notre esprit est supérieur à tout donné, ce pourquoi chaque objet lui paraît seulement possible, et non nécessaire[2]. » Mais, aussi supérieur soit-il à l'objet, il ne saurait s'identifier à l'Être, ce sans ce quoi ce dernier ne serait pas saisi sous l'angle de la nostalgie mais bien plutôt sous celui de la coïncidence – raison pour laquelle, chez Descartes, Alquié niera la primauté du *cogito* et niera tout autant sa pleine transparence à soi.

---

1. F. Alquié, « L'évidence philosophique », dans G. Deledalle et D. Huisman, (éd.), *Les philosophes français d'aujourd'hui par eux-mêmes. Autobiographie de la philosophie française contemporaine*, Paris, C. D. U., 1963, p. 321, voir *infra*, p. 108.

2. F. Alquié, , *La Nostalgie de l'Être, op. cit.*, p. 8.

Cette expérience profondément ambivalente de l'esprit a pour conséquences de dessiner une histoire de la philosophie où toute pensée authentiquement philosophique *dit* cette expérience qui est la même pour tous. Certes existent différents systèmes philosophiques, mais s'ils diffèrent par la clôture qui les limite, ils s'identifient par l'inspiration existentielle qui en anime les auteurs. En 1963, Alquié affirmait ainsi sa foi dans l'unicité de l'expérience fondamentale de l'esprit :

> il m'apparaît de plus en plus que les philosophes malgré les différences de leurs systèmes, s'efforcent de traduire une même expérience, celle du rapport fondamental de la conscience et de l'Être. Dans *La Nostalgie de l'Être*, j'ai voulu déterminer et mettre en lumière ce rapport, fait à la fois de présence et de séparation, et distinguer, selon l'attitude adoptée, ontologie et métaphysique[1].

PHILOSOPHIE DE L'HISTOIRE DE LA PHILOSOPHIE

Alors que sont désormais établis les principes fondamentaux de la philosophie d'Alquié, nous pouvons en déduire sa conception de l'histoire de la philosophie et, partant, sa « démarche », terme qu'il nous semble avoir toujours préféré à celui de « méthode ». Nous procéderons là aussi en trois temps en faisant correspondre à chaque principe un élément de cette dernière, logiquement déduit.

La systématicité d'une pensée ne détermine pas sa portée philosophique

La vérité unique de la philosophie – l'objet n'est pas l'Être – a pour conséquence immédiate d'inviter à ne pas accorder plus d'importance à la notion de système qu'elle

---

1. « L'évidence philosophique », art. cit., p. 323, voir *infra*, p. 109.

n'en mérite. Plus exactement, il y a chez Alquié le souci constant de ne pas voir dans la multiplicité objective des différents systèmes la preuve définitive d'une pluralité de la vérité philosophique.

Prégnante, la réflexion sur la place du système apparaît dès le premier texte des *Études cartésiennes*, « Descartes et l'ontologie négative », et s'installe dans une position subtile visant essentiellement à montrer non pas que le système est par principe nuisible mais, bien plutôt, qu'il n'est pas ce qui confère à une pensée sa dimension philosophique. Autrement dit, *la structure close d'une pensée ne détermine pas sa nature philosophique*, bien que la systématicité soit sans doute la forme optimale d'exposition philosophique d'une pensée. Il convient ainsi de ne pas se méprendre quant aux intentions d'Alquié : loin de faire siennes les critiques postmodernes d'un Derrida contre la systématicité qui créerait une clôture artificielle et aveugle, le natif de Carcassonne craint surtout que le système fasse oublier l'épreuve existentielle du philosophe antérieure à ce dernier, et ne crée une *autonomie* factice du texte à l'endroit de l'expérience du penseur.

Une fois encore, c'est dans la discussion bruxelloise de 1973 que se laisse entendre au mieux la position d'Alquié en la matière :

> Je ne suis pas contre les systèmes. Je me méfie des systèmes parce qu'il est hors de doute que les systèmes s'opposent entre eux. Si l'on pense la philosophie sous forme de système, ce que M. Perelman a dit est juste : on ne peut pas être partisan de plusieurs philosophies à la fois. Ce à quoi je réponds, personnellement, que je suis partisan de plusieurs philosophies à la fois. Non seulement je suis partisan de plusieurs philosophies à la fois, mais je suis partisan de toutes les philosophies.

Naturellement, cette manière d'être partisan de plusieurs philosophes à la fois – en l'occurrence de Platon, Aristote, Descartes, Malebranche, Hume ou encore Kant –, n'est possible qu'en vertu d'une préséance d'une certaine expérience existentielle de l'esprit à l'égard du système, de sorte qu'une vérité unique ou, plus exactement, une expérience existentielle unique se déploie dans une série de systèmes différenciés. Il n'y a dès lors aucune contradiction à adhérer à plusieurs systèmes philosophiques différents pour peu que l'on retrouve en amont l'universalité de l'expérience existentielle, qui est elle-même expérience nostalgique de l'Être, c'est-à-dire expérience de la différence entre celui-ci et l'objet.

Affirmer cela, ce n'est pas dire que Platon, Descartes ou encore Kant ne se distingueraient philosophiquement pas ; il va de soi que leurs *textes* diffèrent ; mais de ces textes différents, il n'est pas nécessaire – ni même possible – d'en inférer une épreuve différenciée de l'essentiel. « Des gens aussi divers (…), affirme Alquié toujours en 1973, n'ont pas dit la même chose, ils ont tous effectué la même démarche, ils ont tous affirmé que les conditions de l'objet ne sont pas objectivables, et que l'objet renvoie à un *a priori*, si ce mot vous convient, qui est premier par rapport à l'objet. C'est ce que, quant à moi, j'appellerais l'Être, mais c'est là une autre question.

Est-ce qu'on ne peut alors parler de vérité ? Ne peut-on affirmer avec vérité l'irréductibilité de l'Être à l'objet ? »

Ce que peut comprendre
     l'esprit – et ce qu'il ne peut pas

De cette expérience universelle ayant préséance sur les textes découle une seconde caractéristique de la saisie de l'histoire de la philosophie par Alquié : celle-ci va contenir un certain nombre de textes étranges dont l'épreuve existentielle ne pourra pas être réalisée. Autrement dit, si l'expérience fondamentale est celle de la perte de l'Être, que faire des pensées qui affirment pouvoir retrouver – ou trouver – l'Absolu? Le problème n'est pas tant ici celui de l'intelligence mais il est celui de l'épreuve d'une réalité : *de quoi parlent certains textes* lorsqu'ils évoquent la coïncidence avec l'Être, lorsqu'ils célèbrent les noces avec l'Absolu? Autrement demandé, *de quelle épreuve existentielle* sont-ils le récit?

Rappelons à cet égard un point crucial : l'esprit ne peut comprendre autre chose que lui-même. Dès lors, ce qu'il comprend vraiment chez Platon, Aristote, Descartes, Malebranche, Berkeley ou encore Kant, c'est ce qu'il connaît déjà intimement sous la forme de l'épreuve; plus exactement, c'est l'expérience de la perte et de la séparation à laquelle rien ne semble pouvoir remédier dont l'esprit peut faire l'épreuve. Comment donc expérimenter ce dont parle un texte qui affirme pouvoir aller au-delà d'une telle séparation?

À pareille question correspondent les cas exemplaires des pensées spinoziste et hégélienne qui donnent à croire, chacune à sa manière, que la condition humaine comme épreuve de cette nostalgie ou de cette perte pourrait être surmontée. Ainsi, au regard des textes constituant l'histoire de la philosophie – et non plus des expériences –, « les philosophes se divisent sur la question de savoir si la pensée de la séparation dépasse et comprend ce qu'elle pense (et si, donc, une réconciliation est possible par l'esprit) ou si la séparation doit être posée comme transcendantale à la conscience même (…) »[1].

---

1. F. Alquié, *La Nostalgie de l'Être, op. cit.*, p. 113.

Si l'historien de la philosophie peut ainsi parfaitement rendre compte *par l'intelligence* de l'enchaînement logique d'un système affirmant pareil dépassement – ce que propose par exemple d'accomplir Martial Gueroult –, il semble plus difficile de rendre compte *par l'esprit* d'une expérience que ce dernier n'a pas éprouvée. C'est pourquoi, dès le début de son étude magistrale consacrée au Rationalisme de Spinoza, Alquié confesse ne pas comprendre *de quoi parle celui-ci*, et insiste sur la différence fondamentale de l'expérience sur laquelle reposent les pensées de Descartes, Hume ou Kant avec celle qui structure(rait) le texte spinozien puisque l'intelligence la plus aiguisée et la plus attentive à l'ordre géométrique de l'*Éthique* ne saurait pour autant retrouver la béatitude dont il est question :

> On n'a pas assez insisté sur cette différence, pas assez averti, au début de toute étude consacrée à Spinoza, que nous quittons avec lui le terrain sur lequel Descartes, Malebranche, Leibniz, Kant se sont placés. Or, c'est de cette différence que provient l'incompréhensibilité de l'*Éthique*[1].

C'est pourquoi l'ouvrage consacré à Spinoza s'achève par un aveu d'incompréhension relevant non pas d'une incapacité à saisir intellectuellement les explications de l'*Éthique* mais d'une absence d'épreuve par l'esprit du type de réalité que la fin de l'ouvrage est censée nous faire expérimenter. Alquié apparaît ainsi comme l'un des rares historiens de la philosophie confessant non seulement son incompréhension du sens d'un texte commenté[2] mais aussi,

---

1. F. Alquié, *Le Rationalisme de Spinoza*, « Épiméthée », Paris, P.U.F., 1981, p. 11.
2. Jean-Marie Beyssade fut ainsi sensible au travail d'éditeur d'Alquié qui, même au sujet de textes de Descartes, avouait parfois au détour d'une note d'éditeur son incompréhension. Et Beyssade de commenter :

dans certains cas, son incapacité à éprouver l'expérience de la réalité évoquée par l'ouvrage étudié[1]. Autrement dit, seuls lui semblent compréhensibles au sens existentiel du terme les textes affirmant la séparation irrémédiable de l'objet et de l'Être, ce qui relègue Spinoza en priorité, Hegel et Husserl en une moindre mesure, dans la sphère de ce qui, existentiellement parlant, résiste à la saisie de l'esprit. Qu'est-ce à dire sinon que de la lecture de ces auteurs ne semble résulter qu'un plaisir pris à un jeu intellectuel davantage qu'une explicitation de l'expérience existentielle fondamentale ?

Enfin, par ce biais se comprend la différence entre l'intelligence et l'esprit. L'intelligence est bonne fille ; elle prend les choses telles qu'elles sont et essaye de les démêler sans jamais pousser l'ambition au-delà de la simple explication de ce qui est présent ; l'esprit, lui, est négateur et ne comprend jamais que sa propre expérience. « L'Esprit, notait le jeune Alquié, s'oppose à l'intelligence comme au réel la nécessité. L'intelligence est adaptation au réel, assimilation au moi de tout ce qui n'est pas lui-même. L'Esprit ne peut admettre le réel, et cela au nom de sa

« Qui a appris le métier d'historien de la philosophie avec Ferdinand Alquié sait que, sous chacune de ces notes, il existe une énigme à creuser. », J.-M. Beyssade, « Réflexe ou admiration. Sur les mécanismes sensori-moteurs selon Descartes », dans J.-L. Marion (dir.), *La passion de la raison. Hommage à Ferdinand Alquié*, « Épiméthée », Paris, P.U.F., 1983, p. 114, texte réédité dans Th. Gress (dir.), *Cheminer avec Descartes. Concevoir, raisonner, comprendre, admirer et sentir*, Paris, Classiques Garnier, 2018, p. 258.

1. Dans son auto-présentation de 1963, Alquié revendique l'incompréhension comme partie structurante de sa manière de faire : « J'ai toujours, pour ma part, refusé d'avoir honte de ma curiosité, et, sans crainte de paraître sot, j'ai continué à déclarer obstinément que je ne comprenais pas ce qu'en réalité je ne comprenais pas. », *cf.* F. Alquié, « L'évidence philosophique », art. cit., p. 315, voir *infra*, p. 105.

nécessité[1]. » Qu'Alquié fasse sien jusqu'à un certain point
le point de vue de l'esprit et non de l'intelligence alors
qu'il commente Spinoza n'est pas pour rien dans la
singularité de son approche : que vaudrait en effet une
philosophie qui ne parviendrait qu'à séduire l'intellect
tandis que l'esprit se sentirait continûment étranger en
elle ? Adopter le point de vue de l'esprit lorsque résiste
l'expérience décrite, c'est en fin compte nier cette dernière
et juger que nul ne peut se retrouver en pareille philosophie.
Dès lors, Alquié adresse en creux une question aux
nombreux lecteurs de Spinoza : avez-vous réellement
éprouvé la béatitude promise et, si tel n'est pas le cas, pour
quelle inavouable raison continuez-vous de le lire ?
Autrement dit : n'avez-vous pas perdu le sens de la
philosophie au profit d'une jouissance intellectuelle devenue
à elle-même sa propre fin ?

Ni structuraliste, ni historiciste, ni heideggérien

En accordant à l'expérience existentielle un certain
primat au regard du système, Alquié prit le contrepied d'au
moins trois démarches d'histoire de la philosophie niant
l'importance d'une telle expérience.

La plus évidente est sans conteste celle liée au
structuralisme dont Martial Gueroult est assurément le
plus grand représentant à l'époque d'Alquié quant à
l'histoire de la philosophie classique[2]. Le présent volume
reproduit une magistrale discussion entre les deux hommes,
et permet de mesurer l'importance du désaccord mais aussi
le lieu originaire de celui-ci : Gueroult n'accorde

1. F. Alquié, *Cahiers de jeunesse, op. cit.*, p. 88.
2. Sur l'appartenance de Martial Gueroult au structuralisme,
cf. G.-G. Granger, *Pensée formelle et sciences de l'homme*, Paris, Aubier-
Montaigne, 1960, 1967.

d'importance qu'au *texte* philosophique en tant que ce dernier contient *tout* ce qu'il y a à comprendre d'une pensée ; dès lors, la philosophie se réduit à un enchaînement clos d'énoncés – le fameux « ordre des raisons » – dont il faut examiner la validité logique et la cohérence interne. Là-contre, Alquié cherche à montrer qu'il y a une préséance de l'expérience sur le texte, et que se joue donc une forme de *vérité philosophique antérieure à sa formulation textuelle*. Là nous semble être le lieu crucial de la discussion dont on voit par la même occasion toutes les impasses : en n'accordant crédit qu'au texte, Gueroult aura beau jeu de reprocher à Alquié de quitter la linéarité des *Méditations* pour interpréter ces dernières à partir de la création des vérités éternelles, tandis qu'Alquié jouera sur du velours en rappelant à Gueroult l'évidence du geste philosophique, c'est-à-dire l'épreuve douloureuse d'une perte que le texte, en un acte *second*, viserait à décrire et analyser.

Derrière ce différend se joue peut-être une relation différenciée à l'homme lui-même. Si Gueroult biffe la condition humaine derrière le texte, Alquié l'exalte au contraire et semble la considérer avec tendresse à la faveur de cet acte imparfait qu'est l'écriture d'un texte philosophique. Une fois encore, les *Cahiers de jeunesse* offrent un début d'explication de l'attitude d'Alquié alors que ce dernier dépeint son époque « naturaliste » : « Je m'attendrissais devant ma nature d'homme. "Je suis un homme, je suis un homme", me disais-je, et tout ce qui est humain me devenait cher »[1]. Nul n'imaginerait trouver pareille exaltation dans les carnets intimes de Gueroult.

Le second écart auquel Alquié se trouve conduit par sa démarche concerne toutes les pensées historicistes ; si l'expérience de l'esprit est première, alors jamais une

---

1. F. Alquié, *Cahiers de jeunesse, op. cit.*, p. 46.

époque ou un moment historique ne saurait être explicatif d'une pensée exprimée textuellement. C'est l'esprit qui pense et non l'époque : voilà une affirmation constante d'Alquié exprimée avec force dans un remarquable ouvrage de 1956 consacré à Descartes :

> Ces prétendus historiens [les historiens de la philosophie ayant succombé à l'historicisme, N.D.A.] ne témoignent guère que de leur incompréhension de ce qu'est la philosophie. Ils négligent cette sorte de dimension verticale par laquelle l'homme entre en contact avec la vérité, oublient que le projet du philosophe est de se dégager de l'histoire, et de la juger au lieu de la subir ; ils ne peuvent donc parler d'un philosophe qu'en refusant, d'abord, de l'entendre[1].

Par cette attaque destinée à destituer la portée philosophique des approches historicistes, Alquié se démarque de tout réductionnisme historique : aucun mode de production, aucune *Weltanschauung* historiquement située, aucune transformation sociale ne sauraient rendre compte de la singularité d'un esprit ni de sa pensée. Pour le dire autrement, l'universelle vérité que révèle l'expérience fondamentale amène nécessairement Alquié à refuser tout historicisme ; mais, en même temps, on comprend que l'unicité du contenu de l'expérience ne saurait être utilisée pour reprocher à Alquié un écrasement de la différence entre les philosophes car, si l'histoire n'explique pas la pensée d'un esprit, il n'en découle pas pour autant la négation de l'historicité propre de chaque esprit. Toujours en 1956, Alquié déplore que l'histoire de la philosophie soit devenue une histoire des doctrines elles-mêmes ramenées à des textes sans auteurs :

1. F. Alquié, *Descartes, l'homme et l'œuvre*, Paris, Hatier, 1956, réed. Paris, La Table ronde, 2017, p. 13.

Les historiens de la philosophie, étudiant des doctrines plutôt que des hommes, des idées plutôt que des pensées, attachent en général peu d'importance à la démarche par laquelle on devient philosophe. Cette démarche paraît, chez eux, aller de soi, et chaque penseur trouve place en une histoire où, par une sorte de filiation continue, les doctrines engendrent les doctrines. Pourtant, rien n'est moins naturel que d'être philosophe, et sans doute nul métaphysicien n'eut-il jamais l'impression de se situer en une histoire de la pensée, de succéder à d'autres comme, en quelque entreprise, un fils peut remplacer son père. Les philosophes ne naissent point de philosophes[1].

Il y a donc bien place pour l'histoire chez Alquié, et elle porte le nom de « démarche » : chaque philosophe a sa *démarche* propre, c'est-à-dire accomplit l'épreuve singulière d'une expérience commune, à partir de laquelle se construit une doctrine. Il en découle qu'Alquié ne raisonne pas non plus selon le lexique de la *préfiguration* : s'il y a sans doute parenté d'expérience entre Descartes et Kant, il ne saurait y avoir de préfiguration intellectuelle de Kant par Descartes car leur problème n'est pas le même. Si ce refus est très sensible dans l'article intitulé « Une lecture cartésienne de la *Critique de la raison pure* est-elle possible ? », il se justifie par une double raison : la première tient au fait que la *démarche* de chaque esprit est si singulière qu'elle ne saurait préfigurer celle d'un autre, et la seconde tient paradoxalement aux faits textuels, à savoir que Kant s'intéresse bien plus que Descartes – et qu'Alquié – à la construction de l'objectivité. Ainsi Kant ne saurait-il être le point culminant d'une histoire de la philosophie dont il serait l'accomplissement et Descartes l'accoucheur : ce serait retomber dans une forme d'historicisme tout aussi

---

1. F. Alquié, *Descartes, l'homme et l'œuvre, op. cit.*, p. 93

faux historiquement que ruineux à l'endroit de la singularité des esprits[1].

Enfin, Alquié n'adopta jamais la vision heideggérienne de l'histoire de la philosophie. Cela tient d'abord à une raison évidente, à savoir que l'histoire de la métaphysique telle que la conçoit Heidegger présente un aspect historiciste et destinal, de sorte que chaque pensée n'apparaît jamais que comme le symptôme d'un oubli originaire, celui de l'Être.

Toutefois, au-delà de la question historiciste, il est une raison qui amène Alquié à critiquer l'approche heideggérienne, raison liée à la véracité même de cette dernière : si toute philosophie authentique est épreuve *consciente* de la perte de l'Être, alors l'histoire de la philosophie ne saurait en aucun cas être celle de l'oubli de l'Être ! Bien au contraire, de Platon à Heidegger lui-même, tous les grands philosophes ou presque ne parlent que de l'impossibilité pour l'homme de remonter de l'objet à l'Être – donc ne parlent que de l'Être.

Cette critique de Heidegger est développée en de nombreux passages de *La Nostalgie de l'Être*, Alquié considérant que la pensée critique est justement la *conscience* de l'insuffisance de l'objet par rapport à l'Être. On la retrouve également dans un article consacré à la Métaphysique rédigé en faveur de l'*Encyclopaedia Universalis* : de manière assez habile, Alquié y montre – de

1. On voit à travers l'analyse du « je pense » se dessiner presque un abîme de sens, selon Alquié, entre Descartes et Kant. Lorsque Descartes tire l'existence de la pensée, il accomplit un geste sans lien aucun avec celui du « je pense » kantien qui est un je individuel permettant d'unifier les perceptions. Là-contre, Descartes découvre un moi dont l'épreuve est celle du doute, mais aussi dont le *sum* est la vérité première de sorte qu'il deviendra « l'unique support ontologique de mes idées. », F. Alquié, *Leçons sur Descartes*, Paris, La Table Ronde, 2005, p. 156.

manière brève, il est vrai – que Heidegger est un philosophe
classique pour qui la différence entre l'objet et l'Être prend
le nom de différence ontologique et désigne la différence
entre l'étant et l'Être. De ce point de vue, l'auteur d'*Être
et Temps* s'inscrit dans la pleine continuité d'un Platon,
d'un Descartes ou d'un Kant mais se méprend quant à
l'entreprise de ces derniers : eux comme lui ont cherché
à dire la différence entre l'objet et l'Être, Alquié semblant
donc reprocher à Heidegger d'avoir occulté cette
communauté de pensée :

> Soucieux du problème de l'être, Heidegger reproche sans
> doute à la métaphysique occidentale de l'avoir négligé.
> Cela revient à dire qu'il lui reproche de n'avoir pas été
> assez métaphysique, d'avoir hérité des préjugés d'une
> science réduisant le réel à un ensemble d'objets mesurables.
> Ce en quoi l'on peut penser que Heidegger méconnaît
> injustement le sens de l'être qu'avaient ses prédécesseurs.
> Mais on ne saurait nier que la pensée heideggérienne ne
> réponde au souci essentiel de la métaphysique[1].

LE DESCARTES D'ALQUIÉ

Centralité de la création des vérités éternelles

Au regard de ce qui précède, nous pouvons d'ores et
déjà comprendre ce qu'Alquié va rechercher chez Descartes,
à savoir *le lieu singulier où s'exprime au mieux la perte
de l'Être ou, mieux encore, la scission entre l'objet et
l'Être*. Cela est fort connu, Alquié le situe dans la thèse de
la création des vérités éternelles telle qu'elle est exposée
en 1630 dans les lettres à Mersenne et qui, quoique

---

1. F. Alquié, Article « Métaphysique », *Encyclopaedia Universalis*,
rééd. dans *Dictionnaire de la philosophie*, Paris, Albin Michel-
Encyclopaedia Universalis, 2006, p. 1245.

textuellement absente – ou presque – après 1630, structurerait ontologiquement la métaphysique cartésienne, ce que contestera Gueroult pour les raisons précédemment exposées.

Cette thèse est affirmée à de très nombreuses reprises, notamment dans *La Découverte métaphysique...*, aussi bien dans la préface de 1966 que dans l'Introduction de 1950. Celle-ci pose en effet que « rien ne (...) semble donc plus fondamental, en la philosophie cartésienne, que la théorie de la création des vérités éternelles (...) »[1] et annonce que tel sera le cœur de sa célèbre interprétation ; seize ans plus tard, la même thèse sera réaffirmée en ces termes :

> la théorie de la création des vérités éternelles nous paraît, non certes le fondement logique de la métaphysique cartésienne (qui, en effet ne la suppose pas), mais son fondement ontologique et réel. Car elle établit la contingence des structures de tout objet scientifique, et en cherche l'origine dans un être transcendant, le Dieu qui les a librement créées[2].

D'une exceptionnelle densité, une telle thèse affirme autant qu'elle nie. Ce qu'elle conteste, c'est le réductionnisme structuraliste : si l'on s'en tenait en effet à la seule lettre, donc au seul *texte*, alors l'interprétation d'Alquié serait indéfendable et Gueroult triompherait ; mais si l'on refuse ce réductionnisme et si l'on se rappelle que s'élabore en amont du texte la pensée d'un esprit, alors s'ouvre le champ de l'intelligibilité et la possibilité d'une expérience par laquelle se dit de manière singulière l'irrémédiable scission entre l'objet et l'Être.

1. F. Alquié, *La Découverte métaphysique de l'homme chez Descartes*, *op. cit.*, p. 7.
2. *Ibid.*, p. x.

Dire que les vérités mathématiques et peut-être les grandes lois physiques sont créées à partir d'un décret divin, c'est aussitôt admettre que la nécessité des vérités éternelles est frappée en son cœur par la contingence et par la relativité ; contingence parce qu'elles auraient pu être autres qu'elles ne sont, et relativité parce qu'elles dépendent de l'arbitre divin. En d'autres termes, considérer les vérités éternelles sous l'angle de la création c'est cesser de les prendre pour des réalités en-soi, c'est les déchoir de l'absolu, les ramener au plan de l'objet et, du même geste, comprendre que même ce qui, dans le plan de l'objet, procède de la nécessité, se révèle *in fine* relatif et contingent. En somme, Descartes est celui qui est allé le plus loin dans la tentative authentiquement philosophique d'affirmer la scission entre l'objet et l'Être puisque même ce qui est nécessaire et éternel se révèle conditionné et privé d'absolu.

Dès lors s'ouvre une béance : d'un côté se tient Dieu, l'Être, c'est-à-dire la réalité absolue et surtout incréée ; de l'autre se tient *tout le reste* dont la communauté est assurée par un statut particulier, celui d'être créé, et ce statut concerne tout ce qui n'est pas Dieu, de la plus éphémère des créatures aux lois les plus éternelles. Mais le geste est audacieux : là où l'on aurait pu penser que la connaissance humaine goûtait aux joies de l'absolu puisque l'homme *connaît les vérités éternelles*, se révèle la béance de la scission d'avec l'Être ; ainsi, note Alquié, « Descartes (auquel on reproche parfois d'avoir mathématisé la métaphysique) préserve la conscience de l'Être de tout risque de contamination par sa théorie de la création des vérités éternelles, et rend l'Être totalement indépendant des lois de l'objet »[1].

---

1. F. Alquié, *La Nostalgie de l'Être, op. cit.*, p. 8.

Nous avons là une illustration exemplaire de ce qu'Alquié entend par « philosophie » : non seulement se trouve affirmée, au moment où on l'attend le moins, la différence entre l'objet et l'Être de sorte que le plus certain pour la raison demeure grevé d'une fragilité ontologique, mais en plus apparaît une distribution ontologique muette quoique structurante. Entre l'Être incréé et les réalités créées, il n'y a rien, aucun intermédiaire ; d'un côté l'Être, de l'autre une gamme indéfiniment variée d'objets.

Cette interprétation est si puissante[1] qu'Alquié put reconstruire l'ensemble de la métaphysique cartésienne à partir de cette distribution ontologique tout en suppléant au déficit textuel ; l'analyse virtuose condensant l'ensemble de ses résultats et exposée en 1973 mérite d'être rappelée en son premier moment :

> Alors, lorsque je prétends, par exemple, que tout Descartes est, je ne dirai même plus dans le *cogito*, mais dans l'affirmation de la création des vérités éternelles, dont le *cogito* me paraît résulter réflexivement, je suis convaincu qu'en 1630, lorsque Descartes, après avoir été savant, découvre tout d'un coup que même les vérités logiques et mathématiques sont secondes par rapport à un être premier, qui est Dieu, il a trouvé l'essentiel de sa philosophie. J'estime qu'en un sens la philosophie de Descartes existe déjà tout entière.

1. Quoique souvent contestée, cette interprétation nous paraît particulièrement féconde et présente l'incomparable mérite de rappeler que rien ne saurait être comparé à l'Être créateur, s'agît-il de réalités éternelles. Ainsi, à notre bien modeste échelle et soucieux de faire vivre la pensée d'Alquié, nous avons cherché à rendre compte de sa pertinence sous une forme légèrement amendée à travers le concept d'*Ens ut potentia* permettant de penser l'infinie distance entre l'absolue puissance de Dieu et l'ensemble de la création, vérités éternelles comprises. Nous nous permettons de renvoyer le lecteur curieux à notre ouvrage, *Descartes et la précarité du monde. Essai sur les ontologies cartésiennes*, 3ᵉ partie, « L'*Ens ut potentia* », Paris, CNRS éditions, 2012, p. 263-336.

La déception d'un esprit
et l'évidence d'une présence

Tout ce qui précède fait signe vers une certaine saisie de la *démarche* cartésienne illustrant de manière exemplaire le geste philosophique éternel, celui de la scission de l'Être et de l'objet. Il en découle que la première attitude de la philosophie cartésienne ne saurait être que la *déception*, c'est-à-dire la conscience de la fuite de l'Être au profit de l'objet. Le terme de « déception » revêt ainsi une importance cruciale dans les études d'Alquié consacrées à Descartes, et sa mention se fait même obsédante dans *La Découverte métaphysique* qui vise à établir cette difficulté pour l'auteur des *Meditationes* de saisir l'Être derrière l'objet. « Avant de savoir clairement où est l'Être, analyse Alquié, il faut d'abord apprendre où il n'est pas. En ce sens, toute découverte est déception (…)[1]. »

La question est alors de savoir si cette déception peut être dépassée ou si elle constitue le dernier mot du cartésianisme. Ici encore, le propos d'Alquié se fait nuance et impose de distinguer le type de point de vue retenu au départ : si l'on part de l'objet et que l'on cherche à absolutiser ce dernier, alors la déception sera grande, et impérieuse sera la nécessité de faire appel aux écrits de Descartes ou de Kant pour se doter de garde-fous contre de telles tentations :

> Par l'affirmation de la substance, écrit Alquié, Descartes refuse donc d'élever l'objet à la dignité de l'Être, tout comme Kant, par son affirmation de la chose en soi, refuse aux concepts scientifiques une valeur ontologique. (…). Loin d'être des idoles, les idées de

---

1. F. Alquié, *La Découverte métaphysique de l'homme chez Descartes*, *op. cit.*, p. 53.

substance et de chose en soi sont nos plus sûrs gardiens
contre l'idolâtrie, qui consiste, non sans doute à voir dans
l'objet le signe de l'Être, mais, au contraire, à chercher
l'Être dans l'objet[1].

Toutefois, ainsi que cela fut précédemment évoqué,
rien ne serait plus éloigné de la pensée d'Alquié que de
biffer totalement l'Être ou, plus exactement, de n'accoler
celui-ci qu'à l'unilatéralité de la perte. Avoir conscience
de celle-ci, c'est en effet déjà éprouver la présence de l'Être
auprès de l'esprit, et c'est donc contrebalancer l'absence
par la présence consciente de l'objet perdu. Alquié dit ainsi
quelque part qu'il ne s'agit pas pour lui de faire de la
philosophie un « mouvement de mauvaise humeur »[2] mais,
au contraire, d'établir ce qu'il appelle l'« évidence » de
l'Être.

À cet égard, la philosophie cartésienne accomplit
pleinement ce programme et Alquié sait gré à Descartes
d'avoir décrit puis analysé ce que signifiait l'évidence de
la présence de l'Être auprès de l'esprit. Ainsi, « du premier
regard, Descartes aperçoit que l'évidence de la métaphysique
est supérieure à toute évidence, et comprend que la nature
même de cette évidence, fondée tout entière sur la présence
de l'Être à l'esprit, la rend incommunicable à qui se refuse
à tourner vers elle sa pensée »[3].

Toute la complexité du Descartes d'Alquié est ici
contenue : si nous ne saurions avoir d'expérience de
l'Absolu – de l'Être – nous ne saurions pour autant en
déduire que nous sommes coupés de celui-ci ; puisque
l'expérience n'est jamais celle de l'objet pur mais est
toujours celle de son incomplétude ou de sa précarité

1. F. Alquié, *La Nostalgie de l'Être*, *op. cit.*, p. 22.
2. *Ibid.*, p. 32.
3. F. Alquié, *La Découverte métaphysique* , *op. cit.*, p. 87.

ontologique, il en découle naturellement que l'Être est tout à la fois présence et absence. Il est présence en tant que l'Esprit subodore qu'il est ce par quoi se fonde l'objet, mais il est absence en ceci que son épreuve est impossible et qu'en cette impossibilité réside la condition humaine. De ce fait, la présence même de Dieu auprès de l'esprit se fait elle-même ambiguë car l'esprit trouve en lui une réalité immanente dont pourtant l'expérience – la compréhension – lui est refusée, parvînt-il à démontrer l'existence associée à cette Idée : « Si l'idée de Dieu est présence de Dieu en nous, sans doute avons-nous moins à prouver Dieu qu'à reconnaître et à nommer cette présence qui, plus encore que celle des choses du monde est offerte à tout esprit attentif à soi »[1].

Cette analyse rejaillit enfin sur la place du *cogito* au sein de la pensée cartésienne ; si la pensée était véritablement le dernier mot du cartésianisme, alors aucune forme de saisie de l'Être – fût-elle celle de la conscience de la perte – ne serait envisageable. En réalité, le *cogito* n'a de sens qu'à la condition de ramener à l'Être et d'affirmer la primauté de ce dernier. « Il faut partir de la pensée, admet Alquié, mais pour aller à l'Être, pour retrouver l'Être qui lui préexiste, et dont la route nous a provisoirement séparés[2]. » On voit ici tout l'écart qui se creuse entre Alquié et la plupart des interprètes pour qui le cartésianisme n'est rien d'autre que l'affirmation du primat de la pensée ou l'affirmation d'une réduction de l'Être au *cogitatum*. Là-contre, Alquié montre de manière très convaincante qu'il n'en est rien et que ce qui est réellement premier c'est bel et bien l'Être vis-à-vis duquel la saisie cogitative n'est paradoxalement que seconde. Et toute la thèse de la création des vérités éternelles contient en creux pareille vérité.

---

1. F. Alquié, *La Découverte métaphysique* , *op. cit.*, p. 218.
2. *Ibid.*, p. 182.

Restituer chronologiquement
l'expérience cartésienne

Faire de la déception le cœur de ce qu'éprouve l'esprit au regard de la connaissance de l'objet, c'est insister sur la démarche de celui-ci et rappeler que l'esprit est pris dans une historicité dont la restitution est indispensable afin de rendre intelligible le sens d'un système. Ainsi s'impose ce que l'on peut appeler la « méthode » d'Alquié, consistant à lire de manière chronologique les écrits d'un auteur, afin de comprendre par quelles étapes passe l'esprit et d'éprouver au mieux la démarche qui fut la sienne. De cette « méthode » découle un interdit, à savoir celui d'expliquer un texte par un texte postérieur puisque l'épreuve existentielle présidant au texte pourrait ne pas avoir été accomplie, et le contresens quant à l'objet réel dont parle le système à un moment donné serait absolu.

Au cœur de cette démarche se situe une triple déception dans le cas de Descartes :

> On peut à bon droit se demander si la déception ne fut pas le fond sur lequel se développèrent les démarches cartésiennes : nous verrons en effet Descartes, mécontent de l'enseignement reçu, lui préférer une science dont, à maintes reprises, il se déclarera également insatisfait et las[1].

La première déception est naturellement celle éprouvée face aux études, notamment à La Flèche, ce qui le conduira à l'élaboration d'une science qui, à son tour, le décevra et le mènera à la recherche de fondements métaphysiques destinés à lester la science d'un poids ontologique. De ce fait, chaque texte de Descartes répond à un problème différent de tous les autres et l'on ne saurait écraser l'ensemble de sa philosophie sous l'angle d'une totalité

1. *Ibid.*, p. 17.

cohérente et excessivement unifiante : les préoccupations des *Regulae* ne sont pas celles du *Discours*[1] qui, elles-mêmes, ne sont pas celles des *Méditations* où est enfin découvert l'être de l'homme et non simplement l'objet connaissable.

Alquié prend ainsi ses distances à l'endroit de toute lecture *figée* de Descartes, refusant tout autant d'en faire un pur scientifique qu'un pur métaphysicien, et fait droit à la possibilité d'une *évolution* que seule rend sensible une lecture chronologique. L'édition en trois volumes qu'il proposa des *Œuvres* de Descartes traduit au mieux la nécessité d'appréhender par ce biais la complexité de l'œuvre cartésien.

Il découle enfin de cette manière de faire la très grande inactualité d'Alquié ; ce dernier ne traite jamais une œuvre comme un *symptôme*, est extrêmement attentif à la singularité de chaque livre, et restitue de surcroît des logiques internes exprimant la démarche d'un esprit. On ne trouvera donc pas chez lui cette manière si contemporaine de briser la cohérence d'un livre, de picorer ici et là tel ou tel mot, et de dresser un lexique censé comporter autant de preuves du mal dont la philosophie serait atteinte. Alquié ne sautille pas, ne débusque pas, n'interroge pas la nature d'un discours à partir d'un lexique supposément signifiant, mais recherche l'histoire d'un esprit cherchant à dire de manière différenciée l'évolution de son rapport à l'Être, la philosophie étant alors à la fois le cri d'espoir et de désespoir à l'endroit de la vérité.

---

1. « Il faut donc convenir que le *cogito* du *Discours* répond seulement à des préoccupations scientifiques et méthodologiques. Il n'a pas le caractère d'un moi libre se séparant de l'Être, et ne pouvant être réconcilié avec lui que par la véracité divine. », *La Découverte métaphysique* , p. 153.

CONCLUSION

Lire Alquié, c'est au fond éprouver l'ambivalence de la condition humaine, la présence de l'Être mais aussi son insaisissable dimension, l'affirmation autant que la négation, l'intelligence autant que l'esprit. Cette ambivalence est celle de l'expérience première d'Alquié, telle que décrite dans les *Carnets* : « Depuis ma première enfance, l'amour du réel et la haine du réel se partagent mon cœur »[1]. C'est cette expérience qu'il a sans doute cherché à retrouver dans les écrits de Descartes et dont la création des vérités éternelles exprime la même intensité : signe de Dieu, le réel créé renvoie à plus que lui-même ; mais, dépendant de cet Être créateur, il n'est rien *par lui-même* et n'a que sa vacuité ontologique propre à offrir ce qui le rend haïssable. De là ce balancement constant qui saisit le lecteur à mesure qu'il s'avance dans les écrits d'Alquié, balancement né de l'ambiguïté même de l'objet, à la fois vide et plein, désespérant et riche d'espoirs.

Ainsi, relire Alquié aujourd'hui, c'est retrouver l'expérience complexe d'un esprit derrière une œuvre, retrouver la *difficulté d'être* dont parlait Cocteau, ne pas réduire des pensées singulières aux coordonnées que déterminerait telle ou telle *épistémè*, ne pas dégrader l'histoire de la philosophie en symptomatologie d'une métaphysique toujours déjà coupable. C'est en somme éprouver la nécessité existentielle de lire Descartes et de partager avec lui la difficulté autant que la joie d'être homme.

Thibaut GRESS

---

1. F. Alquié, *Cahiers de jeunesse, op. cit.*, p. 46.

AVERTISSEMENT
À LA PRÉSENTE ÉDITION

Lorsque Ferdinand Alquié rassembla, à l'invitation des éditions Vrin, ce qui fut son second et dernier recueil après *Solitude de la Raison*, il ne fit pas que répondre à une invitation, mais livra en quelque sorte son testament d'historien de la philosophie. C'est pourquoi nous avons respecté ses choix et omissions, en reproduisant intégralement la table des matières initiale de 1983[1].

Pour cette réédition posthume, nous avons cependant cru bon d'ajouter quelques textes tardifs en suppléments :
 – « L'évidence philosophique »[2], où, revenant sur son parcours, il y explique la place centrale de Descartes ;

1. Le principe de Vrin/Reprise était une réimpression des textes originaux dans leur présentation d'origine, sans aucune modification. Nous avons pour cette édition précisé et modernisé les références, en signalant par exemple les paginations de Descartes dans l'édition de Ferdinand Alquié (Classiques Garnier) ainsi que dans l'édition Jean-Marie Beyssade (†) et Denis Kambouchner (Gallimard), lorsqu'elles sont disponibles, en plus de l'édition Adam et Tannery (Vrin) indiquée par l'auteur. Sauf indication contraire, tous les titres sont publiés à Paris.

2. « L'évidence philosophique », dans G. Deledalle et D. Huisman, (éd.), *Les philosophes français d'aujourd'hui par eux-mêmes. Autobiographie de la philosophie française contemporaine*, Paris, C. D. U., 1963, p. 314-324, voir *infra*, p. 104-109.

- Les « Sources cartésiennes de Malebranche »[1], publié la même année que *Le Cartésianisme de Malebranche* (Vrin, 1974), et qui revient sur le rapport de Malebranche à Descartes ;
- Un « Entretien avec Ferdinand Alquié » paru dans *Le Monde* en 1983[2], soit deux ans avant sa disparition, et où il évoque à nouveau la figure de Descartes ;
- « Descartes et la chaleur cardiaque », paru en 1984 dans le *Bulletin cartésien*[3], et constituant ainsi sa dernière étude cartésienne ;
- « Le philosophe et le fou », texte qu'il n'a pas souhaité publier de son vivant mais qui reprend enfin sa place dans la fameuse querelle de la folie menée par Michel Foucault et Jacques Derrida. Nous avons tenu à conserver la présentation par Jean-Marie Beyssade de ce texte rédigé en 1973 mais paru en Italie seulement en 1994[4].

Enfin, nous avons souhaité clôturer cette réédition par un triple appendice : l'hommage posthume de Henri Gouhier[5], qui fut son collègue et ami, celui de

1. *Les Études philosophiques*, « Journée *Recherche de la vérité*, 1674-1974 », Paris, P.U.F., oct.-déc. 1974, n° 4, p. 437-448, voir *infra*, p. 11-118.

2. Repris dans *Entretiens avec Le Monde, 1. Philosophies*, Paris, La Découverte-*Le Monde*, 1984, p. 53-61, voir *infra*, p. 119-122.

3. *Bulletin cartésien*, n° XIII, dans *Archives de philosophie*, n° 47, cahier 3, 1984, p. 1-2, voir *infra*, p. 124-125.

4. J.-R. Armogathe et G. Belgioioso (ed.), *Descartes metafisico, Interpretazioni del novecento*, Istituto della Enciclopedia Italiana, Roma, 1994, p. 99-105 et p. 107-116 voir *infra*, p. 126-130 et p. 131-137.

5. H. Gouhier, « À la mémoire de Ferdinand Alquié », Paris, Armand Colin, *Revue de métaphysique et de morale*, avril-juin 1985, n° 2, p. 147-148, voir *infra*, p. 139-140.

Jean-Luc Marion[1], qui a commencé sa carrière en tant qu'assistant de Ferdinand Alquié à la Sorbonne, avant de lui rendre hommage dans le collectif *La Passion de la raison*[2] – ces deux nécrologies étant complétées par une bibliographie primaire et secondaire de Ferdinand Alquié, laquelle permet de mesurer à quel point l'historien de la philosophie va de pair avec le philosophe.

Mathias GOY et Thibaut GRESS

---

1. J.-L. Marion, « Ferdinand Alquié et le *Bulletin cartésien* », *Bulletin cartésien*, n° XIV, dans *Archives de philosophie*, n° 48, cahier 3, juillet-sept 1985, p. 6-7, voir *infra* p. 141.

2. J.-L. Marion (dir.), *La Passion de la raison. Hommage à Ferdinand Alquié*, « Épiméthée », Paris, P.U.F., 1983.

ÉTUDES CARTÉSIENNES

AVANT-PROPOS

M. Jean Deprun et M. Gérard Paulhac, ainsi que les Animateurs de Vrin-reprise, ont eu l'aimable pensée de réimprimer certains de mes articles, devenus difficiles à trouver, jugeant que cette publication pourrait intéresser le public philosophique. De là est né le recueil que voici.

Plusieurs des articles qui suivent pourraient sembler avoir un caractère polémique. Ainsi, le second et le troisième sont relatifs aux différences d'interprétation de Martial Gueroult et de moi-même en ce qui concerne Descartes, et le sixième oppose ma lecture de Kant à celle d'Alexis Philonenko sur le problème de la chose en soi. Je tiens à préciser que ces textes ne sont ici repris qu'en une intention documentaire. Leur publication ne vise en rien à rouvrir des débats qui, en leur temps, furent purement intellectuels, et n'ont jamais nui à la très grande amitié qui n'a cessé de m'unir à ceux avec lesquels je discutais. Mon admiration pour leur personne et pour leur œuvre demeure entière.

On apercevra aisément que tous les articles (ou exposés) ici publiés procèdent d'une même conception de la pensée cartésienne, conception qui se retrouve dans tous les ouvrages que j'ai fait paraître, et qui donne à celui-ci son unité.

Ferdinand ALQUIÉ

DESCARTES ET L'ONTOLOGIE NÉGATIVE [1]

La métaphysique cartésienne, née de la pure méditation sur la transcendance de l'être par rapport au connu, et définissant l'être comme distinct de tout objet, de toute essence, est sans doute ce qu'il y a de plus profond, mais aussi de plus oublié dans l'œuvre de Descartes, où l'on s'obstine à ne voir qu'une science des idées claires. Valéry, soucieux de découvrir l'actualité de Descartes, ne suppose pas un instant qu'il la puisse trouver en cette voie. Pour lui, la métaphysique cartésienne « n'a plus et ne peut plus avoir qu'une signification historique ». À la vouloir comprendre, « nous sommes obligés de lui prêter ce qu'elle ne possède plus, de faire semblant d'ignorer des choses que nous savons et qui furent acquises depuis, de céder passagèrement un peu de notre chaleur à des disputes définitivement refroidies, – en un mot, de faire effort de simulation, sans espoir de vérification finale, pour reconstituer artificiellement les conditions de production d'un certain système de formules et de raisonnement constitué, il y a trois cents ans, dans un monde prodigieusement différent du nôtre, que les propres effets

1. Paru dans la *Revue internationale de philosophie*, vol. 4, n° 12, avril 1950, p. 153-160.

50 FERDINAND ALQUIÉ

de ce même système ont grandement contribué à nous rendre de plus en plus étranger »[1].

En parlant de « signification historique » et de « système », Valéry nous paraît ici céder un peu vite aux préjugés, à la mode depuis Hegel, selon lesquels toute métaphysique est système, et tout système compréhensible à partir de son temps. Car, s'il n'est pas douteux que Descartes ait essayé de constituer un système cosmologique, que nous exposent Le Monde et les trois dernières parties des Principes, et que ce système ait été dépassé par l'évolution des sciences, il est, en revanche, fort contestable que la métaphysique cartésienne soit système, et qu'elle ait perdu quoi que ce soit de son actualité. On ne saurait constituer de système qu'en tenant pour suffisante la Nature objective, ou en se plaçant du point de vue de Dieu. Or Descartes, qui refuse toujours de renoncer aux évidences au nom de la cohérence, et qui se souvient qu'il est homme[2], rejette aussi bien le monisme de l'objet que le monisme de l'esprit : la nature est chez lui subordonnée au cogito, et celui-ci, ne révélant qu'une pensée finie, est à son tour subordonné à Dieu. Il s'agit donc, pour Descartes, de distinguer des niveaux, de hiérarchiser des plans d'être,

1. P. Valéry, *Une vue de Descartes*, dans *Variétés V*, Paris, Gallimard, 1944, p. 219, réédition dans *Œuvres*, t. I, J. Hytier (éd.), « Bibliothèque de la Pléiade », Paris, Gallimard, 1957, p. 816.
2. R. Descartes, « Toutefois, j'ai ici à considérer que je suis homme », *Première méditation*, dans *Œuvres*, éd. Ch. Adam et P. Tannery, révisée et complétée par P. Costabel et B. Rochot, 11 volumes, Paris, Vrin-CNRS, 1964-1974, rééd. en format de poche sous coffret, Paris, Vrin, 1996, notée A.T., t. IX-1, *Méditations métaphysiques*, p. 14 ; *Œuvres philosophiques*, t. II, éd. F. Alquié, Paris, Classiques Garnier, 1967, révisée par. D. Moreau, 2010, p. 406 ; *Œuvres complètes*, t. IV-1, éd. dirigée par J.-M. Beyssade et D. Kambouchner, notée BK, Paris, Tel-Gallimard, 2018, p. 107.

de retrouver, face aux révélations de la science, un équilibre perdu depuis le Moyen Âge. Et sans doute toute métaphysique naît-elle ainsi de la réaction de la conscience totale de l'homme à un système objectif. Mais il faut alors, pour la comprendre, cesser de se limiter à son contenu intellectuellement définissable, et considérer l'attitude de conscience qu'elle suppose.

Or c'est bien ce que nous demande Descartes. « Je voudrais, dit-il en parlant de la *Méditation première*, que les lecteurs n'employassent pas seulement le peu de temps qu'il faut pour la lire, mais quelques mois, ou du moins quelques semaines, à considérer les choses dont elle traite, auparavant que de passer outre »[1]. Et, de même, il écrit à Huygens : « J'appréhende bien fort que vous ne prendrez guère de goût ni de plaisir à cette lecture, à cause que je ne me persuade pas qu'il soit possible d'y en prendre aucun, je dirai : si ce n'est qu'on emploie des jours et des semaines entières à méditer sur les mêmes matières que j'ai traitées »[2]. Parlerait-il ainsi si les idées qu'il expose dans les *Méditations* étaient semblables à des idées scientifiques, que l'on comprend dès que l'on en a fait le tour, sans les vivre et les méditer ? Au reste, le rôle ontologique du temps, lié à toute découverte de l'Être par l'homme, se manifeste aussi dans l'ordre, toujours repris, des moments de la métaphysique de Descartes : doute, *cogito*, existence de Dieu. Cet ordre nécessaire n'aurait pas de sens s'il s'agissait d'une découverte proprement objective, l'objet pouvant être atteint de tous les côtés, et

---

1. *Réponses aux secondes objections*, A.T., t. IX-1, p. 103 ; *Œuvres philosophiques*, t. II, éd. Alquié, p. 552 ; *Œuvres complètes*, t. IV-1, éd. BK, p. 300.

2. *Lettre à Huygens*, 12 novembre 1640, A.T., t. III, p. 763 ; *Œuvres complètes*, t. VIII-2, éd. BK, Paris, Gallimard, 2013, p. 90.

donc par des voies quelconques. Mais l'Être ne s'offre que si l'on adopte une attitude où notre conscience se trouve tout entière engagée.

Il n'est donc point surprenant qu'envisagée du point de vue du système, et, plus simplement, de son contenu, la métaphysique cartésienne ait pu apparaître, ainsi à M. Gilson, comme étant d'une singulière pauvreté. Elle se réduit alors à l'affirmation de l'existence de l'âme et de celle de Dieu, existences que tout le monde admettait alors. Parlera-t-on cependant de la nouveauté de ses preuves ? Pourtant, qui croit vraiment aujourd'hui que la *Méditation seconde* établisse l'existence de l'âme, et sa distinction d'avec le corps, et que la troisième et la cinquième prouvent Dieu ? Mais la métaphysique cartésienne révèle sa profondeur à qui aperçoit en elle le mouvement par lequel la conscience se délivre de toute ontologie physicienne, et situe la science par rapport à l'être et par rapport à l'homme. En ce sens, les doctrines de la création des vérités éternelles et de la création continuée, loin de se borner à reprendre l'idée d'un Dieu créateur, nous amènent à tenir toute vérité rationnelle pour non ontologique, à saisir tout objet, toute loi, toute nécessité comme déjà séparées de l'être, comme situées en un plan où l'être et la liberté ne se sauraient découvrir. À toute idée connaissable, à toute chose compréhensible, à toute détermination positive, elles opposent l'Être créateur, conçu et non compris. Elles révèlent que les conditions mêmes de notre pensée ne sont pas celles de l'être, ce qui est déjà l'essence du kantisme, et sans doute de toute véritable métaphysique. Car notre pensée ne s'exerce qu'en cernant son objet, en traçant ses limites, en le distinguant de tout ce qui n'est pas lui ; elle ne s'exerce donc qu'en séparant le connu de l'être, en le déréalisant, ce pourquoi, comme le montrent les *Méditations*, elle peut douter de tous les objets, qui ne sont, en effet, que ses objets. Mais elle ne peut douter de l'être, et tout être se révèle comme ce qui, dépassant la pensée, ne peut être ni cerné, ni compris, ni dépassé, ni, par conséquent, nié.

Descartes semble noter lui-même l'ambiguïté de ce qu'il nomme « idées » quand, par exemple, en juillet 1641, il écrit à Mersenne : « J'appelle généralement du nom d'idée tout ce qui est dans notre esprit lorsque nous concevons une chose, de quelque manière que nous la concevions »[1]. Et, en effet, le terme « idées » désigne à la fois, chez Descartes, des représentations objectives et essentielles, et des présences ontologiques. Mais la métaphysique a précisément pour but de mettre en place les essences et les présences en subordonnant les représentations à la pensée, et la pensée à l'être, c'est-à-dire, d'abord, le *cogito* au *sum* (car Descartes ne dit jamais : *sum cogitatio*, mais : *sum res cogitans*), puis l'être du *cogito* à celui de Dieu. Par-là, la métaphysique établit à la fois la supériorité de l'être sur la représentation, et l'impossibilité de réduire l'être à la représentation, et donc de le comprendre de façon positive. Dieu crée tout ce que je puis comprendre et, de l'Être de Dieu, Descartes va jusqu'à dire que l'incompréhensibilité est contenue en sa raison formelle[2]. De même, la pensée est première par rapport à ses objets, mais l'être de la pensée ne se découvre, en la *Méditation seconde*, que comme l'être d'une négation

---

1. *Lettre à Mersenne*, 8 juillet 1641, A.T., t. III, p. 392-393 ; *Œuvres complètes*, VIII-1, éd. BK, Paris, Gallimard, 2013, p. 470.

2. « *Ipsa incomprehensibilitas in ratione formali infiniti continetur* », *Réponses aux cinquièmes objections*, A.T., t. VII, p. 368 ; *Œuvres philosophiques*, t. II, éd. Alquié, p. 811 ; *Œuvres complètes*, t. IV-1, éd. BK, p. 562.

et, précisément, de la négation de tout ce qui est vérité scientifique : car l'être du *cogito* n'est que l'être du doute et, dans la *Méditation première*, le doute a porté, non seulement sur la réalité du sensible, mais sur les évidences scientifiques et objectives, ce en quoi il a dépassé cette critique des qualités que, depuis longtemps déjà, le platonisme avait accomplie. Quant à l'être de la matière, c'est bien à tort qu'on le confond avec son attribut essentiel, qui est l'étendue. Car, dit Descartes dans les *Principes*, nous ne devons pas considérer la pensée et l'étendue comme « des choses qui subsistent d'elles-mêmes », ni confondre « l'idée que nous devons avoir de la substance avec celle que nous devons avoir de ses propriétés »[1]. Ainsi se retrouve toujours, chez Descartes, la doctrine de la supériorité de l'être sur le concept et de l'irréductibilité de l'être au concept : connaissant la nature des choses, nous ne connaissons pas leur être, et, pour ce qui est du *cogito* et de Dieu, comment comprendrions-nous leur nature, puisqu'ils ne sont pas nature, mais liberté ?

Et, certes, il n'est pas douteux que cette métaphysique négative, et déjà critique, n'ait, comme le veut Valéry, une signification historique. En particulier, le dépassement de tout objet connu vers l'être, que sans cesse effectue Descartes, ne se saurait comprendre tout à fait qu'à partir de la réaction de Descartes contre la philosophie de Suarez, que les Pères de La Flèche lui avaient enseignée, et où l'être était assimilé à l'essence. Il provient aussi du désir de Descartes de ne pas succomber tout à fait à ce nouvel essentialisme qu'est alors la science, du souci de transcender,

---

1. *Les Principes de la philosophie*, I, art. 64. A.T., t. IX-2, p. 54 ; *Œuvres philosophiques*, t. III, éd. Alquié, Paris, Classiques Garnier, 1973, révisée par D. Moreau, 2010, p. 134.

par métaphysique, le réalisme scientifique aussi bien que le réalisme biblique qui, selon lui, s'opposaient à tort dans le conflit de Galilée et du Saint-Office. Car il nous semble qu'en cette affaire, dont on sait l'importance en la formation du cartésianisme, ni la physique de Galilée, ni la doctrine du Saint-Office ne parurent à Descartes erreurs totales ou parfaites vérités. Leur opposition demeurerait-elle en effet, si l'une et l'autre cessaient, comme le voudrait Descartes, de confondre, avec l'Être transcendant, les langages dans lesquels elles l'expriment, la physique disant l'être selon les nécessités de la pensée scientifique et technique, le récit biblique le racontant selon les exigences de notre salut ? Devant les dogmatismes opposés qu'engendre l'élévation à l'être des symboles scientifiques ou religieux, Descartes, loin de s'efforcer d'opérer, sur le plan des idées représentatives et du langage, une conciliation qu'il juge impossible, conserve à la fois la vérité de la religion et celle de la science en les situant toutes deux, et résout, par analyse critique, c'est-à-dire par appel à la transcendance de l'être, le conflit dans lequel son siècle était embarrassé.

Mais faut-il croire que le fanatisme soit mort, et que la confusion de l'Être et des langages où il s'exprime soit, de nos jours, dissipée ? Bien au contraire, l'assimilation de l'être à l'objet, qui est le propre du scientisme, ne nous paraît jamais avoir, plus qu'à présent, menacé l'homme, sa valeur irremplaçable, sa liberté. La reprise du doute, par lequel l'homme déréalise le donné, et du *cogito*, par lequel il comprend que sa propre existence est sa première certitude, et que sa conscience ne saurait être sacrifiée aux hypothèses de sa conscience, nous paraissent donc de l'intérêt le plus actuel. Descartes, en ce sens, n'a pas fini de nous donner des leçons ; la vérité de sa métaphysique est éternelle. Et sans doute le kantisme, par la critique qu'il opère du cartésianisme lui-même, peut-il paraître avoir atteint, dans la séparation du savoir et de l'être, plus de rigueur. Pourtant, il faut se souvenir que, jugeant Descartes à travers Wolff et Leibniz, Kant méconnaît le plus souvent l'authentique inspiration qui anime Descartes, et qui n'est autre que la sienne. Et l'on peut même se demander si la conception cartésienne des limites du savoir ne garantit pas, mieux que le kantisme, contre l'erreur dogmatique. Certes, il faut convenir que posant, en dehors de nous, un Dieu dont le savoir, pour n'avoir rien de commun avec le nôtre (puisqu'il ne contient plus aucun élément de passivité) demeure pourtant un savoir, Descartes semble ne limiter le savoir humain qu'au nom d'un autre savoir possible, la doctrine kantienne établissant au contraire que les limites du savoir tiennent à sa nature même de savoir. Mais précisément le kantisme, nous amenant à considérer que ce qui limite le savoir ne peut même être défini par rapport à un savoir non humain, donne à la chose en soi un statut si négatif, tend si souvent à la considérer comme inférieure à la conscience humaine, que les postkantiens auront peu à faire pour l'éliminer, et parvenir à l'affirmation selon laquelle le savoir est la mesure de l'être.

Or cette affirmation conduit à son tour à la subordination de la conscience à son objet. Car le savoir, s'il n'est pas sans cesse pensé comme savoir d'homme, et d'homme limité et fini, se donne comme révélant un monde en soi et une histoire où, bien vite, l'homme sera oublié et perdu. Aussi ne pensons-nous pas qu'on puisse fonder, mieux que par la voie cartésienne, cette liberté de l'esprit dont on rappelle souvent que Descartes a proclamé la valeur, mais dont on oublie toujours que le dogmatisme, historique ou scientifique, la menacent plus encore que le dogmatisme religieux. Descartes, cependant, ne l'oublie pas. Sa théorie de la création des vérités éternelles fonde la science en soulignant le caractère non-ontologique de ses découvertes ; son doute, rejetant d'un coup notre passé, établit que notre ordre véritable exclut notre histoire. En tout ceci, l'Être apparaît comme liberté pure : il permet donc d'affirmer à la fois que la conscience connaissante n'est que sa manifestation, et qu'elle est supérieure à tout ce qui, apparaissant d'abord comme Monde, se révèle comme connaissable. On peut, sans doute, préférer à cette démarche libératrice bien d'autres mouvements ; il ne semble pas qu'on puisse prétendre qu'elle ait été dépassée.

NOTE SUR L'INTERPRÉTATION
DE DESCARTES PAR L'ORDRE DES RAISONS[1]

Vérité et contradictions en histoire
de la philosophie

Je voudrais ne donner aucun caractère polémique à ces notes. Certes, elles n'auraient aucun sens si elles ne rappelaient que mon interprétation du cartésianisme diffère fondamentalement de celle que présente M. Gueroult en son *Descartes selon l'ordre des raisons*[2]. Pourtant, je me propose ici, non de faire valoir arguments ou preuves, mais de réfléchir sur un désaccord qui, à mes yeux, fait problème. M. Gueroult et moi estimons que les *Méditations* constituent l'œuvre essentielle de Descartes et contiennent la clef de sa philosophie. Tous deux nous rejetons les méthodes qui les expliqueraient du dehors, par des causes matérielles ou sociales, et croyons qu'une pensée philosophique ne peut se comprendre que par sa fin, à savoir par la vérité qu'elle veut atteindre et prétend exprimer. Ces convergences ne sont pas négligeables. Cependant, nous ne parvenons pas à nous entendre sur le sens du texte ; les objections

1. Paru dans la *Revue de Métaphysique et de Morale*, n° 3-4, juillet-décembre 1956, p. 403-418. [Victor Goldschmidt réagira à cette recension dans la même revue en 1957, voir la bibliographie. N.D.É.]
2. M. Gueroult, *Descartes selon l'ordre des raisons*, 2 vol. (I, L'âme et Dieu ; II, L'âme et le corps), Paris, Aubier, 1953, 2ᵉ éd. corrigée, 1968.

que, mutuellement, nous nous adressons ne sont pas philosophiques (du moins n'en prenons-nous pas conscience sous cette forme), mais historiques. Elles concernent l'exactitude et la fidélité. Une telle situation paraît inviter à des réflexions qui dépassent la lettre des deux commentaires, et le contenu d'une discussion qui n'est du reste pas la seule à opposer des interprètes de Descartes. S'il faut espérer découvrir une vérité qui puisse obtenir un assentiment unanime, n'est-ce pas en s'interrogeant sur l'essence et sur les normes de l'histoire de la philosophie ? Car, pour ce qui est du sens de la philosophie de Descartes, M. Gueroult et moi en avons déjà si souvent, mais si vainement, discuté qu'on peut tenir pour établi que nul de nous deux ne convaincra jamais l'autre.

M. Gueroult assimile la vérité que veut atteindre l'historien de la philosophie à une vérité objective et scientifique. Dès le début de son ouvrage (I, 12), il cite la règle cartésienne : « Toutes les fois que deux hommes portent sur la même chose un jugement contraire, il est certain que l'un des deux se trompe. Il y a plus, aucun des deux ne possède la vérité, car s'il en avait une vue claire et nette, il pourrait l'exposer à son adversaire de telle sorte qu'elle finirait par forcer sa conviction »[1]. Descartes, cependant, ne songe pas, en écrivant ceci, à l'interprétation de pensées. À vouloir appliquer son propos à l'histoire de la philosophie, il faudrait, en bonne logique, soit avouer que l'un des adversaires est privé de raison et ne mérite pas le nom d'homme, soit reconnaître qu'aucun d'eux ne

---

1. La façon même dont M. Gueroult traduit ce texte (tiré de la Règle II) est caractéristique de sa tendance à l'objectivisme. Il substitue vérité à *scientia*, vue claire et nette à *ratio certa et evidens*, etc. Nos remarques portent sur la traduction de M. Gueroult, non sur le texte de Descartes.

possède la vérité, puisque chacun ne peut convaincre l'autre. M. Gueroult ne consent tout à fait ni à ce dogmatisme, ni à ce désespoir. Mais il estime que, si nul interprète ne parvient à « forcer la conviction de son adversaire », c'est qu'il s'agit « d'une matière où l'imagination risque toujours d'obscurcir la vue de l'entendement » (I, 12). Et il maintient l'idée d'un en-soi de la vérité, que seule notre affectivité nous interdirait d'apercevoir.

Si j'avais, à mon tour, à proposer un texte susceptible de caractériser les conflits qui divisent les historiens de la philosophie, je songerais plutôt à la formule kantienne déclarant que, lorsque la clarté et la force de la démonstration sont égales des deux côtés, « il ne reste qu'un moyen de terminer le procès une bonne fois et à la satisfaction des deux parties : les convaincre que, si elles peuvent si bien se réfuter l'une l'autre, c'est que l'objet de leur dispute est un rien, et qu'une certaine apparence transcendantale leur a présenté une réalité là où il n'y en a aucune »[1]. Car on peut craindre que le « vrai Descartes », invoqué par M. Gueroult, ne soit aussi illusoire que paraissait à Kant le monde « considéré comme chose en soi ». Non que l'affirmation reste, en ce domaine, arbitraire et sans critère. Mais ses normes ne sont pas celles du jugement scientifique. Peut-on parler de l'« analyse objective des structures de l'œuvre » (I, 10), si ces structures mêmes ne peuvent exister qu'à partir du sens que notre esprit leur confère ? Et la vérité visée par l'historien de la philosophie sera-t-elle jamais comparable à une vérité de raison ou de fait, telle que : 2 et 2 font 4, ou : Richelieu est mort en 1642 ? Certes,

---

1. E. Kant, *Critique de la raison pure*, Antinomie, 7e section, AK, t. III, p. 345, voir *Œuvres philosophiques*, t. I, éd. sous la direction de F. Alquié, « Bibliothèque de la Pléiade », Paris, Gallimard, 1980, p. 1145.

on peut savoir scientifiquement que Descartes a été élevé
à La Flèche, qu'il a rencontré de Chandoux, qu'il a résidé
à Franeker. Mais comment retrouver sous forme d'objet
ses pensées, ses intentions, ses expériences et ses certitudes
si, précisément, de telles réalités n'existèrent jamais sous
cette forme ? Descartes a pensé selon les lois de toute
pensée, parlé selon les lois de tout langage. Ses œuvres
ont un sens qui, s'il ne peut être arbitrairement déterminé
par nous, ne saurait non plus être défini à titre de chose.
En un mot, la vérité de Descartes ne sera jamais, comme
le veut M. Gueroult (I, 10), « découverte », mais toujours
constituée par un interprète.

Le premier devoir de tout interprète n'est-il pas, dès
lors, devant une autre interprétation que la sienne, de ne
point attribuer ce désaccord aux dérèglements imaginatifs
de l'adversaire ? Certes, l'imagination peut nous empêcher
d'apercevoir une réalité objective, et préexistante. Mais,
ici, la seule réalité objective et préexistante est le texte, et
je ne parviens pas à saisir ce que M. Gueroult veut dire
quand il sépare, en ce qui concerne le texte, comprendre
et expliquer (I, 9, 10). Car un texte se présente à la fois
comme opaque et signifiant, et les problèmes qu'il pose
sont inséparables d'une signification qui d'abord doit être
comprise. Toute interprétation suppose la sensibilité du
commentateur à tels ou tels de ces problèmes : elle est
nouvelle, et féconde, quand elle apporte une solution à des
problèmes jusque-là négligés. Mais une interprétation ne
pourrait être dite objectivement supérieure à une autre que
si, résolvant d'abord les mêmes problèmes, elle apportait,
en outre, la solution de problèmes nouveaux. L'interprétation
de M. Gueroult présente-t-elle ce caractère ?

LE REFUS DES DISTINCTIONS CHRONOLOGIQUES

Tout au contraire, elle semble d'abord se définir par un certain nombre de refus, par une imperméabilité volontaire et résolue à divers ordres de recherche, à certaines méthodes de compréhension, à de nombreuses préoccupations que d'autres ont tenues pour valables ou essentielles.

Ainsi, M. Gueroult refuse d'examiner tout problème d'évolution de la pensée de Descartes. Cela irait de soi si, comme il l'annonce, il s'en tenait au strict commentaire des *Méditations*, et donc de la pensée de Descartes en 1640-1641. Mais, en fait, il éclaire les *Méditations* par des textes s'étalant sur une période de vingt-et-une années, allant des *Regulae* aux *Passions* : dès la page 17, nous lisons que « méconnaître le lien étroit qui unit les conceptions maîtresses des *Regulae* à la théorie de l'incompréhensibilité de Dieu c'est méconnaître l'unité, la continuité et la rigueur rationnelles qui sont le propre de la pensée cartésienne » et, plus loin, le commentaire de la *Méditation sixième* n'hésite pas à juxtaposer une définition de l'imagination extraite des *Regulae* (II, 40, 41) et des analyses tirées des lettres à Élisabeth et des *Passions de l'âme*. C'est là, assurément, ne pas se soucier du Descartes historique, qui forma lentement ses pensées, et nous en avertit sans cesse : dans les *Regulae*, où il déclare n'avoir jusque-là cultivé que la mathématique universelle[1] ; dans le *Discours*, où, nous présentant l'histoire de son esprit, il rappelle

1. « *Mathesim universalem... hactenus excolui* », *Regulae ad directionem ingenii*, Règle IV, A.T., t. X, p. 379 ; *Œuvres philosophiques*, t. I, éd. Alquié, Paris, Classiques Garnier, 1963, révisée par D. Moreau, 2010, p. 99 ; *Œuvres complètes*, t. I, éd. BK, Gallimard, 2016, p. 354 (latin) / p. 355 (français).

précisément que, jusqu'à la retraite de Hollande, il n'a
« commencé à chercher les fondements d'aucune philosophie
plus certaine que la vulgaire »[1]; au début même des
Méditations où, avant de décrire ses réflexions en une sorte
de temporalité essentielle, il prend soin de les situer d'abord
à un moment de sa vie (« il me fallait entreprendre
sérieusement une fois en ma vie… j'ai attendu que j'eusse
atteint un âge qui fut si mûr… »[2], etc.).

Négligeant de tels avertissements, M. Gueroult substitue,
à l'histoire, le système, qu'il tient pour déjà présent à une
époque où il n'était, de l'aveu de Descartes, même pas
pressenti. Comment, dès lors, pourrait-il me convaincre
lorsqu'il assimile la méthode métaphysique à la scientifique,
et réduit à un ordre de raisons déductives l'expérience,
selon moi proprement ontologique, des *Méditations* ?
M. Gueroult n'établit ici que ce que, dès le départ, il a
admis sans preuves, à savoir que l'on peut expliquer les
Méditations par les *Regulae*. Et comment ne reviendrais-je
pas à la chronologie, alors qu'elle permet seule l'analyse
là où M. Gueroult doit user de juxtaposition ? Ainsi, selon
M. Gueroult, la certitude privilégiée du *cogito* provient à
la fois de ce qu'il constitue l'idée la plus simple de toutes,
et de ce qu'il est la condition de toutes les autres idées et
de toute connaissance possible (I, 52). J'avoue concilier
malaisément ces deux interprétations. Car, dans le premier
cas, le *cogito* paraît le fruit d'une sorte d'analyse sélective
passant du complexe au simple, mais demeurant dans le
plan des idées ; dans l'autre, le passage est discontinu et

---

1. Voir la fin de la troisième partie du *Discours de la méthode*. Les
Regulae sont antérieures au départ de Descartes, et ont été écrites en
France.

2. *Première Méditation*, A.T., t. IX-1, p. 13 ; *Œuvres philosophiques*,
t. II, éd. Alquié, p. 404 ; *Œuvres complètes*, t. IV-1, éd. BK, p. 105.

suppose un véritable renversement : celui par lequel le doute, ayant suspendu toute affirmation d'ordre objectif, révèle tout à coup l'être d'un sujet. Or, ces deux démarches ont été effectivement accomplies par Descartes, mais non pas toutes deux dans les *Méditations*. Il est, chez Descartes, une recherche de la vérité intérieure à la science. On la rencontre dans les *Regulae*, d'où toute métaphysique est absente, puisque la vérité du *sum* et du *cogito*, loin d'être première, est assimilée à celle de propriétés géométriques[1]. Elle se prolonge dans le *Discours*, dont le doute n'a rien d'ontologique, mais demeure scientifiquement sélectif, et où, de ce fait, le *cogito* apparaît comme une idée parmi les autres, un critère de vérité scientifique, une liaison nécessaire (marquée par un *donc* qui disparaît dans les *Méditations*, lesquelles, on le sait, ne contiennent pas la formule : je pense donc je suis). Fort différente, la démarche des *Méditations* répond au souci de situer la science elle-même par rapport à l'Être, à la question : *de re existente agitur, an ea sit*[2]. Aussi l'existence du Monde et ma situation concrète y sont-elles mises en jeu par un doute qui, cette fois, loin de choisir et de s'arrêter devant une évidence objective, se transforme lui-même en évidence, le *cogito ergo sum* laissant place à l'affirmation ontologique d'un

---

1. « *Unusquisque... potest intueri se existere, se cogitare, triangulum terminari tribus lineis tantum, globum unica superficie* », *Regulae ad directionem ingenii*, Règle III, A.T., t. X, p. 368 ; *Œuvres philosophiques*, t. I, éd. Alquié, p. 87 ; *Œuvres complètes*, t. I, éd. BK, p 338 (latin) / p. 339 (français : « Ainsi chacun peut voir par une intuition de l'esprit qu'il existe, qu'il pense, qu'un triangle est limité par trois lignes seulement, une sphère par une surface unique », trad. fr. Beyssade).

2. *Entretien avec Burman* (Réponses de Descartes sur les difficultés de la *Première Méditation*), A.T., t. V, p. 146 ; éd. J.-M. Beyssade, « Épiméthée », Paris, P.U.F., 1981, p. 14 (latin), p. 15 (français) : « ici on s'occupe avant tout de chose existante, pour savoir si elle existe ».

moi qui, bien plus qu'un modèle d'idée claire, est le support
réel, la substance de toutes ses idées, et le premier être
indubitable que je rencontre. Et l'on comprend ainsi que
Descartes tienne la substance pour une véritable « matière
métaphysique »[1], et ne consente jamais à confondre
cogitatio et *res cogitans*, l'attribut essentiel et la substance.

Le rejet méthodique de la chronologie au profit de
l'intemporalité du système ne conduit pas seulement
M. Gueroult à donner aux textes un sens, conforme à
l'ordre, mais indépendant des problèmes spécifiques
auxquels ils ont effectivement, et chacun en son temps,
voulu répondre. Il le conduit parfois à faire erreur sur leur
date et, par exemple, à prendre pour une lettre à Mersenne
de 1641 ce qui n'est que la version française de la lettre à
Mesland du 9 février 1645[2], ce qui permet de déclarer que
chez Descartes « on n'observe aucune évolution » sur le
problème de la liberté (I, 327, 328). Si je cite ce trait, ce
n'est pas pour signaler une confusion (qui de nous n'en a
pas commis?), mais pour montrer, par un exemple, combien
l'orientation de la recherche peut éveiller ou endormir
l'attention sur tel ou tel détail. Lisant, jadis, dans le tome III

---

1. *Réponse à la deuxième objection de Hobbes* (*Troisièmes Objections*,
A.T., t. IX-1, p. 136; *Œuvres philosophiques*, t. II, éd. Alquié, p. 604;
Œuvres complètes, t. IV-1, éd. BK, p. 347). Et sans doute la distinction
de la substance et de son attribut est-elle dite « de raison ». On n'en
saurait conclure qu'elle soit vaine et sans objet. La disant « de raison »,
Descartes l'oppose seulement à la distinction réelle et à la modale. Or,
il est clair que distinguer substance et attribut n'est pas distinguer deux
substances, (puisque l'attribut n'est pas substance), ni une substance
d'un mode accidentel, ni deux modes d'une même substance (v. *Principes*,
I, 60 à 63). Il demeure aussi que nous ne pouvons connaître une substance
que par son attribut. Il n'en résulte pas qu'elle *soit* cet attribut, et que cet
attribut *soit* la substance.

2. *Lettre à Mesland*, 9 février 1645, A.T., t. IV, p. 173-175 (latin);
Œuvres philosophiques, t. III, éd. Alquié, p. 551-553; *Œuvres complètes*,
t. VIII-1, éd. BK, p. 628-630.

d'Adam et Tannery[1], cette prétendue lettre à Mersenne, où Descartes assimile la liberté d'indifférence au pouvoir positif de refuser le vrai et le bien en leur présence même, j'avais aussitôt noté : « Date assurément inexacte, lettre postérieure à 1644 ». Et le tome IV m'apporta grand soulagement, en m'apprenant, à la date de 1645, que je ne m'étais pas trompé. Il n'y eut là, cependant, nulle divination. Mais j'avais présente à l'esprit la différence des *Méditations* et des *Principes*, où les notions de choix et de mérite prennent déjà le pas sur celles d'une liberté déterminée par sa fin. La lettre en question, tenant le choix pour absolument libre, et distinguant l'indifférence de l'ignorance, ne pouvait se situer qu'après les *Principes*, et devait constituer le terme d'une recherche d'abord soucieuse de la seule connaissance (c'est le cas en 1641, et l'indifférence ne peut alors provenir que de l'ignorance), puis de plus en plus occupée de l'homme et de l'essence de sa volonté.

LA RECHERCHE DES STRUCTURES ET LE REJET DE LA PSYCHOLOGIE

Mais on voit bien ce qui commande les refus de M. Gueroult. Il a, comme Descartes, horreur des « pensées détachées ». Il veut donc opérer une analyse des « structures », dont il estime qu'elle a été jusqu'ici négligée (I, 10). Or le caractère commun des structures est d'être démonstratives (I, 11). Elles seules valent la peine d'être étudiées, car seules elles font d'une œuvre une œuvre philosophique.

Il faut accorder que des pensées détachées ne constituent pas, à proprement parler, une philosophie, et que l'interprétation doit découvrir des structures permettant

1. *Ibid.*, A.T., t. III, p. 378-382.

de relier des idées qui, sans cela, demeureraient sans
justification. Mais il est bien des façons de structurer une
pensée pour la comprendre. Les structures que M. Gueroult
découvre chez Descartes sont des enchaînements rationnels
semblables à ceux des *Éléments* d'Euclide, et tels que toute
thèse énoncée avant une autre soit la condition de cette
autre (I, 20, 21 et II, 288) : une idée n'aura donc besoin,
pour être comprise, que de celles qui la précèdent dans la
déduction. Aussi M. Gueroult s'élève-t-il contre les
commentateurs qui, pour comprendre la *Première
Méditation*, et l'hypothèse du Dieu trompeur, font intervenir
la théorie de la création des vérités éternelles (I, 42 à 49).
Il établit qu'il ne saurait y avoir conflit entre la toute-
puissance et la bonté de Dieu : on ne peut penser que Dieu,
comme tout puissant, pourrait vouloir tromper : ainsi la
doctrine de la création des vérités éternelles, affirmant
l'omnipotence divine, loin de fonder l'idée du Dieu
trompeur, la réfute. Ce dont, assurément, on doit convenir.
Mais accorder que le doute de la *Première Méditation* ne
peut être interprété comme la conséquence logique d'une
théorie de la création des vérités éternelles correctement
définie n'empêche en rien de croire que ce doute, et le
cogito qui le suit, ne dépendent tout à fait de cette théorie,
ou plutôt de la démarche dont elle est née. Selon moi, ils
ne sont autre chose que cette démarche, ou, si l'on préfère,
que sa prise de conscience réfléchie. Jusqu'en 1630,
Descartes a cru, par une sorte de confiance spontanée, à
la valeur des idées claires et de la science. La théorie de
la création des vérités éternelles fonde les vérités scientifiques, mais les situe dans un plan qui n'est plus proprement
ontologique, puisque l'Être divin les crée librement. Voilà
donc les vérités objectives aperçues sur fond d'être, et
dépassées par l'esprit, lequel découvre, si l'on peut dire,

la contingence de leur nécessité. Pourtant, en 1630, l'esprit ne s'aperçoit pas encore lui-même comme la source de ce dépassement. Il atteindra cette prise de conscience dans les *Méditations*. Le mouvement sera alors décomposé : le pur dépassement des essences se retrouvera dans le doute, la source effective du dépassement sera ma pensée, et l'idée en fonction de laquelle le dépassement s'opère sera celle de Dieu. Bien que d'abord présente, cette idée ne se révélera pleinement qu'à la fin, ce qui explique qu'au moment du doute Dieu soit encore confusément aperçu, et puisse donc être à la fois supposé comme tout puissant (... *Deum esse qui potest omnia*[1]) et comme trompeur, en attendant que la claire compréhension de sa toute puissance le révèle comme véridique. Ici encore, je n'ai pas le dessein de justifier mon interprétation. Je veux seulement indiquer qu'elle découvre (ou établit) une structure qui, pour n'être pas de déduction logique, ne laisse pas « détachées » les pensées de Descartes. Elle lie la théorie de la création des vérités, le doute, le *cogito*, l'idée de Dieu. Mais, moins soucieuse d'ordre déductif explicite, plus fidèle à la chronologie, elle croit fondamentale et première la théorie qui fut d'abord énoncée, et que M. Gueroult tient au contraire pour secondaire et dérivée (I, 24). Certes, la théorie de la création des vérités est secondaire « selon l'ordre ». De ce point de vue, elle est même nulle, puisqu'elle n'apparaît pas dans l'ordre. Mais on peut la tenir pour le fondement de ce qui, précisément, apparaît dans l'ordre. Tout dépend ainsi de l'option méthodologique qui précède la recherche : jugera-t-on, ou non, selon l'ordre ?

---

1. *Première Méditation*, A.T., t. VII, p. 21 ; *Œuvres philosophiques*, t. II, éd. Alquié, p. 180 (latin) / p. 408 (français) ; *Œuvres complètes*, t. IV-1, éd. BK, p. 110 (latin) / p. 111 (français).

Pourquoi, cependant, M. Gueroult refuse-t-il si vivement
tout effort pour grouper les textes selon l'identité de leurs
démarches ou de leurs significations ? C'est qu'il décèle
en ces efforts quelque inspiration psychologique. Or, parmi
les refus méthodologiques de M. Gueroult, le plus radical
est assurément celui de la psychologie. La distinction du
sujet psychologique et du sujet transcendantal semble
toujours présente à son esprit, et le conduit à tenir toute
explication psychologique pour causale, à considérer qu'elle
ne pourrait s'appliquer légitimement qu'à une pensée
erronée. Que l'on rapproche donc (et comment ne pas les
rapprocher, puisqu'on y retrouve à peu près les mêmes
termes ?) les lettres à Balzac de 1631 où Descartes avoue
sa difficulté à distinguer la veille du sommeil et les phrases
des *Méditations* où il se demande s'il dort et nous fait part
de son impression d'être « tombé dans une eau très
profonde », M. Gueroult estime aussitôt que l'on fait à
Descartes « l'injure de la liquéfier dans les complexes
d'anxiété, de culpabilité, et autres psychasthénies au goût
du jour » (I, 13). Cela conduit M. Gueroult, si attentif aux
articulations logiques des *Méditations*, à négliger
systématiquement leur ton et les affirmations d'inquiétude,
de malaise ou de joie qui accompagnent chacun de leurs
moments (« mon étonnement est tel… ce dessein est pénible
et laborieux… j'appréhende de me réveiller de cet
assoupissement… je suis tellement surpris que je ne puis
ni assurer mes pieds dans le fond ni nager pour me soutenir
au-dessus… il me semble… à propos… de considérer,
d'admirer et d'adorer l'incomparable beauté de cette
immense lumière… une semblable méditation… nous fait
jouir du plus grand contentement que nous soyons capables
de ressentir en cette vie… »). Visiblement, cette intervention
continuelle de l'affectivité paraît à M. Gueroult liée à la

seule « présentation littéraire » (I, 80). Qu'il me soit permis
de penser au contraire que, chez le philosophe qui a écrit
que la vraie connaissance de Dieu s'offre à ceux qui
appliquent leur esprit à contempler ses perfections « non
point à dessein de les comprendre, mais plutôt de les
admirer »[1], la conscience ouverte, et orientée vers l'Être,
qui tout au long des *Méditations* permet à Descartes de se
saisir comme solitaire, fini, doutant, désirant, admirant,
apaisé, réconcilié, joyeux, constitue un élément essentiel
de la démarche métaphysique, et justifie seule un titre qui
promettait au lecteur de cette époque une « méditation »
de style religieux et vécu. Car on ne saurait nier que
Descartes ne nous entretienne sans cesse de lui-même et
de ses sentiments, ce qui serait inconcevable dans un exposé
de nature mathématique où nul ne saurait dire : « Je ». Et
comment accorder à M. Gueroult que le sentiment soit
« uniquement fondé sur l'union substantielle de l'âme et
du corps », et que sa compétence soit « rigoureusement
restreinte au domaine psychophysique » (II, 295)? Cela
n'est vrai que des passions. Or « je distingue, dit Descartes,
entre l'amour qui est purement intellectuel ou raisonnable,
et celle qui est une passion. » « Et tous ces mouvements
de la volonté auxquels consistent l'amour, la joie et la
tristesse, et le désir, en tant que ce sont des pensées
raisonnables, et non point des passions, se pourraient
trouver en notre âme encore qu'elle n'eût point de corps »[2].

---

1. *Réponses aux premières objections*, A.T., t. IX-1, p. 90 ; *Œuvres philosophiques*, t. II, éd. Alquié, p. 533 ; *Œuvres complètes*, t. IV-1, éd. BK, p. 274.

2. *Lettre à Chanut*, 1er février 1647, A.T., t. IV, p. 601-602 ; *Œuvres philosophiques*, t. III, éd. Alquié, p. 709-710 ; *Œuvres complètes*, t. VIII-2, éd. BK, p. 676-677.

Faut-il rappeler ici que la distinction entre psychologie causale et analyse transcendantale n'a jamais été faite par Descartes ? Je crains même qu'étrangère à la tradition proprement cartésienne cette distinction n'empêche de comprendre bien des philosophes français (ainsi Maine de Biran) en posant, à leur propos, des problèmes qu'à tort ou à raison ils ne se sont pas posés. C'est, me semble-t-il, en demeurant fidèle au principe cartésien selon lequel toute conscience est par essence de l'ordre de la pensée que je crois que toute expérience, même psychasthénique, a un sens, et ne peut être tenue pour un fait de nature. Descartes ne serait pas devenu philosophe (il nous le dit lui-même) s'il n'avait pas été déçu, et n'avait ressenti le besoin vital de trouver assurance et bonheur. Ses découvertes n'ont de sens qu'en fonction des problèmes que posait son temps, problèmes qu'enfant il put découvrir dans le souci quotidien des Pères de la Flèche, et que raviva, en 1633, la condamnation de Galilée : quel rapport établir entre la vérité de la science et celle de la foi, entre le monde du mécanisme et celui de l'Être ? Ce problème de l'Être, après l'enthousiaste confusion des premières pensées (1618-1619), Descartes en réserve avec un tel soin la solution que, dans la *Dioptrique*, il prétend encore constituer une optique cohérente sans « dire au vrai »[1] ce qu'est la lumière. Mais il l'aborde dans les *Méditations* qui, de ce fait, ne répondent pas seulement à la question logique que définit si bien M. Gueroult (fonder la certitude de fait que nous donnent les sciences sur une certitude de droit), mais à une exigence ontologique (fonder le système hypothético-

---

1. *Dioptrique*, Discours premier, A.T., t. VI, p. 83 ; *Œuvres philosophiques*, t. I, éd. Alquié, p. 653 ; *Œuvres complètes*, t. III, éd. BK, Paris, Gallimard, 2009, p. 149.

déductif, qui constitue la science, sur l'Être). La position de ce problème nouveau rompt la série unilinéaire de toute chaîne de raisons, fait intervenir un autre plan, et restitue dans la totalité de ses dimensions la conscience de l'homme. Cette conscience ne saurait se reconnaître ni dans le psychologisme, ni dans le mathématisme entre lesquels M. Gueroult nous donne à choisir (I, 80). Elle a sa rigueur propre, mais ses évidences ne se découvrent point en un ordre que, pour ma part, je tiens pour ce qu'il y a de plus individuel et de plus subjectif en Descartes. Car c'est précisément à propos de l'ordre que les successeurs de Descartes s'élèveront contre lui, et opposeront leurs vérités en des systèmes inconciliables, alors que la démarche ouverte, l'expérience ontologique, la subordination de la représentation à l'être seront leur trésor commun.

RIGUEUR CONCEPTUELLE
ET EXACTITUDE D'INTERPRÉTATION

Mais on dira sans doute que je reviens à mes propres postulats, et impose à Descartes les exigences de ma pensée. Bien que persuadé, au contraire, que seules les leçons de Descartes ont permis à ces exigences de se préciser, je n'ai pas, une fois encore, l'intention d'établir ici la fidélité de mon interprétation, mais de découvrir la part d'hypothèse que contient celle de M. Gueroult. On peut craindre, en effet, en lisant les considérations que M. Gueroult consacre à sa méthode que, pour mieux en établir l'objectivité, il n'en minimise la nouveauté, et ne méconnaisse lui-même l'originalité des résultats qu'elle apporte. « Nos conclusions, dit-il, sont pour la plupart favorables à l'idée traditionnelle que l'on s'est faite de Descartes » (I, 13). Comment le croire ? Personne avant M. Gueroult n'avait prétendu que la preuve ontologique dépendît de la preuve par les effets, que l'affirmation du *cogito* se réduisît à celle du moi pensant en général, que l'entendement fût l'attribut essentiel de l'âme et la volonté un mode de cet entendement lui-même (tous les commentateurs considèrent, au contraire, que l'âme-substance, *mens*, ou *res cogitans*, a pour attribut essentiel la *cogitatio*, dont *intellectus* et *voluntas* sont les modes). Il faut, déclare M. Gueroult (I, 10), chercher dans le texte seul la clef de l'énigme. Mais ne sont-ce pas précisément les textes qui, nous revenant en mémoire, nous empêchent si souvent d'être convaincus par la rigoureuse logique de M. Gueroult ? Celle-ci veut, par exemple, que l'unité ne puisse à aucun degré appartenir au corps : « L'indivisibilité du corps humain n'est nullement le caractère de liaison réciproque entre les différentes parties constituant le tout de la mécanique organique prise en soi, mais uniquement l'appartenance de cette machine à l'âme qui s'y trouve associée... l'indivisibilité fonctionnelle réelle du corps humain résulte de son union avec l'âme, et il n'y a aucune indivisibilité réelle dans l'animal machine » (II, 180). Mais Descartes écrit dans les *Passions* que le corps « est un et en quelque façon indivisible à raison de la disposition de ses organes, qui se rapportent... tous l'un à l'autre »[1]. Ce n'est donc pas la fidélité aux textes qui caractérise ici la méthode : négligeant souvent de contrôler leur authenticité et, par exemple, de rectifier selon Roth les modifications introduites par Clerselier dans les lettres cartésiennes[2], M. Gueroult

---

1. *Les Passions de l'âme*, art. 30, A.T., t. XI, p. 351 ; *Œuvres philosophiques*, t. III, éd. Alquié, p. 976.

2. C'est le cas dans la note de I, 120, où M. Gueroult commente un texte en réalité totalement falsifié par Clerselier. L'authentique lettre à Huygens, loin d'affirmer que la persuasion rationnelle renforce la foi,

est assurément moins attentif à la recherche de l'exactitude qu'à celle de la cohérence. Cependant il tend à les confondre en son *Introduction*, et à prouver la fidélité par la rigueur en invoquant le fait que la philosophie de Descartes s'est voulue « rigoureusement démonstrative ». On ne saurait pourtant conclure de la logique d'un raisonnement à sa conformité au texte, ni penser qu'il suffise de mettre au point un ordre rigoureux de raisons pour retrouver celui de Descartes. Descartes et M. Gueroult raisonnent fort bien. Mais raisonnent-ils de la même façon ?

Pour en décider, il faudrait comparer ligne à ligne le texte des *Méditations* (qui, selon M. Gueroult, contient seul l'ordre véritable) et les innombrables enchaînements logiques savamment exposés dans les 700 pages du commentaire. Nous ne saurions y prétendre en ces notes. Mais, pour nous limiter à l'exemple de la *Seconde Méditation*, nous y chercherions en vain une ligne où soient distingués le sens épistémologique et le sens ontologique du mot substance (I, 54), ou trois ordres de substantialité (I, 109). Descartes n'y parle pas davantage de moi pensant en général, et ne rejette en rien l'affirmation du moi comme substance individuelle (I, 117, 118). Il n'y réduit pas la *cogitatio* à l'*intellectus* (I, 59). Il n'y déclare nullement que ce qui nous permet de connaître un corps, c'est l'idée de quelque chose d'étendu, qui demeure le même, l'idée d'un « invariant géométrique » (I, 134). Tout cela est affirmé par M. Gueroult, non par Descartes. Car enfin que dit explicitement Descartes en cette Méditation ? Tout

les oppose (voir L. Roth, *Correspondence of Descartes and Constantyn Huygens*, Oxford, 1926, p. 180). *Lettre à Huygens*, 10 octobre 1642, A.T., t. III, p. 796-799 ; *Œuvres philosophiques*, t. II, éd. Alquié, p. 936-938 ; *Œuvres complètes*, t. VIII-1, éd. BK, p. 105-106.

d'abord : « *Je suis, j'existe* »[1]. Il remarque ensuite que, certain d'être, il ne sait pas ce qu'il est. Pour l'apprendre, et trouver, là encore, la certitude, il retranche de l'idée qu'il a de lui-même tout ce qui peut en être séparé : or seule la pensée résiste à cette épreuve ; seule elle ne peut être détachée de moi : *haec sola a me divelli nequit*[2]. Ce dont Descartes conclut qu'il est une chose pensante (*res cogitans*). Le moi s'affirme donc dès l'abord comme substance réelle (Descartes n'a jamais appelé substance ce qui se suffit dans l'ordre de la seule connaissance, et l'on voit mal comment l'affirmation « sum » pourrait désigner une substance purement « épistémologique »). Descartes affirme qu'il est avant de savoir ce qu'il est et, à l'inverse du *Discours*, passe de la *res* à son attribut, la *cogitatio*, par une démarche qui subordonne la certitude de l'essence intellectuelle du moi à celle de son existence puisque, précisément, la réalité de la pensée est conclue de ce qu'elle ne peut être détachée d'un moi d'abord posé comme réel. Certes, tout cela peut paraître gênant, et difficile à insérer en un ordre conceptuel. Mathématiquement parlant, l'affirmation : je suis, et je suis moi, n'a aucun sens, et renvoie à une expérience sans équivalent, à une sorte de certitude vécue. Mais tel est bien l'ordre du texte.

Continuons, cependant, sa lecture. Commentant *res cogitans*, Descartes ajoute : *id est mens, sive animus, sive intellectus, sive ratio*[3]. Faut-il en conclure que le moi

---

1. *Méditation Seconde*, A.T., t. IX-1, p. 19 ; *Œuvres philosophiques*, t. II, éd. Alquié, p. 183 (latin) / p. 415 (français) ; *Œuvres complètes*, t. IV-1, éd. BK, p. 118 (latin) / p. 119 (français).

2. *Ibid.*, A.T., t. VII, p. 27 ; *Œuvres philosophiques*, t. II, éd. Alquié, p. 184 (latin) / p. 418 (français) ; *Œuvres complètes*, t. IV-1, éd. BK, p. 122 (latin) / p. 123 (français).

3. *Ibid.*

affirmé se réduise à l'entendement ? Pourquoi, dans ce cas, Descartes ne dit-il pas : « Je suis seulement un entendement, condition de toute représentation ? » Écoutons-le, au contraire, commenter lui-même, dans les Réponses à Hobbes, ce passage : « Où j'ai dit, écrit Descartes, c'est-à-dire un esprit, une âme, un entendement, une raison, etc., je n'ai point entendu par ces noms les seules facultés, mais les choses douées de la faculté de penser... Et je ne dis pas que l'intellection et la chose qui entend soient une même chose, non pas même la chose qui entend et l'entendement, si l'entendement est pris pour une faculté, mais seulement lorsqu'il est pris pour la chose même qui entend... Il est certain que la pensée ne peut être sans une chose qui pense, etc. »[1] Faut-il reconnaître, à tout le moins, que mis à part le problème de l'attribution de la pensée à la substance qui pense, penser soit ici réduit à « comprendre » ou à « entendre » ? Il y a des actes, dit au contraire Descartes à Hobbes, « que nous appelons intellectuels, comme entendre, vouloir imaginer, sentir, etc., tous lesquels conviennent entre eux en ce qu'ils ne peuvent être sans pensée, ou perception, ou conscience et connaissance... » (Descartes ne dit pas une seule fois : sans intellection). Vouloir, imaginer, sentir, voilà donc ce que Descartes nomme des « actes intellectuels ». N'est-il pas évident, dès lors, que la *cogitatio* affirmée soit, non l'*intellectus*, mais la conscience tout entière ? Se demandant, dans la *Méditation seconde*, ce qu'est une chose qui pense, Descartes répond : « C'est-à-dire une chose qui doute, qui conçoit, qui affirme, qui nie, qui veut, qui ne veut pas, qui

---

1. *Réponses aux troisièmes objections*, A.T., t. IX-1, p. 135 ; *Œuvres philosophiques*, t. II, éd. Alquié, p. 602-603 ; *Œuvres complètes*, t. IV-1, éd. BK, p. 346.

imagine aussi, et qui sent »[1]. M. Gueroult estime que ce
texte énumère des accidents (I, 77), lesquels dépendent
tous de l'intellect. Mais il ne peut citer, à l'appui de son
affirmation, que le texte de la *Méditation sixième*, où il est
dit que les modes de l'âme enferment tous « quelque sorte
d'intellection ». Rien ne montre mieux qu'il faut ici recourir,
pour justifier l'interprétation de M. Gueroult, à un autre
ordre que celui de Descartes. Car, dans la *Méditation
seconde*, l'affirmation du doute, de la volonté, et, en un
mot, de tous les modes de ma conscience, ne procède pas
de la découverte, en leur sein, d'une quelconque intellection,
mais de leur attribution nécessaire à moi-même : « Y a-t-il,
demande Descartes, aucun de ces attributs qui puisse être
distingué de ma pensée, et qu'on puisse dire être séparé
de *moi-même* ? Car il est de soi si évident que c'est *moi*
qui doute, qui entends, et qui désire, qu'il n'est pas ici
besoin de rien ajouter pour l'expliquer »[2].

« J'ai aussi certainement, ajoute Descartes, la puissance
d'imaginer… enfin je suis le même qui sens »[3]. Dans la
Méditation seconde, en effet, imagination et sensation ne
seront jamais mises en doute ou, dans l'analyse du morceau
de cire, subordonnées à la « compréhension de l'esprit »
que dans la mesure où leur idée semble impliquer celle du
corps, que peut-être elles supposent, qu'en tout cas elles
représentent. Si j'appelle voir : « voir un corps extérieur
avec mes yeux », je dois douter de voir. « Mais il est très
certain qu'il me semble que je vois, que j'entends, que je

---

1. *Méditation Seconde*, A.T., t. IX-1, p. 22 ; *Œuvres philosophiques*,
t. II, éd. Alquié, p. 186 (latin) / p. 420-421 (français) ; *Œuvres complètes*,
t. IV-1, éd. BK, p. 124 (latin) / p. 125 (français).

2. *Ibid.*, A.T., t. IX-1, p. 22 ; *Œuvres philosophiques*, t. II, éd. Alquié,
p. 186 (latin) / p. 421 (français) ; *Œuvres complètes*, t. IV-1, éd. BK,
p. 124-126 (latin) / p. 125-127 (français).

3. *Ibid.*

m'échauffe : *at certe videre videor, audire, calescere* »[1].
Ce qui ne signifie pas que Descartes soit seulement assuré
de penser sentir, la sensation devenant ici l'objet
problématique d'une conscience réfléchie seule certaine.
S'il met en doute une vision supposant le corps, ou définie
comme la prise de conscience d'un corps extérieur,
Descartes ne sépare jamais voir et penser voir. Car, après
avoir dit : *videre videor*; c'est proprement, ajoute-t-il, ce
qui en moi s'appelle sentir. Les *Cinquièmes Réponses*
définiront de même la pensée de voir et de toucher, non
comme la pensée intellectuelle que je vois ou touche, mais
comme celle que « nous expérimentons toutes les nuits
dans nos songes »[2]. Quant à l'analyse du morceau de cire,
destinée, Descartes l'indique, à lutter contre notre tendance
à privilégier l'extériorité, elle oppose encore à la vision
de la cire par les yeux (*ceram... visione oculi... cognosci*)
à sa *mentis inspectio*. Or *mens* veut dire âme, esprit, ou
pensée, beaucoup plus qu'entendement. En tout cas, le
mot *intellectus*, auquel renvoie sans cesse le commentaire
de M. Gueroult, n'apparaît pas une seule fois dans le texte
latin de l'analyse du morceau de cire[3], texte qui ne parle
pas davantage d'idées ou de « notions intellectuelles »
innées (invariant géométrique pour la cire, idées de
substance pensante et d'homme en ce qui concerne les
passants) qui seraient la « condition de possibilité de la

1. *Ibid.*, A.T., t. VII, p. 29 (latin) / t. IX-1, p. 23 (français); *Œuvres
philosophiques*, t. II, éd. Alquié, p. 186 (latin) / p. 422 (français); *Œuvres
complètes*, t. IV-1, éd. BK, p. 126 (latin) / p. 127 (français).

2. *Réponses aux cinquièmes objections*, A.T., t. VII, p. 360; *Œuvres
philosophiques*, t. II, éd. Alquié, p. 803; *Œuvres complètes*, t. IV-1, éd.
BK, p. 556.

3. Le texte français, en revanche, traduit une fois *mens* par entendement
et, une autre fois, ajoute, par redoublement, le mot entendement (que par
l'entendement ou l'esprit).

perception » (I, 134, 135). Il affirme seulement que toute perception implique un jugement (*sed judico homines esse*) et que tout jugement suppose un esprit. Et cet esprit, l'analyse terminée, est une fois encore ramené au moi puisque, ajoute Descartes : « Mais enfin que dirai-je de cet esprit, c'est-à-dire de moi-même ? » Ce retour au moi marque que la Méditation est revenue à son point de départ : « Me voici insensiblement revenu (*sum reversus*) où je voulais »[1]. Tel est l'ordre explicite de la *Méditation seconde*. Il est fait de retours, de répétitions, propres à un philosophe qui, plus encore qu'il ne parcourt une série rationnelle, veut se convaincre, se pénétrer d'une vérité. Cet ordre, d'un point de vue logique, laisse demeurer les obscurités les plus graves en ce qu'il ne définit et ne déduit aucun terme (être, moi, jugement, etc.). En ce sens, il est tout à fait légitime de l'expliquer en lui substituant un ordre conceptuellement plus rigoureux. C'est ce que fait M. Gueroult. Je n'ai point voulu discuter la légitimité de cet ordre nouveau, mais remarquer seulement qu'il se présente, par rapport à celui du texte, non comme sa reprise ou son image, mais comme une hypothèse explicative, par nature hétérogène à ce dont elle veut rendre compte. Qu'il me soit seulement permis de préférer à cette hypothèse les affirmations de Descartes lui-même : « Je suis une chose qui pense », et « par le mot de penser, j'entends tout ce qui se fait en nous de telle sorte que nous l'apercevons immédiatement par nous-mêmes ; c'est pourquoi non seulement entendre, vouloir, imaginer, mais aussi sentir, est *la même chose* ici que penser »[2].

1. *Méditation seconde*, A.T., t. IX-1, p. 26 ; *Œuvres philosophiques*, t. II, éd. Alquié, p. 428-429 ; *Œuvres complètes*, t. IV-1, éd. BK, p. 132-134 (latin) / p. 133-135 (français).
2. *Les Principes de la philosophie*, I, art. 9, A.T., t. IX-2, p. 28 ; *Œuvres philosophiques*, t. III, éd. Alquié, p. 95.

COMPRÉHENSION ET VALORISATION

L'ordre dans lequel M. Gueroult explique Descartes
est-il du moins, au point de vue de la logique et de la
cohérence, pleinement satisfaisant ? Certes, il élimine bien
des difficultés que d'autres commentateurs laissent
demeurer. Mais il en fait naître d'autres. On ne saurait
comprendre comment la volonté, étant infinie, peut être le
mode d'un entendement fini (I, 63). Le passage à Dieu, si
parfaitement convaincant si le moi est un moi personnel,
désirant et doutant (Descartes rappelle dans la *Méditation
troisième* de tels caractères) devient beaucoup moins clair
s'il s'opère à partir de la nature intellectuelle en général.
La solution du « cercle cartésien », comme celle du reste
de bien des problèmes, ne s'opère que par a substitution
de la notion de *nexus* à celle de *series rationum*, alors qu'en
d'autres cas (ainsi pour la subordination de la preuve
ontologique à la preuve par les effets) c'est le maintien
rigoureux de la notion de *series* qui constitue l'argument
essentiel de M. Gueroult, affirmant que ce qui précède
conditionne, et conditionne seul, ce qui suit. Et que dire
lorsque, à propos de la *Méditation sixième*, M. Gueroult
est conduit à parler de *nexus de nexus* (II, 282) ? L'ordre
devient ici d'une telle complexité que, selon moi, il obscurcit
plus qu'il n'éclaire. Et à supposer même qu'il « explique »
les *Méditations*, quelles difficultés ne fait-il pas naître pour
d'autres écrits cartésiens ! Si la preuve ontologique dépend
de la preuve par la causalité, comment comprendre que,
dans les *Principes* (où l'ordre part aussi du *cogito*), elle la
précède, et que la véracité divine (qui, selon M. Gueroult,
la fonde) lui succède ? De façon plus générale, comment
expliquer que, dans aucun des textes où Descartes défend
la validité de cette preuve, il n'indique ce caractère
« subordonné » que lui donne M. Gueroult ? Si la volonté

est un mode de l'intellect, pourquoi, dans sa lettre à Régius de mai 1641, Descartes dit-il que volition et intellection *differunt tantum ut actio et passio ejusdem substantiae*[1]? Si l'intellect est l'essence du moi, tel qu'il se découvre après le doute, que signifie l'article 20 des *Passions de l'âme*, déclarant que lorsque l'âme s'applique « à considérer sa propre nature », sa perception dépend « principalement de la volonté qui fait qu'elle » l'« aperçoit »[2], ce pourquoi on a coutume de la considérer comme une action plutôt que comme une passion. D'autant que cet article reprend une phrase de l'*Abrégé des Méditations* (« l'esprit qui usant de sa propre liberté... »[3]). Et pourquoi la lettre à Clerselier de juin ou juillet 1646 précise-t-elle que « le mot de principe peut se prendre en divers sens » ? « C'est autre chose que chercher une notion commune... et autre chose de chercher un Être, l'existence duquel nous soit plus connue que celle d'aucuns autres ». En ce sens, que Descartes tient seul pour valable, « le premier principe est que notre âme existe »[4]. Et n'est-ce pas de cette âme personnelle, et non de l'intellect en général, que les *Méditations* prétendaient d'abord établir l'immortalité ?

Si donc, s'écartant du texte pour découvrir la cohérence, le commentaire de M. Gueroult ne parvient pas à une cohérence parfaite, comment affirmer sa valeur ? Il ne peut y avoir ici qu'un critère. Tout est subordonné à un choix

1. *Lettre à Regius*, mai 1641, A.T., t. III, p. 372 ; *Œuvres philosophiques*, t. II, éd. Alquié, p. 333 ; *Œuvres complètes*, t. VIII-2, éd. BK, p. 740.

2. *Les Passions de l'âme*, I, art. 20, A.T., t. XI, p. 344 ; *Œuvres philosophiques*, t. III, éd. Alquié, p. 968.

3. *Abrégé des Méditations*, A.T., t. IX-1, p. 9, *Œuvres philosophiques*, t. II, éd. Alquié, p. 399 ; *Œuvres complètes*, t. IV-1, éd. BK, p. 97.

4. *Lettre à Clerselier*, juin ou juillet 1646, A.T., t. IV, p. 444 ; *Œuvres philosophiques*, t. III, éd. Alquié, p. 658-659 ; *Œuvres complètes*, t. VIII-2, éd. BK, p. 722.

initial, à l'estimation préalable de ce qui est essentiel et de ce qui ne l'est pas. Dès lors, mon désaccord avec M. Gueroult s'éclaire : ce ne sont pas les mêmes points qui nous paraissent décisifs. Pour ma part, je l'avoue, l'infinité reconnue par Descartes à la volonté me paraît suffire à ébranler tout l'édifice construit par M. Gueroult, et celui-ci le comprend si bien qu'il doit déclarer (I, 38, note 15) que « le problème de la liberté » est pour Descartes « un problème de second ordre ». Et, en effet, ce problème est de second ordre selon l'ordre de M. Gueroult. Mais on voit bien que l'explication de M. Gueroult ne s'exerce qu'en valorisant certains thèmes, en minimisant certaines affirmations cartésiennes qui, dès lors, lui apparaissent seulement comme des « difficultés ». Un autre commentateur, tenant au contraire ces affirmations pour fondamentales, verra des difficultés en ce qui, à M. Gueroult, paraît aller de soi. Et sans doute ne comprendra-t-on jamais un ouvrage de l'esprit (cela s'applique aussi bien à la poésie, à la peinture qu'à la philosophie) qu'en valorisant certains de ses aspects. Mais il faut alors cesser de prétendre à la totale exactitude, et ne pas déclarer que « la vérité du sujet qui interprète nous est parfaitement égale » (I, 11). Pour ma part, je dois le dire, ce qui m'a le plus intéressé dans l'ouvrage de M. Gueroult, c'est la vérité de M. Gueroult lui-même.

Car l'interprétation de M. Gueroult porte, à chaque ligne, la marque de sa « conscience philosophique », conscience dont on peut aisément reconnaître la formation leibnizienne, kantienne, fichtéenne, et aussi brunschvicgienne, conscience dont, cependant, transparaît la profonde originalité. C'est en leibnizien que M. Gueroult attribue à Descartes l'usage de la notion de limite (I, 61, 220, etc.), la solution du problème de la responsabilité de Dieu par la notion de minimum (II, 170), ou l'idée de point métaphysique

(II, 203). C'est en kantien qu'il nous présente un Descartes
se gardant à la fois de la psychologie empirique et de
l'ontologie, et cherchant à résoudre le problème des
conditions *a priori* de la représentation (I, 126, 136, 137).
C'est en fichtéen qu'il conçoit le moi de Descartes comme
un Moi (I, 117), et peut-être (mais cela n'est pas dit) qu'il
forme lui-même le projet de justifier à la fois tous les
systèmes, considérés comme cohérents, universels, et
pourtant différant entre eux puisque librement posés par
leurs auteurs. C'est en élève de Brunschvicg que M. Gueroult
se défie de l'affectif, réduit la spiritualité à l'intellectualité,
universalise le *cogito*, méconnaît toute expérience
ontologique, et tend à corriger en ce sens le vocabulaire
de Descartes. Car on ne saurait nier que le Descartes de
M. Gueroult n'échappe à la plupart des reproches que
Brunschvicg adressait au Descartes historique. Son *cogito*
est moi pensant en général, non moi concret. Mais, une
fois encore, il n'est tel que parce qu'il est placé dans « l'ordre
des raisons » de M. Gueroult. Ne serait-il pas, dès lors,
souhaitable de voir M. Gueroult réfléchir sur ses propres
présuppositions, sinon, comme le voudrait Descartes, pour
se délivrer de ses préjugés, du moins pour admettre que
les textes cartésiens sont susceptibles d'interprétations
autres que la sienne ? Pour prendre ici un dernier exemple,
pourquoi M. Gueroult n'admettrait-il pas que la théorie de
la discontinuité du temps, qu'il explique si bien par la
physique, dépend aussi du sentiment aigu qu'avait Descartes
de sa contingence et de sa toujours possible mort (si nous
mangeons un morceau de pain, il sera peut-être empoisonné,
si nous passons par quelque rue, quelque tuile peut-être
tombera d'un toit qui nous écrasera)[1] ? Est-ce diminuer

1. *Lettre à Pollot*, 1648, A.T., t. V, p. 557-558 ; *Œuvres philosophiques*,
t. III, éd. Alquié, p. 874 ; *Œuvres complètes*, t. VIII-2, éd. BK, p. 572.

Descartes que de le comprendre ainsi ? C'est pourtant la physique cartésienne que nous tenons aujourd'hui pour fausse, et il est toujours vrai que la mort peut nous surprendre à chaque instant.

M. Gueroult se propose de défendre Descartes contre ceux qui, selon lui, le dévalorisent. C'est pour lutter contre l'irrationalisme qu'il privilégie l'ordre des raisons, et fait l'éloge de celui qu'il nomme le « penseur de granit » (I, 13). Mais les raisons de Descartes ont-elles convaincu M. Gueroult ? Et, si elles ne l'ont pas convaincu, cette « valorisation » du rationalisme ne risque-t-elle pas de passer pour esthétique, et donc de compromettre à jamais une vérité qui, chez Descartes, demeure l'unique fin de la recherche, et par rapport à laquelle l'ordre n'est jamais qu'un moyen ? Comment, en effet, admirer, sinon esthétiquement, un ordre qui ne conduit pas à ce que l'on reconnaît soi-même pour vrai ? M. Guéroult semble parfois nous convier à une telle admiration, quand il parle de contrepoint philosophique (II, 20, 21) ou donne au cartésianisme une sorte de beauté de théâtre (II, 272). On comprend, dès lors, que l'œuvre de M. Gueroult soit utilisée par ceux qui, ne voyant dans les philosophies que des constructions erronées et des moments de l'histoire, proclament la mort de la métaphysique, et font du granit cartésien celui d'une pierre tombale. Pour moi, qui crois, non à la beauté, mais à la vérité de la métaphysique cartésienne, et connais aussi le souci authentiquement métaphysique de M. Gueroult, je ne puis me résoudre à voir le dialogue se terminer ainsi. C'est pourquoi j'attends avec la plus vive impatience cette « Philosophie de l'histoire de la philosophie » que M. Gueroult nous a promise[1]. Je

1. Voir depuis M. Gueroult, *Dianoématique. Histoire de l'histoire de la philosophie*, 3 vol., Paris, Aubier, 1983-1988. [N.D.É.]

suis certain qu'elle éclairera d'un jour nouveau le Descartes qu'il nous présente aujourd'hui, et fera apparaître en sa vérité un ordre des raisons qui demeurera toujours du plus haut intérêt philosophique, et dont le seul défaut, à mes yeux, est d'être présenté comme celui d'un texte où je ne parviens pas à le découvrir.

En attendant, il me reste à souhaiter que ces quelques notes aident notre discussion à sortir de l'impasse, à s'orienter vers quelque résultat positif. On me dira que, pour y parvenir, j'aurais dû m'efforcer de mettre en lumière des identités de signification, et insister, par exemple, sur notre commune distinction entre le plan des certitudes scientifiques et celui des certitudes métaphysiques. Mais M. Guéroult, ne voyant qu'erreur pure et simple en toute interprétation rejetant son ordre, refuserait de tels rapprochements, qui ne pourraient apparaître, de son point de vue, que comme des compromis. Il était donc nécessaire d'insister d'abord sur les différences, puis de chercher leurs raisons. Celles-ci m'ont paru se découvrir, non dans la fausseté intrinsèque de telle ou telle interprétation, mais dans le projet initial, dans le mode de compréhension, dans les intentions de valorisation des interprètes, c'est-à-dire, en dernière analyse, dans leur conscience philosophique. Je n'ai pas besoin d'ajouter que, pour ma part, je reconnais la légitimité du projet de M. Gueroult, que j'admire la force, la nouveauté, la profondeur de son explication, que je me réjouis des lumières qu'elle apporte sur tant de points, en particulier en ce qui concerne la *Méditation sixième*. Mais je ne puis me résoudre à assimiler la constitution d'un sens à la découverte d'une structure, ni à considérer comme la norme et la définition de l'objectivité ce qui n'est, et ne peut être, qu'une méthode.

EXPÉRIENCE ONTOLOGIQUE ET DÉDUCTION SYSTÉMATIQUE DANS LA CONSTITUTION DE LA MÉTAPHYSIQUE DE DESCARTES[1]

Mesdames, Mesdemoiselles, Messieurs,

Je suis confus d'avoir à prendre, le premier, la parole en ce colloque. M. Pos, dont M. Gouhier vient de vous parler, l'aurait fait avec une autre autorité. Je m'efforcerai, non de faire une conférence, ce qui, devant un public aussi averti, serait hors de propos, mais d'amorcer une discussion, d'engager à parler les cartésiens que vous êtes, et ceci dans l'espoir de m'instruire, plutôt que dans celui de vous apprendre quelque chose. C'est dans cet esprit que je vais proposer les quelques remarques que voici. Je n'ignore pas qu'elles ne sont pas du goût de tous. Mais, de ce fait, elles me semblent susceptibles d'inciter ceux qui se sentiront en désaccord avec elles à faire valoir leur point de vue. Et je n'ai pas ici d'autre but.

Chacun connaît l'importance de la notion d'ordre chez Descartes. Et nul ne saurait nier que Descartes ait toujours présenté sa métaphysique selon un certain ordre qui, au moins dans ses grandes lignes, est le même dans le *Discours*, les *Méditations*, les *Principes* : je doute, je pense, je suis,

1. Paru dans *DESCARTES*, (Actes du colloque organisé par le Centre culturel de Royaumont du 15-21 octobre 1955), Cahiers de Royaumont, Paris, Minuit, 1957, p. 10-57.

Dieu est, Dieu garantit mes idées et, par conséquent, la science du monde est fondée. Cet ordre, qui subordonne la science à la métaphysique selon la célèbre image de l'arbre, peut apparaître, au sens large de ce mot, comme un ordre déductif. Et en effet, sans cesse, Descartes déduit. Du fait que je pense, je conclus que je suis selon le principe : pour penser il faut être. Du fait que Dieu n'est pas trompeur, je conclus que mes idées sont vraies. Il n'est évidemment pas en mon intention de nier qu'un tel ordre existe, et qu'il soit absolument strict. Mais, à mon sens, la déduction métaphysique présente des caractères fort particuliers. Je voudrais m'efforcer de la distinguer d'autres déductions, auxquelles nos pensées modernes, formées à l'école des mathématiques ou à celle de Kant, sont plus accoutumées, et avec lesquelles il serait dangereux de la confondre. Car je crois que l'unification de telles démarches fait négliger en Descartes une expérience ontologique fondamentale, qu'il est précisément dans mon dessein de mettre ce soir en lumière. Je commence donc par écarter deux interprétations, selon moi inexactes, de la déduction cartésienne en métaphysique.

Tout d'abord, on peut penser que cette déduction porte sur des vérités qui seraient, selon l'ordre, les premières, mais qui ne différeraient point en nature des vérités scientifiques qui doivent en découler. Dans ce cas, la philosophie dans son ensemble, comprenant la métaphysique et les sciences, formerait la plus vaste de ces « chaînes de raisons » dont Descartes nous entretient dans le *Discours de la méthode*. Elle serait un système entièrement déductif au sens où Spinoza l'a, par exemple, rêvé.

On peut croire aussi, selon un autre schéma, que dans sa métaphysique Descartes étudie les conditions mêmes de la connaissance par une sorte d'analyse transcendantale s'élevant de la pensée aux conditions générales de toute pensée, et nous permettant ainsi de comprendre la connaissance elle-même, considérée en sa structure.

De façon plus nuancée (car vous direz peut-être que ni l'une ni l'autre de ces deux interprétations n'ont été soutenues à la lettre mais, si elles n'ont pas été soutenues à la lettre, je pense qu'elles inspirent de nombreuses études et beaucoup d'ouvrages relatifs à Descartes) on peut aussi considérer que la métaphysique oppose des vérités de droit et des vérités de fait, des vérités intégralement démontrées à des vérités qui, comme celles de la science, seraient seulement admises au nom de la simple certitude naturelle. Spontanément je crois aux vérités de la science. Mais, peut-on remarquer, je n'en suis pas absolument sûr. La métaphysique peut justifier la science sans l'établir par rapport à un autre plan que le sien. Or cette interprétation, valable en un sens, réintroduit, par un certain détour, l'affirmation selon laquelle les vérités seraient homogènes et formeraient une chaîne unique de raisons. Les vérités scientifiques ne seraient pas dès l'abord certaines. Mais elles le deviendraient sans changer de nature une fois qu'elles seraient totalement démontrées, qu'elles seraient reliées tout à fait à leur fondement métaphysique. Ainsi serait maintenue l'homogénéité de la chaîne des raisons.

Or il me semble que l'opposition entre la métaphysique et la science a chez Descartes un autre sens. Elle n'est pas celle de ce qui est tout à fait démontré et de ce qui n'est pas totalement démontré. Elle est celle d'un système hypothético-déductif, la science, et d'une série de découvertes ontologiques. C'est l'opposition de l'affirmation de l'être et de ces sciences, dont Descartes nous parle dans la première méditation, sciences qui ne se mettent pas beaucoup en peine de savoir si les choses dont elles traitent sont dans la nature ou n'y sont pas, c'est-à-dire existent ou non. Ce qui me permet d'attacher à ceci une grande importance, c'est que les sciences dont parle ici Descartes me semblent celles dont lui-même s'est occupé jusqu'en 1641. Car, lisant l'œuvre de Descartes antérieure à cette date, je suis frappé par le fait que, tout en donnant sa science comme vraie, Descartes la situe dans une certaine dimension qui, je le reconnais, n'est pas chez lui très clairement définie, mais qui n'est assurément pas celle de l'être, celle du réel. Et cela non seulement pour les mathématiques, mais encore pour la physique. Car Descartes écrit, dans le *Traité du Monde*, qu'il va promener notre pensée dans des espaces imaginaires. Au début du *Traité de l'Homme*, il déclare : « Ces hommes seront composés comme nous d'une âme et d'un corps »[1]. Et sans cesse il avoue que l'homme qu'il nous décrit n'est pas le vrai homme, c'est-à-dire, si je comprends bien, l'homme réel. Dans sa *Dioptrique*, il écrit de même que l'on peut constituer une optique cohérente, utile, une optique qui permette d'agir, qui permette de comprendre, sans pour cela « dire au vrai » ce qu'est la nature de la lumière. Au contraire lorsque la métaphysique aura fondé la science, Descartes professera, ainsi en 1644, dans les *Principes de la philosophie*, un véritable réalisme de la matière. C'est qu'alors la métaphysique aura installé la science dans l'être, lui aura conféré une vérité ontologique que, par nature, elle ne possédait pas. C'est la métaphysique qui fonde le réalisme scientifique.

Vous objecterez peut-être que, dans les *Principes de la philosophie*, Descartes nous dit ignorer si Dieu a fait les choses selon les lois qui, dans sa physique, les expliquent. Mais c'est tout à fait différent. Il est alors sûr qu'il y a une

---

1. René Descartes, *L'Homme*, A.T., t. XI, p. 119, *Œuvres philosophiques*, t. I, éd. Alquié, p. 379.

matière, les *Méditations* l'ont précisément établi. Si donc Descartes n'est plus sûr, à ce moment-là, que les lois qu'il propose soient les vraies, c'est qu'il n'est plus certain d'avoir trouvé les véritables lois. Il compare en effet la physique à une sorte de chiffre dont il faudrait trouver la clé, et pour lequel nous pouvons découvrir des interprétations plus ou moins probables, mais jamais atteindre une véritable certitude.

Pour en revenir aux textes, antérieurs à 1641, où Descartes nous dit que, dans la science, on peut expliquer sans dire « au vrai » ce que sont les choses, je n'ai pas besoin de faire remarquer qu'ils emploient des expressions qui, en métaphysique, n'auraient même pas de sens. En métaphysique, il ne s'agit plus d'hypothèses ; tout est certain selon l'être. Et, si tout n'était pas certain selon l'être, il n'y aurait plus de métaphysique. « Je suis, Dieu est. » Quand Descartes énonce ces affirmations, il est clair qu'il ne veut pas signifier que tout se passe comme si j'étais, ou comme si Dieu était. La vérité n'a ici de sens que si elle est ontologique ; elle se réduit, du reste, à une affirmation d'existence. C'est pourquoi je voudrais insister sur le fait que les problèmes que pose la science sont d'un tout autre type que ceux que pose la métaphysique. La science ne se demande jamais : « Ceci, qui m'apparaît, existe-t-il en soi, ou non ? » Elle se satisfait aussi bien d'une conception idéaliste que d'une conception réaliste du monde. Son problème est : comment cela peut-il s'expliquer ? ou : « Que faire pour que ceci arrive ? » C'est pourquoi Descartes a pu constituer sa science avant de construire sa métaphysique.

Mais, dans les *Méditations*, le problème est autre. Il est : qu'est-ce qui est ? L'*Entretien avec Burman* nous l'apprendra : la question posée dans la méditation première

est : *de re existente agitur, an ea sit*?[1] Ici plus de problème
relatif au « comment », à la structure du monde ou de
l'objet. Par là même, la conscience mise en œuvre n'est
plus la conscience technicienne, c'est une conscience avide
d'être, une conscience qui se demande : « Cette science,
qui forme un système cohérent, vaut-elle ou non selon
l'être ? » Or ce rattachement de la science à l'être, ce
fondement de la science sur l'être, qui fera de la science
de Descartes une science du monde réel, et non de ce
monde imaginaire dont il est parlé dans le *Traité du Monde*,
c'est la seule métaphysique qui l'opère, et qui l'opère non
par une démonstration logique (comment voulez-vous
démontrer du point de vue logique qu'une chose existe ?)
mais par une découverte de l'être qui s'impose comme un
fait, découverte inséparable de l'expérience essentielle de
la conscience humaine. Et il semble que très souvent dans
les *Méditations* Descartes s'attache moins à la pure rigueur
de la preuve qu'à cette conviction ontologique qu'il veut
provoquer en nous invitant à revivre sa propre expérience.

Je sais que beaucoup ne m'accorderont pas ce point.
Mais je me permets de faire valoir que le fait même que
les partisans de l'ordre des raisons ne parviennent pas à
se mettre d'accord sur la logique des preuves, établit pour
le moins que celles-ci ne sont pas aussi claires qu'il ne le
semble. Descartes se moque des subtilités de la logique.
Mais il produit, plus que tout autre philosophe, une réelle
adhésion chez celui qui le lit. Et comme il le dit lui-même,
il ne peut convaincre que ceux qui méditent, et méditent
longuement. Car il déclare que ses *Méditations* ne peuvent
être comprises si l'on n'y consacre des mois et des semaines.
On peut évidemment penser qu'il veut alors signifier qu'il

---

1. *Entretien avec Burman*, A.T., t. V, p. 146, éd. J.-M. Beyssade,
p. 14 (latin) / p. 15 (français).

y a en elles tant de raisons subtiles qu'il faut beaucoup de temps pour les apercevoir. Je n'ai jamais pensé que ce fût là l'explication. Car la méditation sur le temps de laquelle il insiste est la première. Or, pour comprendre intellectuellement cette méditation il faut, non pas des mois et des semaines, mais au maximum quelques heures. La démonstration mathématique ou logique qu'elle contient peut être comprise rapidement quant à l'enchaînement intellectuel de ses preuves. Il en est autrement s'il faut douter vraiment, se livrer tout entier à une authentique expérience ontologique, expérience telle que si, en effet, on ne la vit pas longuement on ne peut découvrir son sens. Il n'y a pas de temps propre de la compréhension de l'hypothético-déductif. Il y a un temps propre de la découverte de l'ontologique.

On ne doit pas oublier non plus que le mot « méditation » ne pouvait évoquer au temps de Descartes qu'une méditation d'ordre mystique. Le lecteur de cette époque, voyant un livre intitulé *Méditations*, pensait aussitôt à des méditations religieuses ; or la méditation religieuse consiste à se pénétrer lentement d'une vérité, à vivre cette vérité.

D'une manière plus générale, je voudrais remarquer que très souvent, lorsqu'il s'agit d'existence, ce qu'en philosophie on appelle une preuve n'a rien de proprement logique. Lorsque, par exemple, Berkeley veut démontrer qu'il n'existe pas de matière, quel argument discursif donne-t-il ? Aucun, à proprement parler. Mais il nous demande de faire effort pour penser quelque chose qui soit en dehors de notre pensée, et constate que cela est impossible. Hylas avoue à Philonous : je ne peux pas penser cela. Que se passerait-il s'il disait qu'il le peut ? Philonous ne pourrait lui répondre qu'une chose : « En fait vous ne le pouvez pas. » La référence ultime est ici référence à une conscience vécue. De même, lorsque Descartes dit : je pense ou je suis, il invoque une évidence logiquement discutable, et cependant convaincante ; il fait appel à cette pure conscience ontologique par laquelle nous sommes tous convaincus que nous sommes des êtres, des pensées, et que nous sommes des « moi. »

De même, dans les *Secondes Réponses* (demande 5) Descartes nous dit que ceux qui s'arrêteront longtemps à contempler la nature de Dieu connaîtront « sans aucun raisonnement »[1] qu'il existe…

Comment ne pas reconnaître dès lors que les vérités métaphysiques sont d'un autre ordre que les vérités de la science ? Elles introduisent une cassure dans le système objectif que Descartes avait d'abord construit. C'est pourquoi je crois que Descartes n'a pas de système. Ici je voudrais que l'on me comprenne. Quand je dis que Descartes n'a pas de système, je ne veux pas dire que les parties de sa philosophie ne sont pas liées ensemble par des liens étroits, je ne fais pas à Descartes l'injure de penser qu'il est incohérent. Mais il y a, pour les diverses parties d'une philosophie, diverses façons d'être cohérentes. La déduction systématique n'est pas le seul lien possible. Il y a des liaisons par antithèse, par opposition qui supposent une irréductible expérience mentale. Ainsi je puis m'élever de toute idée finie à l'idée de Dieu. Mais la théorie selon laquelle Dieu a librement créé les vérités introduit dans le monde une véritable coupure entre le plan de l'être et celui des vérités. À n'en pas douter, même si la connaissance de Dieu m'était totalement offerte, je ne pourrais pas déduire de l'idée de Dieu qu'il a créé telle ou telle vérité. La

---

1. *Réponses aux secondes objections*, A.T., t. IX, p. 126 ; *Œuvres philosophiques*, t. II, éd. Alquié, p. 590 ; *Œuvres complètes*, t. IV-1, éd. BK, p. 327.

philosophie de Descartes diffère de celle de Spinoza où tout peut, au moins en droit, se déduire de Dieu. La vérité mathématique ou physique garde une contingence essentielle. Et, à l'intérieur même de la métaphysique, le moi n'est pas réductible à Dieu.

Une différence peut donc être établie entre l'enchaînement des vérités de la science et celui des vérités métaphysiques. L'ordre de la métaphysique doit établir des liens entre des réalités hétérogènes, et cela parce qu'elles sont des êtres : le « moi », Dieu, la matière. La science, au contraire, est faite d'idées homogènes, représentant une réalité elle-même homogène. C'est pourquoi elle explique, alors que la métaphysique découvre et constate. Pour réaliser son projet de science unique et universelle, Descartes a dû, en effet, détruire les barrières qui, au Moyen Âge, séparaient le domaine de la vie de celui de la matière, et celui de la matière de celui de l'espace. Il n'y a plus chez lui de qualités sensibles, il n'y a plus d'âme motrice, ni de mouvement autre que local : tout n'est que matière spatiale étalée devant l'esprit. Par conséquent toutes les idées dont use la science sont des idées de même ordre, et Descartes peut écrire que sa physique n'est « autre chose que géométrie ». Le vivant, l'arc-en-ciel, la circulation du sang, la formation de la pluie, tout est reconstruit selon l'image ou l'idée de purs mouvements spatiaux. En sorte que l'idée scientifique peut dériver d'une autre idée, être tirée d'une autre idée, être reconstruite à partir d'une autre idée, cela est clair dans les *Regulæ*. Mais, en métaphysique, il n'en est pas ainsi. Ayant à lier des êtres hétérogènes et libres, la métaphysique doit user d'une méthode qui ne peut plus être de simple analyse logique ou de construction géométrique. Je ne peux déduire Dieu de moi, je ne peux me déduire de Dieu puisque Dieu aurait pu ne pas me créer.

Je ne puis reconstruire, dans l'homogène, une vérité à partir d'une autre. Par conséquent, il faut bien qu'ici je découvre, je constate et que, par là même, s'introduise ce que j'appelle l'expérience de l'être, l'expérience purement ontologique.

Qu'est-ce que pourtant, en métaphysique, je découvre, constate ? Ici, nous allons trouver une autre différence entre les idées de type scientifique et les idées métaphysiques. Les idées de type scientifique sont tout entières offertes à notre compréhension. Elles sont étalées devant l'esprit qui les perçoit entièrement et qui en fait le tour. L'intuition scientifique est donc fort claire. En métaphysique au contraire, toutes les réalités mises en jeu sont telles que mon esprit ne peut pas en faire le tour, ne peut pas à proprement parler les comprendre. C'est déjà vrai pour le « moi ». Car, d'une part, la chose pensante apparaît chez Descartes dans le recul qu'elle prend par rapport à toute idée. La conscience n'est pas idée, ni, comme chez Spinoza, idée d'idée. Elle est pouvoir de tout réduire en idées, et support de toutes les idées possibles. Comme source de recul par rapport aux idées, elle est liberté, et contient un infini. Comme support des idées, elle est entendement, et même imagination et sensibilité. Et je ne perçois pas d'abord de façon claire l'unité de ces différentes facultés. Rien n'est plus difficile que de comprendre, au sens rationnel, comment je suis volonté, entendement, imagination, sensibilité ; l'unité de ces facultés peut très malaisément se saisir. L'intuition du moi n'a donc rien de commun avec celle du triangle ou du cercle. À plus forte raison s'il s'agit de Dieu. Descartes dit et répète que Dieu est conçu et non compris. Il déclare, dans les *Cinquièmes Réponses*, que l'incompréhensibilité est contenue dans la raison formelle de Dieu.

Or, ce caractère incompréhensible en même temps que présent des vérités ou plutôt des réalités métaphysiques est lié au fait qu'elles sont soustraites au doute. On s'est demandé pourquoi le doute, qui s'arrête devant le « je pense », ne s'arrête pas devant l'évidence mathématique. Et, en effet, cela serait incompréhensible si le « je pense » et les vérités mathématiques étaient de même ordre. Mais cela devient clair si l'on admet que le doute, indépendamment des raisons logiques qu'il invoque, est une sorte d'épreuve ontologique. Il y a ce dont je peux douter et ce dont je ne peux pas douter ; je dis bien ce dont, en fait, je ne peux pas douter. Or, ce dont je puis douter, ce que je peux nier, c'est ce que je puis transformer en idée de type scientifique, c'est ce par rapport à quoi je puis prendre du recul, c'est donc ce que je peux comprendre. J'ai toujours été frappé par le fait que tout ce dont Descartes doute c'est ce qu'il comprend ; ce qu'il met en doute, c'est la science, ce sont les idées objectives. Et, en effet, douter ou nier, c'est d'abord se séparer de ce dont on doute et le constituer en idée, puis le dépasser, et je ne dépasse que ce que je comprends. Ce que je ne peux pas constituer en idée et comprendre, je ne peux pas par là même en douter, à condition, il va sans dire, qu'en même temps que je ne puisse pas la comprendre, l'idée métaphysique m'impose son authentique présence. C'est le cas pour le moi, substance même de l'acte par lequel je doute et constitue tout le reste en idée. C'est le cas de Dieu : je vous l'ai dit tout à l'heure, celui qui pense vraiment l'idée de Dieu sait par là même que Dieu existe, et cela sans aucun raisonnement. Je crois donc que l'*intuitus mentis*, propre à la science, et le doute, que l'on oppose toujours, ont au contraire une parenté très profonde. Ils supposent le *cogito* qui, en effet, apparaîtra à la racine du doute. Car le *cogito* se constitue comme

conscience en transformant le monde en idées objectives :
faire des choses des idées, c'est indissolublement les
comprendre et les priver d'être, et donc en douter métaphysiquement au sens de la méditation première. Seul le
moi, qui opère, ne peut devenir objet de doute. Mais c'est
parce qu'il ne peut pas, au sens strict, se transformer en
idée. Je crois même que l'évidence qui soutient la preuve
ontologique est précisément de cet ordre. La preuve repose
moins sur la déduction de l'existence à partir de l'essence
que sur notre impossibilité de nier Dieu. Car ce que je peux
nier n'est assurément pas Dieu. Je peux nier un Dieu fini,
un génie, un Jupiter ou un Saturne, mais, en niant ainsi, je
ne me suis pas élevé comme il faut à l'idée de Dieu ; l'idée
devant laquelle je me trouve n'est pas un véritable maximum
d'être. Ce que je nie n'est donc pas le vrai Dieu. Saint
Anselme voit très bien cela, quand il définit Dieu d'une
manière négative, comme l'être tel que rien de plus grand
ne peut être conçu. Si je nie un tel être, c'est que je pense
quelque chose de plus grand, et que, par conséquent, je ne
suis pas devant la véritable idée de Dieu. Aussi, chaque
fois qu'il expose sa preuve ontologique, et chaque fois
qu'il répond à ceux qui la considèrent comme non valable,
ce sur quoi Descartes insiste, ce n'est pas sur les liaisons
logiques, c'est sur la nature de l'idée de Dieu. Il faut être
attentif, dit-il, et l'on sait que l'idée claire est l'idée qui se
présente à l'esprit attentif. Mais l'attention demandée est
plutôt attention à l'idée comme telle qu'attention aux
articulations de la preuve.

Une objection peut ici se présenter. Si idées scientifiques
et idées métaphysiques ne sont pas de même ordre, pourquoi
Descartes a-t-il désigné par ce même mot « idée » les idées
métaphysiques qui sont en moi pure présence de l'être et
les idées scientifiques ?

Selon moi, la raison essentielle de ceci est que Descartes est surtout désireux de rompre avec le sens scholastique du mot « idée », signifiant les archétypes éternels par lesquels Dieu pense les choses. Il veut établir que toutes les idées sont des modes de la pensée humaine. Les idées sont d'étoffe mentale. Or, cela est vrai pour toutes les idées : pour n'être pas objectives, les idées métaphysiques ne livrent pas tout entier l'être qu'elles révèlent : elles lui demeurent inférieures puisque, comme le dit Descartes, la façon dont les choses sont dans mon esprit est « bien plus imparfaite » que la façon dont les choses existent hors de l'entendement[1]. Voilà pourquoi on peut unifier le sens du mot idée.

Mais Descartes n'a jamais prétendu pour autant que toutes les idées fussent de même nature. Au contraire, écrivant à Mersenne, en juillet 1641 : « J'appelle généralement du nom d'idée tout ce qui est dans notre esprit lorsque nous concevons une chose » ; il ajoute, comme il le fait aussi dans les *Troisièmes réponses* : « … de quelque manière que nous la concevions. »[2] Il y a par conséquent bien des manières de concevoir. Descartes écrit encore que nous avons de notre volonté une idée ne différant en rien de son action même. Comment douter ici que l'idée dont il s'agit ne soit nullement analogue à celle du cercle ou du triangle ?

Ajoutons qu'en des textes très nombreux Descartes distingue ce qui est « compris » par idée et ce qui est « touché » par idée. Dès le 3 juin 1630, à propos de la

---

1. *Réponses aux premières objections*, A.T., t. IX, p. 82 ; *Œuvres philosophiques*, t. II, éd. Alquié, p. 521 ; *Œuvres complètes*, t. IV-1, éd. BK, p. 265.

2. *Lettre à Mersenne*, 8 juillet 1641, A.T., t. III, p. 392-393 ; *Œuvres philosophiques*, t. II, éd. Alquié, p. 345 ; *Œuvres complètes*, t. VIII-1, éd. BK, p. 471.

théorie de la création des vérités éternelles, il écrit : « Je dis que je le sais, et non pas que je le conçois ni que je le comprends. »[1] La lettre du 21 janvier 1641 oppose, pour caractériser notre façon de saisir l'infini, les mots : « *mente attingere* » à l'expression : « *mente comprehendere* »[2]. Et les *Réponses aux instances de Gassendi* déclarent que l'esprit ne comprend pas Dieu, mais le « touche »[3].

De tout ceci résulte, à mon avis, une différence essentielle entre les idées de la science et celles de la métaphysique. D'une part nous avons des idées qui sont vraiment offertes à nous et qui de ce fait peuvent être atteintes par des voies différentes. La septième des *Règles pour la direction de l'esprit* remarque qu'un même problème peut être résolu de façons diverses, et ceci se comprend : s'il s'agit d'une idée à type scientifique je peux avoir accès à cette idée de diverses façons. Au contraire l'ordre métaphysique est un ordre unique. Mais pourquoi est-il unique ? Est-ce parce que c'est un ordre strictement et logiquement déduit ? Non, puisque dans les *Méditations* des êtres sont découverts à titre de présences directes, et sans leur raison. Je sais que je suis parce que je sais que je pense. Mais pourquoi est-ce que je pense et suis ? C'est là un fait. C'est également un fait que j'ai l'idée de Dieu, ou que je me découvre comme un milieu entre l'être et le néant. Dès lors, d'où vient l'ordre métaphysique ? Selon moi, de la position de l'homme. Je

1. *Lettre à Mersenne*, 3 juin 1630, A.T., t. I, p. 152 ; *Œuvres philosophiques*, t. I, éd. Alquié, p. 267 – notée « du 27 mai 1630 (?) » ; *Œuvres complètes*, t. VIII-1, éd. BK, p. 76.

2. *Lettre à Mersenne*, 21 janvier 1641, A.T., t. III, p. 284 ; *Œuvres complètes*, t. VIII-1, éd. BK, p. 444.

3. *Réponses aux cinquièmes objections, Lettre de Monsieur Descartes*, A.T., t. IX, p. 210 ; *Œuvres philosophiques*, t. II, éd. Alquié, p. 845 ; *Œuvres complètes*, t. IV-1, éd. BK, p. 586.

suis un « moi » et je ne peux partir que de ce « moi » pour passer à Dieu et de Dieu au monde. L'unité, la constance de l'ordre proviennent donc avant tout de la situation ontologique de l'homme, plus encore que d'un ordre logique. Je me trouve dans le monde créé, situé de telle sorte que je dois, si je veux parvenir à connaître le réel, passer par un certain nombre de moments, de découvertes, dont chacune me révèle un être.

J'ai, jusqu'à présent, essayé de montrer que les vérités de la science sont hypothético-déductives, celles de la métaphysique ontologiques ; puis que les vérités de la science sont homogènes les unes aux autres, alors que les vérités métaphysiques sont hétérogènes ; puis que les unes sont entièrement offertes à l'esprit alors que les autres traduisent, dans l'esprit, quelque présence de l'être lui-même. Une dernière différence vient de ce que la conscience physicienne et la conscience métaphysique sont opposées par l'attitude générale qu'elles prennent vis-à-vis de leur objet : la conscience métaphysique, liée à un engagement de tout l'être, ne peut se séparer, bien qu'en droit elle s'adresse à l'entendement pur, de quelque saisie affective des valeurs.

Quand il traite du domaine physique, Descartes insiste toujours sur le fait que les idées ou que ce que représentent ces idées, n'a aucune valeur. Certes, ce mot de « valeur » n'est pas dans Descartes. Mais, dans une conception comme celle de Descartes ou comme celle de Malebranche, les choses ont d'autant plus de valeur qu'elles ont plus d'être. Elles se hiérarchisent selon qu'elles ont plus ou moins d'être et, de la sorte, elles suscitent en ma conscience des attitudes tout à fait différentes.

Si vous lisez les *Météores*, ou la fin de la troisième partie des *Principes*, vous verrez que Descartes insiste beaucoup sur le fait que la Nature n'a rien d'admirable. Il ne faut pas admirer, répète-t-il, il ne faut pas s'étonner de la Nature. La Nature, véritablement, c'est ce qui est là, devant nous, ce qui est maniable, ce qui est offert à une pure prise technique. C'est donc, ce qui, en soi, n'a pas de valeur. En ceci, du reste, Descartes pense en homme de son siècle, siècle où le mécanisme se développe, et où l'homme, voulant imposer ses fins à la Nature, commence par nier que la Nature ait elle-même des fins.

Quand il s'agit, au contraire, du moi ou de Dieu, le mot admiration revient sans cesse. La générosité, qui est connaissance de ma propre liberté, est liée à l'estime, qui est une espèce d'admiration. Et l'admiration est la condition même de la connaissance de Dieu; elle donne cette connaissance, disent les *Premières réponses*, à ceux qui appliquent « toutes les forces de leur esprit » à contempler les perfections divines « non point à dessein de les comprendre, mais plutôt de les admirer, et reconnaître combien elles sont au-delà de toute compréhension. » Si je veux comprendre intellectuellement Dieu, je me heurterai donc à un échec; si au contraire, j'admire Dieu, je fais un pas vers sa connaissance. Ainsi la connaissance de Dieu est liée à l'admiration, laquelle est passion, et aussi à la joie. Car il ne faut pas oublier qu'à la fin de la troisième méditation, Descartes nous dit que la contemplation de l'idée de Dieu nous donne le « plus grand contentement que nous soyons capables de ressentir en cette vie ». Je n'ai jamais pensé qu'il y ait là ornement littéraire, mais le signe d'un véritable engagement de la conscience. On ne peut, selon moi, comprendre Descartes si l'on n'attache pas le plus grand poids à de semblables expressions.

On voit assez, par ceci, que la raison métaphysique n'est pas semblable à la raison physicienne, et que l'évidence qu'elle invoque ne peut être tirée de l'ordre des grandeurs spatiales. Sur ce point, Malebranche explique Descartes : il sépare, plus nettement que lui, présences métaphysiques et idées scientifiques, en montrant que nous n'avons, au sens strict, ni idée du moi ni idée de Dieu. Il sépare la raison métaphysique et morale, c'est-à-dire ontologique, de la raison physicienne, en distinguant ordre des perfections et ordre des grandeurs. Car, pour quiconque conduit bien sa raison, un cocher vaut mieux qu'un cheval, et un cheval qu'une pierre. Il y en a en tout ceci une saisie de l'être comme tel ; il y a, pour Malebranche, des choses qui ont plus ou moins d'être, et donc plus ou moins de valeur. Mais cela est déjà chez Descartes. Comment comprendre autrement sa théorie de la cause éminente, et son affirmation que l'âme est plus noble que le corps ? Comment comprendre qu'il nous demande d'admirer Dieu et notre propre libre arbitre, et nous déconseille d'admirer la nature ? Comment comprendre qu'il admette qu'un homme puisse, à lui seul, valoir plus que toute une ville ? Or, je ne sais que les choses ont plus ou moins d'être que par une sorte d'expérience fondamentale qui ne semble pas pouvoir être réduite à de purs concepts. Ce qui a plus d'être a plus de valeur et, de ce fait, le monde se divise en deux domaines : il y a celui du réel physique qui n'a pas de valeur et qui peut être soumis à mon action technicienne, de même qu'il est offert à ma connaissance ; car tout cela est du même côté, et, si je puis dire, au-dessous de moi : le monde physique, c'est ce que je comprends, c'est ce sur quoi j'agis, et c'est ce dont je doute. Et, d'un autre côté, il y a le domaine métaphysique : c'est ce que je ne comprends pas, c'est ce sur quoi je ne peux pas agir, et c'est ce dont je ne doute pas : voici mon être propre, qui est liberté, et l'Être divin, que je ne puis qu'admirer et adorer.

Il ne me semble pas que l'on puisse confondre des vérités qui s'offrent à des attitudes mentales aussi fondamentalement opposées. Les vérités scientifiques s'offrent à un esprit actif, inventif, désireux de transformer le monde et de le comprendre. Les vérités métaphysiques s'offrent à un esprit admiratif, méditant. A-t-on assez remarqué, en étudiant la métaphysique de Descartes, que les réalités affirmées les premières et soustraites au doute sont celles qui, en elles-mêmes, ont le plus d'être et de valeur, et que le doute ne porte, en fin de compte, que sur l'affirmation de la matière, c'est-à-dire de ce qui est au-dessous de moi ? En sorte que la découverte est due, non à une déduction d'ordre géométrique, mais à une expérience qui hiérarchise et sépare, et par laquelle ma liberté, tentant une sorte d'épreuve, déréalise tout ce qui lui est inférieur, et reconnaît tout ce qui l'égale ou la dépasse. Cela revient à dire qu'on ne peut comprendre tout à fait les *Méditations* si l'on n'isole pas une conscience métaphysique absolument spéciale, qui ne peut se réduire à aucune autre, et dont il faut avant tout reconnaître la spécificité.

Une autre hypothèse se présente pourtant qui garantirait cette fois la différence de plans et de niveaux que je viens de m'efforcer de mettre en lumière, et qui cependant maintiendrait entre la métaphysique et la science un ordre de déduction systématique. La métaphysique de Descartes serait une sorte d'analyse logique ou transcendentale de la pure connaissance, de la pensée et de ses conditions. Après avoir admis et fondé sa science sans se demander ce qu'elle valait, Descartes serait amené à se demander ce que vaut la science et il en découvrirait le fondement dans une analyse de l'esprit, de ce que la philosophie moderne appelle le sujet, situé au principe de toute connaissance. Or il me semble que l'analyse cartésienne est, dans sa démarche, sinon dans ses résultats, fort éloignée d'une analyse de l'esprit connaissant.

Tout d'abord, comment ne pas remarquer que, de la structure de l'esprit, Descartes ne dit pas grand'chose. On peut penser que la méditation cartésienne sur la structure de l'esprit demeure extrêmement pauvre si on la compare, par exemple, à celle de Kant.

En second lieu, je crois que le « je pense » ne révèle pas un esprit pur, un entendement en général, mais un « moi », un « je » existant et concret. C'est par l'affirmation de ce moi, et par l'affirmation que toutes les idées sont des modes de ce « moi » que, précisément, les *Méditations* avancent.

Enfin, la dialectique des *Méditations* est dominée, non par le problème de la connaissance tel que le pose l'analyse transcendantale, mais par celui de l'appartenance substantielle. Considérons en effet la méditation seconde. Vous savez que le point de départ n'est pas ici le « je pense, donc je suis », du *Discours* et des *Principes*, c'est le « je suis », « j'existe », *sum, existo*. Il ne s'agit plus d'un exemple d'idée claire comme dans le *Discours*, ni d'un critère de vérité ; il s'agit d'une affirmation ontologique, de la découverte de l'être qui est le mien. Cet être deviendra le substrat, le sujet de toutes les idées.

« Je me suis persuadé, dit Descartes, qu'il n'y avait rien du tout dans le monde… j'étais sans doute, si je me suis persuadé. »[1] Je remarque qu'il dit « j'étais » et non pas « je pensais sans doute si je me suis persuadé ».

En sorte que l'être pensant, avant même de se saisir comme pensée, se saisit comme être et comme *sum*. Ceci me paraît fort important : il n'y a pas ici primat d'une pensée qui donnerait un sens au mot « être », il n'y a pas ici primat d'une pensée se demandant : « Qu'est-ce que être ? » Au contraire, Descartes, en d'autres textes, se moque de telles questions, et déclare que tout le monde sait ce que veut dire « être », et « moi », ce en quoi, du reste, il s'avance beaucoup. Il affirme qu'il sait qu'il est un « moi » et qu'il est un être. Or, comment le sait-il sinon, une fois encore, par une évidence ontologique inconceptualisable, celle même qui fait que toute conscience attache un sens au mot « être », au mot « moi », et par conséquent aux mots « je suis » ? Car Descartes au lieu de dire « il y a de la pensée », ce qu'il pourrait dire, ou même « je suis une pensée », dit : « Je suis une chose qui pense », *sum res cogitans*[2]. Et il le rappelle fermement à Hobbes en les *Troisièmes réponses* quand il commente le passage des *Méditations* où il a écrit : « ... *sum res cogitans id est mens, sive animus, sive intellectus, sive ratio* ». Où j'ai dit : c'est-à-dire « un esprit, une âme, un entendement, une raison, déclare en effet Descartes, je n'ai point entendu par ces noms les seules facultés, mais les choses douées

1. *Méditation seconde*, A.T., t. IX-1, p. 19 ; *Œuvres philosophiques*, t. II, éd. Alquié, p. 415 ; *Œuvres complètes*, t. IV-1, éd. BK, p. 118 (latin) / p. 119 (français).

2. *Méditation seconde*, A.T., t. VII, p. 28 (latin) / t. IX-1, p. 22 (français) ; *Œuvres philosophiques*, t. II, éd. Alquié, p. 185 (latin) / p. 420 (français) ; *Œuvres complètes*, t. IV-1, éd. BK, p. 124 (latin) / p. 125 (français).

de la faculté de penser »[1]. Ces choses, il va jusqu'à les appeler des « matières métaphysiques ». C'est donc bien l'être du moi qui est affirmé. Et cet être est le seul que je puisse atteindre avec certitude avant de connaître celui de Dieu. Une fois encore, l'affirmation « je suis » ou « je suis moi » ne me semble avoir aucun sens ni du point de vue mathématique ni du point de vue de la pure critique de la connaissance. Ce n'est pas un concept que le moi, j'entends : le moi-chose, le moi-*res* ; c'est une sorte d'être qui est donné dans une expérience vécue sans équivalent.

Mais on dira sans doute que la méditation seconde n'a précisément pour but que de purifier cette affirmation première, et de démontrer que le *cogito* et le *sum* sont purement intellectuels. N'isole-t-elle pas, surtout dans sa célèbre analyse du morceau de cire, une pensée, et même un pur entendement qui, à la fin de la méditation, apparaît comme le fondement de toute représentation ?

Mais ici il faudrait prendre garde et je voudrais encore faire sur ce point deux remarques destinées à montrer que c'est bien à la chose qui pense, à un je suis, à un *sum res cogitans*, à une substance pensante que Descartes se tient.

Quelle question se pose en effet Descartes au cours de la méditation seconde ? Dès le début Descartes sait qu'il est, et n'en doute jamais par la suite : car, à aucun moment, il ne repose la question ; dès qu'il a dit *sum*, il ne revient plus là-dessus. Mais il se demande ce qu'il est car, écrit-il, « je ne connais pas encore assez clairement ce que je suis, moi qui suis certain que je suis »[2]. Que fait-il alors ? Étudier

---

1. *Réponses aux troisièmes objections*, A.T., t. IX, p. 135 ; *Œuvres philosophiques*, t. II, éd. Alquié, p. 602 ; *Œuvres complètes*, t. IV-1, éd. BK, p. 346.
2. *Méditation seconde*, A.T., t. IX-1, p. 19 ; *Œuvres philosophiques*, t. II, éd. Alquié, p. 416 ; *Œuvres complètes*, t. IV-1, éd. BK, p. 118

sa méthode est du plus grand intérêt. Il élimine tout ce qu'il n'est pas. Il élimine le corps, les facultés qui dérivent du corps, et il conclut que, de tous les attributs qu'il pensait être les siens, un seul ne peut être détaché de lui : la pensée, *cogitatio*. Or, s'il raisonne ainsi, c'est que ce dont il est sûr d'abord n'est pas la pensée. En ce cas il partirait de la pensée ; et il dirait, ensuite : cette pensée appartient à un « moi ». Or ce n'est pas comme cela qu'il raisonne, je me tiens à la lettre du texte, il raisonne en disant : je sais à n'en pas douter que je suis ; il y a peut-être un malin génie qui me trompe, mais il ne fera pas, en me trompant, que je ne sois pas pendant qu'il me trompe, etc. Mais qu'est-ce que je suis ? Suis-je un corps ? Non, ce n'est pas cela, … je suis une pensée. Pourquoi ? Parce que la pensée est le seul attribut qui ne peut pas être séparé de moi. *Haec sola a me divelli nequit*[1]. L'évidence première, ici, est donc bien celle du « moi ». La pensée est affirmée comme un attribut inséparable du « moi ». Et, si elle est certaine, ce n'est pas parce qu'elle est le fondement de toutes mes idées, au sens de Kant, c'est parce qu'elle ne peut pas être détachée de ce « moi » auquel elle appartient en propre, moi dont l'évidence semble absolument première, et demeure donc supérieure à la sienne. Le texte de Descartes ne me paraît pas pouvoir avoir un autre sens ; l'évidence du « moi » est affirmée d'abord. Et c'est pourquoi, du reste, Descartes dit par la suite qu'il y a peut-être d'autres choses en lui que cette pensée mais que, pour l'instant, il n'en sait rien.

(latin) / p. 119 (français).
1. *Méditation seconde*, A.T., t. VII, p. 27 (latin) / t. IX-1, p. 21 (français) ; *Œuvres philosophiques*, t. II, éd. Alquié, p. 184 (latin) / p. 418 (français) ; *Œuvres complètes*, t. IV-1, éd. BK, p. 122 (latin) / p. 123 (français).

Quant à l'analyse du morceau de cire il ne faut pas oublier que, comme l'indique le texte, elle a pour but de s'opposer à la tendance à croire l'objet extérieur mieux connu que « moi ». Elle montre donc que cet objet extérieur et physique, que j'ai d'abord cru plus certain que moi-même, voit toute la réalité que je lui accorde se réduire à un acte de mon esprit.

Or, que Descartes subordonne ainsi l'objet physique à l'esprit, personne, je pense, ne le nie ; mais, ce qu'il faut remarquer, c'est qu'il ne livre nullement à la même critique le moi lui-même, ce qu'il pourrait et devrait faire s'il se plaçait au point de vue de l'esprit en général. Car, de même qu'il a montré, par l'analyse du morceau de cire, que le morceau de cire n'a de sens que par rapport à un acte de mon esprit, de même il pourrait montrer que le moi concret, le je, l'*ego*, n'a également de sens que par rapport à ce même esprit. Or, au lieu d'établir que le moi ne résulte lui-même que d'un acte de la pensée en général, Descartes, ayant découvert l'esprit, ajoute aussitôt : « Mais enfin que dirai-je de cet esprit, c'est-à-dire de moi-même ? » Et encore : « Me voici insensiblement revenu, *sum reversus*, où je voulais. »[1] Et, ce à quoi il est revenu, c'est au *sum* du début, au moi substance. Descartes assimile ainsi l'esprit à son moi, comme si cela allait de soi. Le moi n'est donc pas constitué par la pensée, il n'est pas, comme le moi de Kant, au service de la pensée ; il est le substrat ontologique de la pensée.

Voilà pourquoi on ne peut croire qu'il s'agisse ici d'une analyse transcendentale à type kantien. Il y a, au contraire,

---

1. *Méditation seconde*, A.T., t. VII, p. 33 (latin), t. IX-1, p. 25 (français) ; *Œuvres philosophiques*, t. II, éd. Alquié, p. 189 (latin) / p. 428 (français) ; *Œuvres complètes*, t. IV-1, éd. BK, p. 132 (latin) / p. 133 (français).

mise en jeu d'un principe radicalement substantialiste. Descartes considère les choses selon l'être et voit que, selon l'être, et à la lueur de l'être, les idées ne sont que des modes du moi. Le principe selon lequel il opère est celui d'appartenance substantielle. Que montre, en effet, le *cogito* ? Que, considérées dans leur être, les idées m'appartiennent, sont mes représentations, mes états. Privées par le doute de ce support ontologique qu'était pour elles le monde, elles retrouvent un support ontologique dans le moi, dont elles sont les modes. En ceci, la conscience semble perdre, chez Descartes, tout caractère intentionnel. Le privilège du *cogito*, qui tient à son pouvoir de tout constituer en idée et de mettre en doute toute idée, au lieu d'être interprété, comme il le sera par les modernes, dans le sens d'une analyse de la connaissance, est interprété par l'affirmation que les idées appartiennent à la substance de mon moi. Et les idées ne perdront pas ce caractère. Car, pour sortir du *cogito*, Descartes se contentera de juxtaposer, au principe de l'appartenance substantielle, celui de causalité : bien que demeurant miennes, les idées peuvent être causées par autre chose que moi. Elles seront ainsi reliées à Dieu, et, à ce moment-là, elles apparaîtront comme vraies.

Le rattachement des idées au moi, à l'*ego*, comme à leur substance, paraît du reste essentiel à la suite de l'argumentation. En effet, comment Dieu sera-t-il prouvé ? Par l'insuffisance du moi qui ne peut être la cause de son idée ; et comment cette insuffisance est-elle reconnue ? Par l'expérience de ma finitude, parce que je ressens certains désirs, parce que, comme le dit Descartes, si j'étais cause de moi-même, je ne ressentirais pas de désirs. C'est donc bien un moi fini, un moi qui se saisit comme une chose, et comme une chose qui a une situation et une nature, c'est un moi qui, comme Descartes le dira par la suite, m'apparaît comme un milieu entre l'être et le néant, qui est ici atteint. Et je ne puis m'empêcher de penser que Descartes songe ici aux méditations qu'il avait connues quand il était au collège, et à la toute première méditation de saint Ignace : *Homo creatus est*, l'homme a été créé. Il médite sur le fait qu'il a été créé. Cela ne consiste pas à faire certains raisonnements par lesquels je comprends que j'ai été créé ; cela consiste à me saisir moi-même comme un être contingent, comme un être fini, et à saisir toute chose comme chose finie. Il y a là une sorte d'expérience qui demande sans doute des mois, des semaines, et toute une vie, où je me sens, non comme la source de mon être, mais comme un être posé dans l'être par l'Être qui seul est véritablement être, et qui est Dieu.

Donc, comme vous le voyez, il y a là une évidence absolument spéciale, l'évidence du moi comme être libre et en même temps fini, évidence par rapport à laquelle j'éprouve, à proprement parler, mes différentes idées ; et dans laquelle, une fois encore, je vois qu'il y a des idées que je dépasse, que je manie, que je peux nier et d'autres idées qui s'imposent à moi : l'idée du « moi » et l'idée de Dieu.

Il me reste à dire quelques mots de cette expérience fondamentale, que je crois être à la source de tout ceci. Je pense que cette expérience peut permettre de comprendre les *Méditations* de façon plus exacte que ne le permet leur ordre logique. Car d'abord l'ordre systématique varie. Dans le *Discours* il n'est pas le même que dans les *Méditations*, dans les *Méditations* il n'est pas le même que dans les *Principes*. En second lieu, l'ordre logique, ou systématique, est un ordre tardif. En 1630, Descartes affirme déjà Dieu comme le créateur des vérités éternelles, alors qu'il n'a pas encore démontré Dieu à partir du « moi ». Enfin, l'ordre logique ne peut, à mon sens du moins,

expliquer l'invention des thèmes employés. Car le doute
ne se présente pas seulement comme une analyse linéaire
qui passe du complexe au simple (le simple étant, en
l'espèce, le « je pense »). Mais, invoquant le dieu trompeur,
le malin génie, il met en jeu des thèmes qu'il ne suffit pas
de comprendre par la fin qu'ils exercent dans le système,
mais par les motifs qui leur ont donné naissance. Or, il me
semble que ces motifs peuvent être découverts si l'on
considère la métaphysique de Descartes, non selon la
déduction systématique où finalement elle s'exprime, mais
selon l'expérience fondamentale qu'elle traduit.

Cette expérience, je n'hésite pas, pour ma part, à en
chercher les raisons, et dans l'histoire de Descartes, et dans
sa structure mentale. Ce n'est pas, comme on me l'a
reproché parfois, que je veuille diminuer la valeur de la
philosophie de Descartes ; j'ai l'impression qu'au contraire
je lui donne toute sa force. Car je crois que toutes les
consciences humaines sont semblables, et que, dans une
certaine expérience fondamentale de l'être, elles se
rejoignent. J'estime en revanche que, par les systèmes, les
consciences humaines se séparent. En sorte que, selon moi,
c'est l'ordre purement logique qui varie chez Descartes,
Berkeley, Malebranche, et donc selon les hommes, alors
que l'évidence de l'être se retrouve en tous. Mais ici je
sors de mon sujet, il ne s'agit pas de jugements de valeur
mais de jugements de fait. Je voudrais donc, pour finir,
dire en quoi consiste, selon moi, cette expérience ontologique
fondamentale.

Il me paraît que le grand problème qui s'est toujours
posé à Descartes est le suivant : comment mettre d'accord
la religion et la science. En son siècle, ces deux conceptions
du monde s'opposent d'une manière tragique, et nombreux
sont les écrits qui prennent le parti de la science contre la

religion ou de la religion contre la science. Descartes était l'élève de Jésuites qui se posaient ce problème avec beaucoup de vigueur. Il semble que, comme eux, il voit avec peine les uns négliger par ferveur les vérités de la science, et d'autres s'enthousiasmer pour la science sans apercevoir toutes les vérités que la religion renferme. Lui-même veut garder et placer, chacune en son plan, toutes ces vérités. Il résout ce problème, puisque la physique tout entière est par lui fondée, et d'autre part située. Fondée, puisqu'elle est vraie ; située puisque son plan n'est pas celui de l'être, mais celui du monde que l'être pensant, à savoir l'homme, peut dominer, tout en se soumettant aux valeurs qui viennent de l'Être, à savoir de Dieu. En sorte que la métaphysique est en quelque sorte une morale. À la suite de cette morale je sais ce que je dois faire, ce qui a été l'objet du premier souci de Descartes. Il sort de cette confusion première dans laquelle il avait grandi, et où il voyait les uns nier les sciences au nom de la foi, les autres trouver dans la Nature des valeurs qui n'y sont pas. Il sait maintenant ce qu'il doit admirer et ce qu'il ne doit pas admirer, ce qui est au-dessus de lui et ce qui est au-dessous de lui, ce qu'il peut manier et ce devant quoi il se doit incliner : d'une part le monde, d'autre part, Dieu.

D'un autre côté, il ne me paraît pas douteux que la métaphysique de Descartes se lie non seulement à cette situation historique, mais aussi au fait que Descartes a toujours eu quelque peine à savoir où est l'être et où il n'est pas. Je pense ici aux lettres à Balzac, où il est fait allusion à la difficulté de distinguer la veille du sommeil, et cela dans les termes mêmes qui se retrouveront dans la méditation seconde.

Nous sommes ici devant un philosophe qui appartient à une famille d'esprits à laquelle se rattache aussi Maine de Biran, et que je crois très française, pour qui l'analyse de la conscience est voie d'accès à l'ontologie. Et je crois que l'un des sens du « je pense », du *cogito*, est là. C'est au niveau d'un « je pense » que Descartes veut être total, c'est-à-dire à la fois intellectuel, volontaire et affectif, qu'il estime, d'une part, pouvoir le mieux saisir l'être, et, d'autre part, situer par rapport à l'être les différents plans de réalité.

L'évolution de Descartes est ici nécessaire à la compréhension de sa métaphysique. Et, cette histoire de son esprit, il n'est tout de même pas indécent de l'invoquer, puisque Descartes lui-même nous en parle. Elle nous révèle, depuis le départ, une même démarche, qui se retrouve sans cesse semblable à soi. Au sortir du collège, Descartes se trouve déçu par Suarez, par cette philosophie sans être qui lui est d'abord proposée. Plus tard, il retrouve semblable déception devant les automates ; nombreux sont les textes de Descartes où il rappelle que, devant les automates « qui sont au jardin de nos rois », il a été d'abord admiratif, puis déçu. Car, devant un automate, j'ai l'impression qu'il y a un être là où il n'y en a pas. J'ai l'impression qu'il y a de l'être puisque je vois, en entrant dans une grotte, une Diane qui se cache, un Neptune qui s'avance menaçant vers moi. Mais lorsque j'ai compris, je sais vraiment qu'il n'y a pas là d'être, de liberté, d'intériorité, de spontanéité, mais le pur mécanisme d'une machine étalée dans l'espace.

Cette déception (vous savez que j'aime beaucoup ce mot en ce qui concerne Descartes), il l'éprouve enfin devant la Nature tout entière, Nature dévitalisée, et très exactement semblable aux automates, Nature sans être. Vous savez combien les textes où Descartes enlève tout être à la Nature sont nombreux ; la création est continuée, Dieu crée à chaque instant la nature et, par conséquent, il n'y a en elle aucune profondeur ontologique, aucun être propre qui se maintienne. Cette nature sans réalité, sans profondeur, sans être, cette nature qui est du reste celle d'un siècle où toute la poésie sera cherchée dans l'homme et non pas dans les choses, cette nature est celle que saisit notre prise technicienne.

Mais, en 1630, la conscience de Descartes, avide d'être, réagit à ce caractère non réel de la nature en déclarant que Dieu crée les vérités éternelles ; puis, un peu plus tard, en 1632, qu'il crée cette nature instant par instant. Ici, par conséquent, Dieu est affirmé au nom d'une expérience ontologique fondamentale dont, à mon avis, voici la source : la nature sans profondeur qu'étudie la physique n'est pas un être ; mais ma conscience porte en elle l'exigence de l'Être : elle l'affirme donc comme le Dieu qui crée les vérités éternelles. Comment Descartes, en effet, sait-il que Dieu a créé les vérités éternelles ? Parce que l'expérience ontologique qu'il a de l'idée d'infini situe cette idée au-delà de toute vérité logique. Or, si je pense Dieu comme soumis aux vérités logiques, j'en fais, dit Descartes, un Jupiter ou un Saturne, et non un véritable Dieu. Comment comprendre cela, sinon par le fait qu'il y a dans la conscience de Descartes une certaine exigence d'être que rien de ce qui est idée logique, scientifique, ou limitée ne peut vraiment combler. Toute idée, même universelle, paraît contingente à la lumière de l'Être. Il suffit donc de s'élever comme il faut à l'idée de Dieu pour apercevoir que sa liberté ne saurait être assujettie à la logique, mais est source de logique.

Mais, à ce moment-là, en 1630, Descartes ne semble pas avoir encore pris conscience que ce dépassement des essences vers l'infini suppose une sorte de mouvement interne, et donc une conscience qui, précisément, aperçoive les idées sur fond d'infini. C'est pourquoi les premières preuves de l'existence de Dieu chez Descartes (si on peut parler ici de preuves) partent de l'objet et non du moi. L'ordre logique n'est donc pas ce qu'il sera plus tard. Descartes affirme que Dieu est le créateur des vérités éternelles ; mais il ne prouve pas Dieu par un ordre analogue à celui des *Méditations* ; il raisonne à partir des vérités éternelles, vérités logiques, lois, essences, il leur découvre une sorte de nécessité contingente, si vous permettez d'unir ces mots, il sent qu'elles ne sont pas tout, qu'elles ne sont pas de l'être, qu'elles appellent donc une liberté créatrice qui se trouve derrière elles. Dieu, en ceci, apparaît encore comme transobjectif.

Mais, par la suite (et c'est je crois ce qui se passe en 1640), Descartes aperçoit que le dépassement même de l'idée vers l'être n'a de sens que par une conscience qui effectue ce dépassement lui-même. Cette conscience, c'est le « je pense ». Ce qui me permet de l'affirmer, c'est un texte de la troisième méditation auquel j'attache la plus grande importance, celui dans lequel Descartes, après avoir dit que Dieu a laissé son idée en moi comme la marque de l'ouvrier en son ouvrage, ajoute qu'il n'est pas nécessaire que cette marque soit quelque chose de différent de ce même ouvrage. Si l'idée de Dieu n'est pas différente de l'ouvrage de Dieu (je prends la phrase de Descartes strictement à la lettre), c'est que je suis l'idée de Dieu.

Je ne peux donc pas dire que j'ai l'idée de Dieu, je dois dire que je suis l'idée de Dieu. Je suis le signe de Dieu en ce monde, et cela parce que je suis la conscience qui devant tout être fini, toute essence finie, dépasse cet être, cette essence, les aperçoit sur fond d'infini créateur, infini nécessairement libre et posant les vérités éternelles. Dès lors, l'ordre logique change. Après une démonstration ou, plus exactement, une élévation vers Dieu à partir de l'objet, nous trouvons une élévation vers Dieu qui part du sujet, qui part du « je pense ». Le pouvoir de dépassement apparaît comme mise en doute de toute idée, puis comme *cogito*. L'ordre change, mais, à mon sens, l'expérience ontologique demeure la même.

J'ai fini. Mais, je voudrais, avant de vous quitter, et en m'excusant d'avoir été si long, donner encore un exemple qui permette de bien apercevoir le rôle, dans la constitution de la métaphysique de Descartes, de l'expérience ontologique et de la déduction systématique.

Quel rôle joue, dans les deux premières Méditations, la théorie de la création des vérités éternelles ?

Aucun selon la logique. Mais, à mon avis, selon l'expérience, elle est tout.

– Selon la logique, aucun. La théorie de la création des vérités n'est même pas mentionnée. Puisque Descartes ne la donne pas, par exemple, comme une prémisse, comme un fondement de sa théorie du dieu trompeur, c'est qu'elle ne l'est pas dans l'ordre des pures raisons. Et le dieu trompeur de la *Méditation première* n'est assurément pas le Dieu créateur des vérités éternelles, puisque le Dieu créateur des vérités éternelles est le vrai Dieu, lequel n'est pas trompeur et ne peut pas être trompeur. Donc, si je me place au point de vue de la déduction logique, je dois dire que la théorie de la création des vérités éternelles ne joue aucun rôle dans les deux premières Méditations. Mais je crois néanmoins que la démarche intellectuelle par laquelle Descartes énonce la théorie de la création des vérités éternelles, et celle par laquelle il s'élève dans les *Méditations* au « je pense » par le doute, puis à Dieu, ne sont qu'une seule et même démarche parvenue à des degrés de clarté différents.

Car ces deux démarches traduisent une unique expérience, celle de l'insuffisance de toute essence finie, de la contingence de tout nécessaire d'ordre scientifique, de la non-réalité de l'objet, de sa déréalisation par l'être.

En 1630, Descartes se contente, pour proclamer cette insuffisance, d'opposer à l'être créé l'être créateur. En 1641, il oppose, à la vérité du créé qu'étudie la science, cet autre infini qu'est le moi libre, avant de reconnaître que ce « moi » n'est que l'idée de Dieu lui-même. Ici, la déduction se fait à partir du sujet.

Il y a donc pour Descartes bien des façons de s'élever à Dieu, selon l'ordre de la logique. Et l'on peut, dans ce plan, opposer ces diverses façons, trouver que les unes sont valables, et que les autres ne le sont pas. Mais l'expérience ontologique se retrouve, toujours, semblable à soi. C'est pourquoi je crois que seule cette expérience est vraiment fondamentale. La mise en ordre ne vient qu'après. C'est donc du côté de l'expérience ontologique, non de celui de l'ordre formel, que je cherche la vérité de Descartes.

DISCUSSION

M. G<small>UEROULT</small> — J'ai été très intéressé par la conférence de mon collègue Alquié ; d'autant plus intéressé qu'elle me visait un peu ; et je voudrais lui poser quelques questions.

Il y a chez Descartes des expériences d'ordre tout à fait différent. On peut même admettre qu'il y a une expérience métaphysique ontologique ; je suis tout à fait d'accord sur ce point avec M. Alquié. Mais la question qui a intéressé Descartes comme philosophe, et qui lui a fait faire sa philosophie, c'est la question suivante : Puis-je me fier aux connaissances sensibles, aux expériences internes, aux intuitions métaphysiques que je possède ? Dans quelle mesure puis-je en être certain ?

Et c'est cette préoccupation de la certitude qui l'élève au-dessus du plan du simple vécu, à l'expérience ontologique ou métaphysique. Pour Descartes il ne s'agit pas seulement d'avoir une expérience, car nous pouvons être dupes d'une multitude d'intuitions, comme nous pouvons être dupes de la connaissance sensible ou d'un souvenir.

Par conséquent, s'il décide de méditer, et de méditer selon l'ordre, c'est pour aboutir à une certitude. Et pour aboutir à une certitude, il est obligé d'aller de certitude en certitude. Et l'ordre des raisons n'est qu'enchaînement des certitudes ; ce n'est pas une espèce de technique artificielle destinée à lier par des chaînes plus ou moins fragiles des chaînons distincts. C'est un progrès vers une certitude totale. C'est cela la déduction selon l'ordre des raisons.

En un mot Descartes est absolument hostile à une philosophie de la gratuité ; il a peur d'être la victime d'une intuition poétique, et c'est pour cela qu'il paraît être un maître. Parce qu'il a voulu donner à la philosophie cette rigueur qui la distingue de l'intuition poétique, ou de l'inspiration non contrôlée.

Voici la première réflexion que me suggère la conférence de M. Alquié. Je voudrais lui poser une autre question. Quand il s'agit du moi, M. Alquié nous dit : « Descartes a l'expérience du moi, ce moi est un être qui est autre que la pensée, dont j'ai une expérience *sui generis* qui n'est pas celle de la pensée. » Et ce qui le prouve, c'est que Descartes nous dit « la pensée c'est ce que je ne puis pas arracher du moi. » Alors, qu'est-ce que c'est que ce moi dans la philosophie de Descartes : cela n'est pas une pensée, cela n'est pas une étendue, qu'est-ce que c'est ?

F. ALQUIÉ — C'est la *res cogitans*. Je ne puis répondre mieux que Descartes lui-même : c'est la substance de ma pensée, c'est la chose pensante. Descartes affirme d'abord l'être de son moi, la substance de son moi. Puis il découvre que cette substance est pensante et que, de cela seul, il est certain. Mais il affirme la pensée comme appartenant au moi.

M. GUEROULT — Qu'est-ce que la substance étendue ? Faut-il distinguer dans la substance étendue, l'étendue qui ne peut pas être arrachée de la chose étendue, et la chose dont on ne peut pas arracher l'étendue, qui ne serait pas l'étendue ?

F. Alquié — Selon moi, oui. La chose est étendue, elle n'est pas l'étendue. Dans les *Principes de la philosophie*, dans des textes que vous connaissez bien, Descartes nous met en garde contre le danger qu'il y aurait à confondre, même en ce qui concerne l'étendue, la substance et son attribut essentiel. Que ceci soit difficile à comprendre, je l'accorde volontiers. Pour le moi, cela me paraît à la rigueur, non pas facile à comprendre, mais tout de même aisé à concevoir, en ce sens que je suis un être libre, et qu'il y a en moi des niveaux plus ou moins profonds. Je crois pour ma part que la liberté est plus profonde que l'entendement, mais c'est là une autre question.

Pour l'étendue, le cas est plus difficile. L'étendue c'est seulement de l'étendue ; et une des choses que j'ai voulu dire ce soir, c'est précisément que l'idée scientifique est une idée entièrement offerte à moi en sorte qu'il n'est pas besoin de supposer qu'il y ait quelque chose derrière. Il demeure que s'il n'y avait rien derrière, s'il n'y avait pas de substance matérielle, l'étendue serait un mode de mon moi. S'il n'y avait rien derrière l'étendue, son essence étant clairement conçue par moi, serait, selon l'être, rattachée à ce moi ; ce serait ma propre représentation. Et ceci apparaît en ce que tous les successeurs de Descartes qui se sont posé ce problème ont été très embarrassés par lui ; les uns ont nié, comme c'est le cas de Leibniz, que la matière soit une substance ; d'autres, c'est le cas de Malebranche, ont dit que la matière en soi ne nous est pas directement connue. Nous ne savons qu'elle existe que parce que l'Écriture nous dit qu'elle existe. Et rien ne montre mieux que la substance matérielle n'est pas une chose facile à concevoir.

Mais, si je lis les *Principes*, je constate que Descartes insiste sur le fait qu'il ne faut pas confondre l'étendue et la chose étendue. Je suis d'avis, pour ma part, et je l'ai écrit, que, sur ce point, il est très difficile à suivre. Je crois même que, la physique des *Principes*, en 1644, a précisément été gênée par cette ontologie physicienne, par le fait que Descartes a interprété la véracité divine dans un sens ontologique. Il me semble qu'au départ la véracité divine a voulu justifier les idées comme telles. Or, dans un second moment, elle fonde la réalité de la matière existante, plus profondément située dans l'être que ce que j'en aperçois. Ainsi, dans les *Principes* (II, 18) Descartes lie l'extension à « quelque chose d'étendu, à cause que le néant ne peut avoir d'extension ». Par deux fois, en ce paragraphe, Descartes affirme que l'étendue « ne saurait subsister sans quelque chose d'étendu ». Là-dessus vous me demandez : qu'est-ce que cette matière qui ne se réduit pas à ce que j'en conçois ? Je ne sais pas. Il y a là toute l'obscurité de la notion d'existence, d'être. Mais il me semble que cette difficulté se trouve en Descartes, et il me semble également que l'on ne peut l'éliminer ou la passer sous silence. Il y a, pour Descartes, l'extension et la chose étendue.

M. Gueroult — Pas du tout d'accord, il n'y a pas de texte séparant attribut essentiel et substance. Du moins je n'en connais pas.

F. Alquié — Je viens d'en citer un. Voyez encore les paragraphes 63 et 64 de la première partie des *Principes*.

M. Gueroult — Je ne connais pas de texte où Descartes dit qu'il faut se garder de confondre l'attribut essentiel de la substance avec la substance. Ce que veut dire Descartes quand il parle de l'attribut essentiel, c'est que l'attribut essentiel c'est ce qui dans les modes d'une substance apparaît comme étant constitutif de cette substance. L'attribut essentiel par exemple de la chose matérielle qui comprend l'étendue, la figure et le mouvement, c'est l'étendue. Et cette étendue est constitutive de l'être même qui est étendu. Il n'y a rien d'autre dans la *res extensa* que la matière étendue ; c'est-à-dire que la chose qui se définit par les trois dimensions.

Ou la science cartésienne admet que la substance étendue n'est que la substance, ou il y a un support. Il en est de même pour la pensée ; mais c'est une vérité qui a été assez difficilement aperçue par les lecteurs de Descartes qui ont été gênés par la psychologie. L'être n'est pas autre chose que l'intelligence, exactement de la même façon que l'être de la matière n'est rien d'autre chose que l'étendue à trois dimensions.

UN MOINE DOMINICAIN — Toute la différence est que la matière est extérieure, objective, tandis que l'intelligence est saisie par elle-même par le témoignage immédiat qu'elle se donne.

F. ALQUIÉ — Comment expliquez-vous la phrase finale du paragraphe 64 des *Principes*[1] ?

M. GUEROULT — C'est justement un texte magnifique : « Comment on peut aussi les concevoir distinctement en les prenant pour des modes ou attributs de ces substances. » L'article 63 : « Comment on peut avoir des notions distinctes

---

1. *Les Principes de la philosophie*, Ire partie, § 64, A.T., t. IX-2, p. 54, *Œuvres philosophiques*, t. III, éd. Alquié, p. 134 : « Parce que, quand nous les considérons comme les propriétés des substances dont elles dépendent, nous les distinguons aisément de ces substances, et les prenons pour telles qu'elles sont véritablement ; au lieu que si nous voulions les considérer sans substance, cela pourrait être cause que nous les prendrions pour des choses qui subsistent d'elles-mêmes ; en sorte que nous confondrions l'idée que nous devons avoir de la substance avec celle que nous devons avoir de ses propriétés ».

de l'extension et de la pensée, en tant que l'une constitue la nature du corps et l'autre celle de l'âme. »

Dans l'article 63 Descartes explique que la substance des corps n'est rien d'autre que l'extension et que la substance de l'âme n'est rien d'autre que la pensée.

F. ALQUIÉ — Il ne dit pas qu'elles constituent la substance, mais la nature de la substance. Pour moi c'est très important. La nature de la substance n'est pas l'être de la substance. On retrouve ici la différence entre l'être comme essence et l'être comme existence.

M. GUEROULT — C'est très important en ce sens que lorsque je ne suis pas arrivé à ce point de la déduction où je puis être assuré que ce que je conçois nettement et distinctement d'une chose correspond à la réalité même de la chose, je ne peux parler que de la nature ; mais lorsque je sais que ce que je conçois comme appartenant à la chose est effectivement cette chose, je puis dire lorsque j'ai à faire à une propriété, à un élément qui se conçoit par soi-même, que c'est une substance.

F. ALQUIÉ — Oui, mais je n'en suis que plus frappé par le fait qu'au paragraphe 63 il dise nature et non substance. Il n'est donc pas sûr que l'étendue soit une chose. Il peut donc la concevoir comme n'étant pas réelle. En affirmant qu'elle existe, il ajoute donc quelque chose à sa pure essence.

M. GUEROULT — Revenons à l'article 63. Il dit que la substance des corps, c'est l'étendue, et que la substance de l'âme, c'est la pensée.

« Car elles ne diffèrent de la substance (et non de la nature) que par cela seul que nous considérons quelquefois la pensée ou l'étendue sans faire réflexion sur la chose même qui pense ou qui est étendue. »[1]

F. Alquié — On peut faire ou non réflexion sur la « chose » qui pense ou qui est étendue. Il y a donc une chose qui pense et qui est étendue, sur laquelle on peut, ou non, faire réflexion. On retrouve ainsi la distinction de la chose et de son essence.

M. Gueroult — Mais la chose qui pense et qui est étendue c'est la pensée, c'est la pensée pensante, l'être pensant. Si vous arrivez à m'expliquer ce que peut être chez Descartes un être pensant qui soit autre chose que pensée, ou un texte où il y a un être qui soit l'être de la pensée sans être une pensée, c'est-à-dire une qualité occulte, la plus occulte des qualités, alors Descartes ne sera plus Descartes.

F. Alquié — Il ne s'agit pas de savoir s'il sera ou non Descartes. Il dit, dans ce texte que vous venez de lire, que nous considérons parfois l'étendue sans faire réflexion sur la chose étendue. Il y a donc une distinction entre les deux. Descartes parle même d'une connaissance possible, bien que difficile, de « la substance toute seule, laissant à part si elle pense ou si elle est étendue »[2].

M. Gueroult — L'étendue et la pensée ne diffèrent de la substance que par cela seul que nous considérons quelquefois la pensée ou l'étendue sans faire réflexion sur la chose même qui pense. C'est-à-dire qu'elle n'en diffère que par une distinction de raison ou de pensée. Par cette

1. *Les Principes de la philosophie*, Iᵉ partie, § 63, A.T., t. IX-2, p. 54 ; *Œuvres philosophiques*, t. III, éd. Alquié, p. 132.

2. *Les Principes de la philosophie*, Iᵉ partie, § 63, A.T., t. IX-2, p. 54 ; *Œuvres philosophiques*, t. III, éd. Alquié, p. 132.

distinction de raison ou de pensée qui est une distinction non réelle pour Descartes.

Je prends maintenant l'article 64 : « Comment on peut aussi les concevoir distinctement en les prenant pour des modes ou attributs de ces substances. »

« Nous pouvons considérer aussi la pensée et l'étendue comme les modes ou différentes façons qui se trouvent en la substance ; c'est-à-dire que lorsque nous considérons qu'une même âme peut avoir plusieurs pensées diverses et qu'un même corps avec sa même grandeur peut être étendu en plusieurs façons, tantôt plus en longueur et moins en largeur ou en profondeur, et quelquefois au contraire plus en largeur et moins en longueur ; et que nous ne distinguons la pensée et l'étendue de ce qui pense et de ce qui est étendu que comme les dépendances d'une chose, de la chose même dont elles dépendent ; nous les connaissons aussi clairement et aussi distinctement que leurs substances, pourvu que nous ne pensions point qu'elles subsistent d'elles-mêmes, mais qu'elles sont seulement les façons ou dépendances de quelques substances. Parce que, quand nous les considérons comme les propriétés des substances dont elles dépendent, nous les distinguons aisément de ces substances, et les prenons pour telles qu'elles sont véritablement : au lieu que si nous voulions les considérer sans substance, cela pourrait être cause que nous les prendrions pour des choses qui subsistent d'elles-mêmes ; en sorte que nous confondrions l'idée que nous devons avoir de la substance avec celle que nous devons avoir de ses propriétés. »[1].

---

1. *Les Principes de la philosophie*, Ire partie, § 64, A.T., t. IX-2, p. 54 ; *Œuvres philosophiques*, t. III, éd. Alquié, p. 133-134.

Il s'agit là, pour Descartes, de distinguer entre la substance et l'étendue. Elle a des modes. Nous concevons l'extension comme l'attribut principal de la chose matérielle, c'est-à-dire comme constituant l'essence de la substance de la chose matérielle. Mais nous pouvons d'autre part considérer une substance particulière, c'est-à-dire un corps – prenons la cire, ou le plomb, ou le fer – nous avons un mode particulier de l'étendue dans lequel tous les modes de l'étendue se rapportent à cette substance particulière d'étendue, parce qu'ils sont explicables par cette substance particulière. Prenez par exemple la cire, elle a une définition, une formule, qui fait qu'elle aura toujours la même quantité de matière, ou plutôt qu'elle aura toujours le même volume que nous l'aplatissions ou au contraire en faisions une sphère. Et tous les modes de l'étendue, nous les rapportons alors à la substance particulière de la cire en tant qu'elle s'explique par cet invariant géométrique qui constitue la substance de la cire. À ce moment-là, nous rapportons tous ces modes de l'étendue non pas au *quid extensum* qui constitue la définition de la substance particulière de la cire, mais à l'extension en général. Alors nous nous trompons et nous sommes dans l'incapacité d'expliquer ces différents modes parce qu'ils ne s'expliquent pas par l'étendue en général, mais par les déterminations particulières de cette étendue qui constitue la substance particulière.

Et c'est la même chose pour l'âme. Qu'est-ce qui fait la substance de l'âme? Nous pouvons faire de la pensée l'attribut essentiel de la substance spirituelle, ou nous pouvons faire de l'entendement, de la pensée, un des modes particuliers d'un individu qui est vous ou moi. Parce que si l'intelligence ou si la pensée pure constituent la substance, de même, cette substance, cette pensée pure apparaît dans la vie. Elle apparaît dans sa pureté à des moments contingents, par conséquent comme un mode à côté d'une pensée qui peut être la mémoire, ou qui peut être la volonté, ou qui peut être le sentiment. Par conséquent, quand je me considère moi-même comme substance individuelle, l'intelligence ou la pensée n'est rapportée à moi que comme un mode : mais si je considère au contraire, non pas le moi individuel, dans la vie concrète, mais la substance pensée en général, alors je dois rapporter l'intelligence pure ou la pensée en général à la substance spirituelle dont cette pensée constitue l'attribut principal. En un mot, il y a deux points de vue, celui de la substance universelle, de la substance en général, et celui des substances particulières. La difficulté pour Descartes, c'est le parallélisme qu'il établit entre la substance particulière des corps et la substance particulière des âmes, parce que ce parallélisme ne peut pas aller jusqu'au bout étant donné que dans la substance particulière des âmes nous avons à faire à des individualités absolues qui ne sont pas des divisions de la substance universelle, tandis que dans la substantialité des corps nous avons à faire à des corps qui peuvent être considérés comme des parties découpées dans une substance universelle.

Je reviens donc à cette question : je ne vois pas du tout de textes dans lesquels Descartes oppose un support, une qualité occulte, un être qui ne pourrait pas être atteint par la pensée puisqu'il ne serait pas la pensée, ce qui fait qu'au fond de nous-même nous aurions un être opaque qui nous échapperait, et que par conséquent lorsque Descartes dit qu'il n'y a aucun inconscient en nous, c'est-à-dire qu'il n'y a rien en nous que nous ne pourrions rendre conscient si nous le voulions, ce principe devrait être récusé car il y a une chose que nous ne pourrions arriver à élever à la pensée, c'est ce support extra intellectuel, inconnu et inconnaissable qui ne serait pas la pensée.

Cela me paraît être la négation même de Descartes qui a combattu toute sa vie ces gens qui mettaient de la qualité occulte soit dans les choses extérieures, soit en moi-même.

Donc, de même que l'être de la chose extérieure, n'est rien d'autre que l'étendue selon ses trois dimensions, de même l'être de la substance spirituelle n'est rien d'autre non pas seulement que la pensée, mais que l'intelligence pure. Et je vais vous en donner une preuve entre autres…

F. ALQUIÉ — Cela, c'est une autre question.

M. GUEROULT — Décisive. Comment Descartes prouve-t-il que les animaux n'ont pas d'âme ? Il le prouve en disant : ils n'ont pas d'âme parce qu'ils n'ont pas de sentiment. Ils n'ont pas d'âme parce qu'ils n'ont pas d'intelligence. N'ayant pas d'intelligence, ils n'ont aucune conscience. Si l'intelligence n'était pas l'essence de l'âme, on ne pourrait pas prouver que les animaux sont dépourvus de sentiment et de conscience en prouvant qu'ils n'ont pas d'intelligence, parce qu'on pourrait répondre, ils n'ont pas d'intelligence, mais ils ont la conscience. C'est d'ailleurs ce que nous disons tous nous qui, contrairement à Descartes, n'identifions pas l'essence de la pensée avec l'intelligence pure. On ne peut pas répondre cela à Descartes, car comme la substance de la pensée pour lui c'était l'intelligence pure, comme elle se manifeste dans les mathématiques, elle est présente en nous tous. C'est seulement parce que nous avons des corps différents que nos intelligences sont différentes. Donc notre substance c'est bien ce qui constitue l'intelligence pure. Il y a bien d'autres arguments, mais je ne sais ce que l'on peut répondre à celui-là.

F. Alquié — Vous avez répondu à certaines questions
que je n'avais pas posées. Je pense que, avant la fin de ces
conversations, le débat mettra en cause la question de
savoir si la pensée est essentiellement intellectuelle. Je
pense que non, mais je ne voudrais pas discuter ce soir sur
le point de savoir si la pensée est, chez Descartes,
l'*intellectus*. Ce que je dis c'est que la *cogitatio* n'est pas
la *res cogitans*. Non que la *res* soit une qualité occulte.
Elle n'est pas une qualité du tout ; elle est la substance,
elle est l'être. La substance n'est pas nécessairement
occulte : celle du moi est évidente. Mais elle ne se réduit
pas à son attribut. C'est pourquoi je ne comprends pas
comme vous la fin du texte que je me suis permis de vous
soumettre. Je ne vois pas, dans ce texte, qu'il soit fait
allusion à la substance « individuelle ». Le texte dit
exactement ceci : « … car quand nous les considérons – il
s'agit de la pensée et de l'étendue – comme les propriétés
des substances dont elles dépendent, nous les distinguons
aisément de ces substances. » Sans doute s'agit-il ici de
modes spécifiés. Mais ces modes ne sont pas distingués
de la pensée ou de l'étendue non spécifiées, mais, dit
Descartes, « de la chose même dont ils dépendent ».
Descartes spécifie ici les modes pour que la distinction
substance-propriété s'opère aisément. Je dois avouer du
reste que le mot qui me gêne est le mot aisément, car ce
n'est pas aisé : « nous les distinguons aisément de ces
substances… ».

H. Gouhier — Le mot « aisément » n'est pas dans le
texte latin.

F. Alquié — … « et les prenons (la pensée et l'étendue)
pour telles qu'elles sont véritablement ; au lieu que si nous
voulions les considérer sans substance, cela pourrait être
cause que nous les prendrions pour des choses qui subsistent

d'elles-mêmes ; en sorte que nous confondrions l'idée que nous devons avoir de la substance avec celle que nous devons avoir de ses propriétés ». Je me permets donc de vous poser la question suivante : si la substance étendue se réduisait à l'étendue, quel danger y aurait-il à ce que l'on estime que l'étendue subsiste d'elle-même ? Pourquoi, si l'étendue se confond avec la substance étendue, une étendue spécifiée ne se confondrait-elle pas avec une substance particulière ? Si la substance étendue était l'étendue, on ne voit pas du tout pourquoi Descartes nous mettrait en garde contre une erreur qui consisterait à penser que l'étendue subsiste d'elle-même.

M. GUEROULT — Les propriétés des substances sont à part. Prenez par exemple les propriétés du fer, les propriétés de la cire.

F. ALQUIÉ — Il ne s'agit pas seulement des propriétés de la cire, mais de l'étendue cire, puisque la phrase commence ainsi : « Parce que, quand nous les considérons – ici la pensée et l'étendue – comme les propriétés des substances dont elles dépendent, nous les distinguons aisément de ces substances, et les prenons pour telles qu'elles sont véritablement », c'est-à-dire pour des attributs, « au lieu que si nous voulions les considérer sans substance, cela pourrait être cause que nous les prendrions pour des choses qui subsistent d'elles-mêmes ». Il est donc faux de penser que l'étendue subsiste d'elle-même, il faut la rattacher à une substance. Et c'est ce que rappelle le paragraphe 18 de la Seconde Partie. L'étendue est la propriété de quelque chose, de la *res extensa*, de l'être étendu. Et si ce texte ne vous paraît pas convaincant, ce que je veux bien, les fameuses réponses à Hobbes, que j'ai citées dans mon exposé, sont encore plus claires. Descartes répond à Hobbes que la pensée est l'attribut d'une « chose pensante ». Enfin, et c'est là l'argument décisif, il n'y a pas dans Descartes un seul texte où il dise : *sum cogitatio.* Il dit toujours : *res cogitans.* Or, *res cogitans*, c'est une chose pensante. La pensée est l'attribut d'une chose qui pense. S'il n'y a rien de plus dans la chose qui pense que la pensée, pourquoi Descartes ne dit-il pas : « je suis une pensée » ? Ce serait si simple.

M. Gueroult — Parce que la *cogitatio*, c'est la faculté de penser en tant précisément que nous supposons que cette faculté n'est pas l'être pensant.

F. Alquié — C'est exactement ce que je dis.

M. Gueroult — Or, pour Descartes, la *cogitatio*, en tant qu'elle est considérée comme une faculté, est une abstraction opérée sur l'être pensant qui n'est rien d'autre chose que la pensée. Il n'y a pas chez Descartes un être pensant qui ne serait pas pensant.

F. Alquié — Je n'ai jamais dit que l'être pensant n'est pas pensant. J'ai dit qu'il n'est pas la pensée.

M. Gueroult — Un être pensant qui ne serait pas pensée, qui serait autre chose que la pensée, qu'est-ce que cela serait ?

F. Alquié — Je n'ai pas dit qu'il était « autre chose » que la pensée. L'être et la pensée ne sont pas deux choses. Mais l'être est pensant, non pensée. Comment voulez-vous que je réponde mieux ? Je ne puis que vous renvoyer aux réponses à Hobbes. Descartes rattache la pensée à un être pensant, à un moi pensant, à une *res cogitans.*

M. Gueroult — Pour Descartes qu'est-ce qu'un être pensant qui n'est pas pensée ?

F. Alquié — Toute ma thèse consiste à affirmer que, chez Descartes, l'être n'est pas réductible au concept. Or, la question que vous me posez est la suivante : mais qu'est-ce que c'est que cet être qui n'est pas réductible au concept ? Comme je ne pourrais m'exprimer, par définition, que par concepts, je ne puis répondre. Mais cela ne saurait prouver que j'ai tort, car ma thèse consiste à dire que l'être n'est précisément pas réductible au concept. Si vous me demandez ce qu'est l'Être dans le plan des concepts, je ne peux donc pas vous le dire, vous fournir un « attribut » qui soit adéquat à l'être. Je crois que l'être, l'existence ne se révèlent à la pensée qu'en une expérience familière, mais intraduisible. L'évidence du *sum* est première, et dépasse l'idée de pensée.

M. Gueroult — Je n'ai jamais dit que l'être pensant était un concept. Le concept de pensée n'est pas la pensée, c'est la représentation que je me donne de la pensée.

F. Alquié — Pourquoi, alors, ne sommes-nous pas d'accord ? Si vous admettez, au moins à titre d'hypothèse, qu'il peut y avoir une certaine saisie de l'être, une certaine expérience de l'être qui soit fondamentale chez Descartes, vous ne pouvez pas me demander : qu'est-ce que cet être ? Car tout ce que je peux vous dire ne sera tiré que de l'idée que j'ai de cet être. Or, je suis en train d'essayer de montrer qu'il y a chez Descartes un être qui ne se réduit pas à l'idée. Je ne peux vous répondre que par idées, comment voulez-vous que je réponde autrement ? Si on admet qu'il y a chez Descartes une expérience ontologique, comme c'est mon cas — et il me semble qu'il y a bien des textes qui l'indiquent — ce n'est pas une objection à me faire que de me demander : « Analysez cette expérience ». Cette exigence revient à dire qu'au point de vue de Descartes, tel du moins que je

le comprends, vous préférez le point de vue de Leibniz,
ou de tout autre philosophe qui niera tout arrière fond
ontologique, irréductible à l'analyse conceptuelle.

Il ne s'agit donc pas de savoir si Descartes a raison ou
tort de dire ce qu'il dit. Dans de très nombreux textes,
Descartes affirme qu'il ne faut pas confondre l'acte de
penser avec le sujet de cet acte. Et qu'est-ce que le sujet
de cet acte ? C'est moi, c'est l'*ego*, c'est un être pensant,
une *res cogitans*. On peut déplorer tant que l'on voudra
(et Dieu sait qu'on ne s'en est pas privé) que Descartes
s'exprime ainsi. Mais il ne semble pas qu'on puisse nier
qu'il s'exprime ainsi, ni prétendre que, s'exprimant ainsi,
il veuille s'exprimer autrement.

M. Gueroult — Nous sommes tout à fait d'accord si
vous ne distinguez pas, si cette intuition de l'être ne suppose
pas un être différent de la pensée.

F. Alquié — Je n'ai jamais dit qu'il fût « différent »,
puisque c'est un être pensant. Je dis qu'il y a plus dans cet
être que le fait qu'il pense.

M. Gueroult — Il ne dit pas cela dans le texte. Il dit
qu'il ne faut pas confondre l'opération de penser avec
l'être pensant, et cela n'a rien à voir avec votre distinction…

F. Alquié — Mais si. C'est même toute la question.
Descartes distingue les facultés (et non les opérations) et
les choses douées de ces facultés. Il déclare que « nous ne
connaissons pas la substance immédiatement par elle-
même ». Tout cela est dans le texte des réponses à Hobbes.
Et Descartes assimile la substance à une matière
métaphysique. C'est bien curieux comme expression. Il
dit, en effet, que les sujets des actes sont des sortes de

matière, à savoir, ajoute-t-il, des « matières métaphysiques »[1].
Qu'est-ce qu'une matière métaphysique, sinon une substance
qui ne se réduit pas à son attribut essentiel ?

M. Gueroult — La pensée n'est pas une faculté vide
pour Descartes, c'est quelque chose qui est par soi : de
même que l'étendue est par elle-même.

Leslie Beck — Vous admettez que le langage que
Descartes écrit est celui de la scholastique. Il a pris surtout
chez les écrivains la *substantia*. Or, *substantia* et *natura*
sont synonymes.

M. Gueroult — Pas tout à fait, car la substance est ce
qui se comprend par soi.

Leslie Beck — Mais on peut les utiliser l'un comme
l'autre.

M. Gueroult — Non, car la substance est une espèce
de *res* et aussi l'essence. Il y a l'essence de la substance,
et l'essence des choses qui ne sont pas des substances, et
des *res* qui ne sont pas substantielles.

Je vois ce que vous voulez dire. Vous voulez dire que
le langage de Descartes est un peu inadéquat à ce qu'il
veut dire, car il n'a que la terminologie scholastique, et
qu'il a voulu simplement dire : la pensée c'est la chose
pensante, ou l'être pensant sans attribuer au mot être une
signification transcendante en quelque sorte au contenu
de la pensée. Par exemple, un homme qui aurait vécu à
une période plus récente que Descartes aurait pu dire : la
pensée c'est l'activité pensante qui subsiste par soi. Il ne

1. *Réponses aux troisièmes objections*, A.T., t. IX-1, p. 136 ; *Œuvres
philosophiques*, t. II, éd. Alquié, p. 604 ; *Œuvres complètes*, t. IV-1, éd.
BK, p. 347.

l'a pas dit parce qu'il était à une époque où une certaine terminologie n'était pas en usage.

Leslie Beck — Je suis de votre avis. Je veux dire que la distinction entre la chose pensante et la pensée est une distinction de raison uniquement. Il y a nettement cela dans sa pensée, dans son esprit. C'est une distinction qu'on peut faire, mais ce n'est pas une distinction réelle, c'est uniquement une distinction de raison. C'est nous qui distinguons la chose de la pensée.

M. Gueroult — Voici ce livre. Je peux distinguer entre la chose du livre et le livre ; mais cela ne veut pas dire qu'il y ait le livre et une chose distincte du livre qui soit réelle, c'est une distinction de pure pensée, c'est une pure abstraction.

F. Alquié — Je crois vraiment que ce que j'ai voulu dire n'a pas été compris. Je n'ai jamais dit que le livre étendu et le livre réel fussent deux livres distincts. Il n'y a donc pas de distinction réelle entre la substance et son attribut, cela va de soi, puisque la distinction réelle sépare deux substances. L'attribut n'est pas une autre substance. Mais il n'est pas non plus la substance. J'ai déjà dit pourquoi, et je ne crois pas qu'il soit utile de prolonger le débat, étant donné que nous répétons toujours les mêmes choses. Que la distinction de l'étendue et de la chose étendue, de la pensée et de la chose qui pense soit une distinction de raison, je l'accorde. Mais cela veut dire, et Descartes veut dire, qu'il n'y a pas de pensée sans chose qui pense. La chose qui pense, pense, et il n'y a pas de pensée en dehors de la chose qui pense. Ce n'est donc pas une distinction réelle comme serait la distinction entre deux choses qui pensent. Là nous sommes d'accord. Mais…

M. Gueroult — Mais cela ne veut pas dire qu'il y ait dans l'être pensant quelque chose de plus que la pensée. Relisons le paragraphe 64 : « ... Nous pouvons considérer aussi la pensée et l'étendue comme des modes ou différentes façons qui se trouvent en la substance ; c'est-à-dire que lorsque nous considérons qu'une même âme peut avoir plusieurs pensées diverses, et qu'un même corps avec sa même grandeur, peut être étendu en plusieurs façons, tantôt plus en longueur et moins en largeur et en profondeur, et quelquefois le contraire, etc., et que nous ne distinguons la pensée et l'étendue de ce qui pense et de ce qui est étendu que comme une dépendance de la chose même dont elles dépendent, nous les connaissons aussi clairement et distinctement que leurs substances, pourvu que nous ne pensions point qu'elles subsistent d'elles-mêmes. »[1]

De quoi s'agit-il ? des modes ou des façons différentes qui se trouvent en la substance. Il ne faut pas se figurer que ces choses subsistent d'elles-mêmes, mais qu'elles sont seulement des dépendances de quelque substance. C'est bien évident. J'ai diverses pensées ; évidemment ces pensées-là il faut que je les rapporte à moi qui pense, je ne peux les considérer isolément – j'en ferais des substances. Pour les comprendre il faut que je les rapporte aux substances particulières dont ces différentes façons d'être sont des modes. Par conséquent, il s'agit ici des modes de la substance étendue ou de la substance pensée qui pour être compris doivent être rapportés aux substances particulières dont les modalités sont l'expression, mais qui ne doivent pas être considérés comme subsistant par eux-mêmes. Cela est très simple.

---

1. *Les Principes de la philosophie*, Iʳᵉ partie, § 64, A.T., t. IX-2, p. 54 ; *Œuvres philosophiques*, t. III, éd. Alquié, p. 133-134.

F. Alquié — Il me semble que ce que vous dites déplace simplement le problème, car je poserai alors ma question d'autre façon, ainsi qu'à M. Beck : qu'est-ce qu'une substance particulière, qu'est-ce qu'un moi? Au fond ce que vous dites, si j'ai bien compris, revient à dire : la substance de la pensée c'est l'*ego*, ou le moi des autres. Alors qu'est-ce qui en ce sens individualise la pensée?

M. Gueroult — Ce n'est pas comme cela que la question se pose. Elle se pose à partir des substances individuelles et des corps.

F. Alquié — Cela c'est autre chose. Laissons, pour le moment, les corps.

M. Gueroult — Non, parce que dans ce paragraphe Descartes traite des deux. Et s'il y a justement une difficulté du cartésianisme qui est réelle c'est parce que Descartes, d'un côté, considère la substance pensée comme la contrepartie de la substance étendue. Mais nous avons une seule substance étendue avec une multitude de modes. Et, de l'autre côté, nous n'avons pas la substance pensée mais une multitude de substances pensées qui sont des substances individuelles. Or, il se trouve que Descartes n'a pas traité ce problème, qu'il n'a pas traité le problème de la substance individuelle, qu'il nous parle tantôt de la substance pensée comme il parlerait de la substance étendue, que tantôt il nous dit qu'il va de soi et qu'il y a autant de substances pensées que d'individus.

Alors le texte est très clair. Quand il s'agit des substances corporelles, la substance corporelle n'est qu'un invariant géométrique qui permet d'expliquer les différents modes que la substance corporelle de la cire et du fer reçoit dans le devenir physique. Quand il s'agit au contraire de la substance pensée, c'est plus difficile, parce qu'on ne peut pas dire que les substances individuelles pensées soient des parties d'une substance universelle pensée. Il y a là une difficulté.

F. ALQUIÉ — C'est exactement ce que j'ai dit. Cette difficulté prouve qu'il y a dans le moi plus que dans la pensée en général, dans la pensée universelle. Et c'est pourquoi le moi n'est ni une faculté, ni une essence, ni une nature, ni une pensée, ni la pensée, mais une substance, une chose qui pense. Et c'est cette chose qui est d'abord découverte.

L. PRENANT — Je crois d'ailleurs que Descartes a été très troublé par ce caractère universel, et qu'il a fait des efforts pour trouver des sentiments intellectuels, et une activité intellectuelle dans la nouveauté de la perception. Il y a peut-être dans ce sens chez lui une tentative, car il est manifeste que dans des choses si personnelles comme des lettres de condoléances, il a en vue une possibilité d'immortalité qu'il n'a jamais pensé avoir établie. Il y a une activité intellectuelle dans le souvenir comme il l'écrit à Arnauld à propos de la pensée des enfants.

F. ALQUIÉ — Il me semble que ce que Madame Prenant dit, à moins que je l'aie mal compris, apporte de l'eau à mon moulin. En ce qui concerne l'espace, j'accorde qu'il y a un problème ; et j'ai dit dès le départ que je ne suis jamais arrivé à bien comprendre ce que pourrait être une matière plus profondément située dans l'être que l'espace. Mais en ce qui concerne l'esprit. M. Gueroult m'a accordé d'abord qu'il y a des substances individuelles qui ne se réduisent pas à la pensée en général, et par rapport auxquelles la pensée est une chose abstraite. Il m'a accordé en second lieu que l'on ne voit pas du tout comment Descartes individualise ces substances individuelles.

M. Gueroult — Je n'ai pas accordé que la pensée était quelque chose d'abstrait. Il s'agit des diverses pensées. Lorsque nous considérons qu'une même âme peut avoir plusieurs diverses pensées, ces pensées nous les rapportons à l'individuel ; c'est tout.

F. Alquié — Il y a donc une âme individuelle. Il y a une chose qui n'est pas niable, c'est que Descartes dit *ego*. Et qu'est-ce que cet *ego*, car c'est là le problème finalement. Ce n'est pas la pensée en général, c'est vous et moi. Alors qu'êtes-vous ? À moins que vous ne vouliez prétendre que vous êtes l'esprit en général, qu'êtes-vous ? et que suis-je moi ? On en revient toujours au même problème, que vous l'exprimiez en termes de pur être comme je l'ai fait, que vous le formuliez en opposant la pensée universelle d'une part, et le moi de l'autre. Nous serons toujours devant la même question : je me saisis comme moi par une expérience qui est inconceptualisable. Et de même que vous me demandiez, sans que je puisse vous fournir de réponse, qu'est-ce que cette substance pensante, cette *res cogitans* qui n'est pas la pensée, de même je vous demande de la même façon, qu'est-ce que ce moi pensant qui n'est pas la pensée ? Or vous ne pouvez pas nier qu'il y ait chez Descartes un moi pensant. Nous sommes devant la même question. Il y a bien chez Descartes, lorsqu'il dit *sum* ou même *cogito*, une expérience ontologique. C'est du moins comme cela que je l'appelle ; peut-être cette expression n'est-elle pas bonne ? Mais enfin, il y a une certaine expérience qui est soustraite à une pure déduction logique, puisque je ne comprends pas pourquoi il y a des moi. Je constate qu'il y a des moi. Il y a un domaine dans lequel mon esprit se meut parfaitement à son aise, c'est le domaine des idées, et il y a un domaine dans lequel il constate, et c'est le domaine des êtres.

Et dans ce domaine des êtres, quand Descartes dit je pense, quand il dit : je suis, si on lui demande qu'est-ce qu'être, qu'est-ce qu'*ego*, il ne répond rien. D'ailleurs, c'est arrivé, et il déclare que tout le monde sait cela. Il dit : je n'ai pas pensé que parmi mes lecteurs « il s'en rencontre de si stupides qu'ils ne puissent entendre d'eux-mêmes ce que ces termes signifient »[1]. C'est au paragraphe 10 des *Principes*. Il y a donc des choses qui ne se définissent pas mais se montrent. Il y a appel à l'intuition de chacun.

Il y a donc une sorte d'expérience intime de l'*ego* qui n'est pas réductible au concept. C'est uniquement ce que j'ai voulu dire. Pour ma part, je crois du reste que cette expérience révèle ma liberté. C'est comme liberté que je suis un moi.

M. Gueroult — Réductible au concept ? Ce n'est pas comme cela que la question se pose chez Descartes. Il veut savoir ce que je peux affirmer avec certitude. Que puis-je affirmer avec certitude ? que je suis. Qu'est-ce que je suis ? je ne puis m'affirmer avec certitude existant que dans la mesure où je pense, et même dans la mesure où je suis une intelligence. C'est la seule chose que je n'ai pas pu séparer de moi-même, pas plus que je ne peux arracher de la chose extérieure l'étendue qui en est précisément constitutive. Je ne peux pas arracher de moi l'intelligence, parce que cette intelligence me constitue moi-même. Vous direz alors : là-dedans je ne vois pas le je. C'est vrai, mais Descartes l'a oublié.

Il s'agit simplement d'expliquer Descartes lui-même, il ne s'agit pas d'introduire dans Descartes toute la psychologie que nous faisons à son sujet. Il n'a pas posé

---

1. *Les Principes de la philosophie*, Iʳᵉ partie, § 10, A.T., t. IX-2, p. 29 ; *Œuvres philosophiques*, t. III, éd. Alquié, p. 96.

la question du je, c'est entendu, mais il s'est posé la question de la certitude, et nous pouvons en parler. Il ne s'agit pas non plus d'une espèce de déduction mécanique, mais simplement d'arriver à une certitude, et à partir de cette certitude, d'arriver à progresser vers une autre certitude. Il ne s'agit pas du tout de se livrer à un débordement d'expérience ontologique gratuite. Pour Descartes, il s'agit d'arriver à du certain.

F. ALQUIÉ — Oui. Mais il y a certitude et certitude. Comment Descartes sait-il, d'une manière certaine – puisque vous insistez sur le mot de certitude – que cette chose qui pense, c'est lui ?

M. GUEROULT — C'est à Descartes qu'il faut poser la question.

F. ALQUIÉ — Vous m'avez posé une question analogue.

M. GUEROULT — Mais par rapport au texte de Descartes. Pour Descartes il y aurait un être qui ne serait pas pensée ? Je ne sais pas ce que cela peut être chez Descartes. Il dirait : je n'admets rien dans la pensée qui soit autre chose que la pensée. Je n'admets pas de qualités occultes. Tout ce qu'il y a dans ma pensée, cela peut devenir instantanément – si je le veux – conscient en moi. Il n'y a rien qui m'échappe.

F. ALQUIÉ — Pardon, je suis, ici encore, en désaccord avec vous. Descartes, en 1642, écrit au Père Gibieuf, « je ne nie pas qu'il puisse y avoir dans l'âme ou dans le corps plusieurs propriétés dont je n'ai aucune idée »[1].

---

1. *Lettre au Père Gibieuf*, 19 janvier 1642, A.T., t. III, p. 478 ; *Œuvres philosophiques*, t. II, éd. Alquié, p. 908 ; *Œuvres complètes*, t. VIII-2, éd. BK, p. 795.

J. HERSCH — En vous écoutant discuter, j'ai l'impression que vous ne comparez pas des termes comparables, vous n'employez pas du tout les termes de la même façon et dans le même sens. Et c'est pour cela que vous arrivez aux divergences auxquelles vous arrivez. Il me semble que M. Alquié conçoit la pensée en la dépouillant d'abord de plus d'être que M. Gueroult. Il en fait une abstraction presque pure. Cela devient la pensée de personne, la pensée presque à l'état de concept de pensée, pas tout à fait mais presque. Après quoi évidemment, pour retrouver le moi pensant, la substance pensante, il est obligé d'ajouter une forte dose d'être. Tandis que M. Gueroult part d'une pensée qui elle-même est déjà pleine d'être, qui est une pensée en acte, par conséquent la pensée de quelqu'un, qui contient en elle-même indissolublement un je qui est déjà onto-logiquement riche, et par conséquent, il dit qu'il n'y a rien à ajouter.

Et j'ai l'impression que c'est là que gît la divergence. Mais si on pense à Descartes, je crois qu'effectivement Descartes n'a pas eu une notion de la pensée si appauvrie, vidée, désubstantialisée. Par conséquent, je pense que la façon dont s'exprime M. Gueroult est plus proche de celle de Descartes que la façon de dire de M. Alquié.

F. ALQUIÉ — Si Descartes n'a pas séparé l'attribut de la substance, je ne comprends même plus en quoi consiste le doute, et à quoi servent les *Méditations*. Descartes conçoit le monde comme désubstantialisé, quand il en doute. Et il affirme ensuite que le monde est, de même pour le moi. Que faites-vous, en votre conception, de l'*ego*, du moi ?

J. HERSCH — L'*ego* dans ces pensées est déjà compris dans la substance pensante, la pensée est forcément pensée de l'*ego*.

F. ALQUIÉ — Pourquoi ?

J. HERSCH — La pensée est inconcevable sans *ego*.

F. ALQUIÉ — Vous m'accorderez qu'il y a des philosophes comme Kant qui démontrent que l'*ego* est la condition de toute pensée. Il y a une conception kantienne du « *ich denke* » qui est largement étayée de preuves, d'analyses. Qu'y a-t-il de semblable chez Descartes, sinon l'affirmation « je suis, j'existe » ? Il faut bien rendre compte de cette différence. Et comment le faire si l'on n'invoque l'expérience de ma liberté ?

UN MOINE DOMINICAIN — Cette nécessité apparaît chez Kant comme vide, négative, tandis que chez Descartes, il s'agit d'une sorte d'absolu dans le *cogito*.

F. ALQUIÉ — Je n'ai pas dit autre chose. J'ai dit qu'il y a certaines philosophies dans lesquelles le « je » du « je pense » est fondé par une véritable analyse. C'est le cas chez Kant. Chez Descartes il n'en est pas ainsi. Je pourrais dire de même de Dieu. Il y a donc chez Descartes des êtres que l'on rencontre et que l'on décrit. Descartes constate qu'il est, il constate qu'il pense, il constate que Dieu est ; il constate qu'il a l'idée de Dieu. Peut-on parler ici – c'est tout le problème que j'ai posé – de déduction systématique ? Il me semble que non. Il s'agit d'une description de conscience qui a pour fonction d'asseoir la science sur l'être, en prenant appui sur ce que ma conscience me révèle comme une évidence ontologique. Et j'ai appelé cela évidence ontologique, pour bien montrer qu'il ne s'agit pas d'une évidence conceptuelle.

J. WAHL — Je ne sais pas si M. Alquié sera d'accord avec moi pour dire qu'elle peut se résumer dans cette formule : il n'y a de pensée en moi que parce qu'il y a une chose pensante différente de la pensée comme attribut.

F. ALQUIÉ — Oui, tout à fait.

J. WAHL — Ou : il n'y a pensée en moi que parce qu'il y a une chose pensante différente de la pensée comme pensée.

F. ALQUIÉ — J'aime mieux la première formule.

J. WAHL — Ensuite on observe que si on cherche ce qu'est cette chose, ce n'est pas autre chose que la pensée comme attribut.

F. ALQUIÉ — Non, je ne crois pas.

J. WAHL — C'est là que je rejoins M. Gueroult après avoir posé le problème comme vous le posez. Il y a un mouvement dialectique dans la pensée de Descartes. Il y a autre chose que la pensée, c'est la chose pensante. Et qu'est-ce que cette chose pensante, c'est la pensée.

F. ALQUIÉ — Je vous citerai la fin de la méditation seconde : « Mais enfin que dirai-je de cet esprit, c'est-à-dire de moi-même ? »[1] Pourquoi moi-même ?

M. BRANDESTEIN — Je reprends l'objection de Mlle Hersch. Il me semble qu'effectivement, chez Descartes, il y a une certaine ambiguïté en ce qui concerne le verbe penser, *cogitare*. C'est-à-dire que quand il parle d'une pensée comme concept, il veut parler d'une conscience,

---

1. *Méditation seconde*, A.T., t. VII, p. 33 (latin) / t. IX-1, p. 25 (français); *Œuvres philosophiques*, t. II, éd. Alquié, p. 189 (latin) / p. 428 (français); *Œuvres complètes*, t. IV-1, éd. BK, p. 132 (latin) / p. 133 (français).

d'une pensée qui prend naissance d'autre chose qu'elle ;
tandis que quand il veut parler de pensée en tant qu'être,
il veut parler d'un *cogitare*, d'une pensée qui ne prend pas
conscience de soi comme une chose différente, mais qui
soit en elle-même pensée.

De ce fait, si par exemple nous interprétons la pensée
de Descartes d'après une pensée conceptuelle, on doit
arriver à dire que si moi je pense moi-même, et donc je
suis, il n'y a rien d'autre en dehors de moi. C'est-à-dire
que je réduis à mon existence toute l'existence. Mais
Descartes veut parler d'une autre pensée, d'une pensée
qui n'est pas au même plan que la pensée logique, et qui
va au-delà du plan logique. Et en ce sens je serais plutôt
de l'avis de M. Alquié qui essaie dans cette expérience
ontologique d'aller au-delà du concept.

V. Goldschmidt — Je me demande s'il n'y a pas intérêt
à distinguer deux problèmes qui ont tendu à se confondre
au cours de la discussion. Est-ce que la substance est
réductible à son attribut. – et je crois que la question a été
résolue dans votre sens –; et deuxièmement le problème
de l'individuation. C'est un tout autre problème. Et pour
ce qui est d'identifier l'*ego* à la pensée, en réalité, on
ramène l'un à l'autre. Or, est-ce qu'ici l'*ego*, cet esprit, ce
moi si vous voulez, n'est pas ramené précisément à cette
substance pensée, et par là désindividualisé ? Parce que ce
n'est plus le moi qui est revêtu de la robe de chambre de
la première méditation.

F. Alquié — Je ne le pense pas, pour de très nombreuses
raisons que j'ai déjà exposées, et en particulier pour celle-ci :
si le moi était ramené à la pensée, je ne comprendrais plus
la méditation troisième. Car comment Descartes prouve-t-il
Dieu dans la méditation troisième ? Il le prouve à partir du

moi, et à partir d'un moi personnel. Donc la dialectique ontologique, si je peux dire, ne consiste pas du tout à trouver dans la pensée en général la condition de mes idées, elle consiste d'abord à rapporter ontologiquement, à titre d'attribut ou de mode, mes idées à mon moi – et cela c'est le doute, ou le je pense (c'est ce que M. Brandestein disait il y a un moment), et ensuite à se demander comment ce moi va pouvoir sortir de soi. Et il sort de soi quand il découvre Dieu.

Si vous aviez raison, il n'aurait pas à sortir de soi, il serait déjà dehors. Or, il n'est pas dehors puisqu'il faut toute la méditation troisième et Dieu pour qu'il sorte de soi. Si nous étions immédiatement, avec le je pense, au niveau d'une pensée intentionnelle et portant sur l'objet, à quoi servirait la méditation troisième? Exactement à rien. Nous serions dans la pensée, et Descartes raisonnerait ainsi : la pensée est la condition de toutes mes idées ; et quand donc elle est devant ces idées, elle est devant un système qui se suffit parfaitement. Il y a un sujet de connaissance, un objet de connaissance, que voulez-vous de plus?

Ce n'est pas comme cela que raisonne Descartes au début de la médiation troisième. Son moi se sent seul, se sent enfermé. Il ne sait pas s'il y a des choses en dehors de lui. La question qu'il pose est une question qu'il se pose en tant que moi. Et quand il s'élève de ce moi à Dieu, quand il prouve qu'il ne peut pas être la cause de l'idée de Dieu, c'est par l'expérience de sa propre finitude. Donc cette expérience de sa propre finitude, cette expérience de l'*ego* en tant qu'*ego*, cette expérience du moi qui est, comme il le dit, un milieu entre l'être et le néant, est absolument fondamentale et n'a rien de commun avec une pensée en général.

Je voudrais bien que vous me disiez comment une pensée en général est un milieu entre l'être et le néant ? Et comment elle peut éprouver des désirs, ce que Descartes écrit aussi de lui-même pour prouver sa finitude.

M. GUEROULT — Il y a quelque chose de tout à fait juste dans ce que vous dites. Il y a une difficulté très grande qui vient de ce que Descartes ne retient d'abord de l'être absolument certain que la pure intelligence qui constitue la forme de l'homme comme il dit dans un texte du début. Par conséquent, nous avons un moi qui n'a pas cessé d'être moi, qui est toujours un je, et qui cependant est l'intelligence universelle. C'est mon moi tout simplement parce que je ne peux rien affirmer d'autre que ce moi. Mais je ne conçois rien de certain d'autre que l'intelligence universelle. Il y a donc là une sorte de télescopage qui est une difficulté propre au cartésianisme.

Mais, voyez-vous, je crois qu'il y a dans nos discussions quelque chose qui les rend délicates, et c'est que l'on mélange à chaque instant le point de vue historique : qu'est-ce que Descartes a dit, qu'est-ce qu'il a véritablement fait ? – et en même temps une critique implicite de Descartes, ou sinon une critique, le sentiment d'une difficulté propre à sa pensée. Et il ne faut pas que, partant des difficultés de la pensée cartésienne, nous arrivions à gauchir la pensée cartésienne. C'est là la difficulté que nous rencontrons en histoire de la philosophie. Nous sommes tentés de ne pas assez distinguer les plans de ce qu'a pensé l'auteur, des difficultés qui sont propres à son système, et de la façon dont nous entrevoyons peut-être les raisons, et sommes tentés d'introduire notre conception dans la doctrine telle que l'auteur l'a professée.

F. Alquié — Je suis pleinement d'accord avec vous sur ce point.

L. Goldmann — Si l'on admet qu'il y a dans toute philosophie, donc aussi dans la philosophie cartésienne, tout d'abord une expérience de fait dont on part, le problème qui se pose est le suivant : est-ce que ce que vous appelez expérience ontologique, ou non déductive, il était dans le propos de la philosophie de Descartes de le réduire au déductif ?

F. Alquié — À mon avis, Descartes n'a jamais eu le désir de tout réduire au déductif. Ce désir nous le trouvons chez Leibniz. Il y a évidemment des philosophes qui veulent réduire ce que nous appelons ici l'expérience ontologique, par une analyse qui, en droit, pourrait être complète, et c'est le cas de Leibniz. En ce qui concerne Descartes, il ne semble pas qu'il ait cette volonté. Très souvent, quand on lui demande : qu'est-ce qu'être, que moi, que pensée, il répond : « tout le monde le sait ». Donc il admet certaines présences de la vérité à l'esprit qui ne demandent pas une démonstration totale, une définition exacte, une analyse conceptuelle.

M. Gueroult — Permettez-moi de donner une explication qui nous rapprochera. Dans la mesure où il y a expérience il y a des constatations, des descriptions, je l'admets. Mais quand vous dites, ce que Descartes décrit, il en a une expérience et il nous l'apporte, je ne suis plus d'accord. Descartes ne dit pas : je constate que je suis, il dit : je constate qu'il est impossible que je nie que je sois. Ce qui est tout différent.

F. Alquié — Sans aucun doute, il y a là saisie d'une nécessité.

M. GUEROULT — Descartes ne constate pas Dieu. Il essaye de le démontrer ; c'est-à-dire, il essaye de prouver que l'expérience, pour employer votre terme, qu'il a de Dieu n'est pas une illusion. C'est pourquoi c'est un philosophe qui démontre.

F. ALQUIÉ — Nous sommes parfaitement d'accord là-dessus, et je pense avoir dit au début de mon exposé que je n'avais pas la prétention de présenter ici Descartes sous tous ses aspects. Et je n'ai nullement nié qu'il y ait chez Descartes un ordre de raisons, ni que cet ordre de raisons soit fondamental. J'ai simplement dit que j'allais attirer l'attention sur un autre aspect de Descartes, aspect tout aussi fondamental, et que la seule considération de l'ordre des raisons conduit à négliger. Et il demeure que la nécessité de l'existence du moi n'est pas une nécessité d'ordre mathématique : elle implique une pure constatation.

M. GUEROULT — Nous sommes dans une période où l'on n'aime pas beaucoup les mathématiques et la certitude mathématique, mais le problème que Descartes s'est posé, tout le monde le connaît, c'est celui de la certitude, ce n'est pas celui de l'expérience ontologique. Ce qui lui importe au fond de savoir ce n'est pas ce que l'on connaît, mais c'est d'être sûr que nous pouvons connaître. C'est d'être sûr que nous pouvons avoir une science, d'avoir la certitude que la certitude que nous accordons à la science ou à la métaphysique ou à quoi que ce soit n'est pas trompeuse. Voilà ce qui oppose Descartes à Spinoza, à Leibniz et à Malebranche. Car pour eux il n'y a pas de malin génie, il n'y a pas de doute. Et ce qui rapproche Descartes de Kant c'est ce souci de faire le départ entre ce qui peut être affirmé en toute certitude, et de ce qui n'est affirmé que gratuitement. Kant est préoccupé de savoir jusqu'où je peux affirmer, dans quelle mesure, dans quelles limites, avec quelles facultés ; et c'est la même préoccupation chez Descartes. Il est dommage que Kant ait si mal connu Descartes. Et il l'a mal connu à cause de tous les grands cartésiens qui ont trahi Descartes sur ce point. Ils ont complètement négligé cette préoccupation de la certitude. Je crois qu'ils ont méconnu la critique de la connaissance avant la lettre que Descartes a faite ; et c'est là je crois le point important.

F. ALQUIÉ — Je l'accorde tout à fait. J'ai moi-même souvent rapproché Descartes de Kant. Et je me félicite de notre accord sur ce point essentiel. Je ferai, non certes une réserve, mais j'ajouterai simplement ceci : vous avez remarqué vous-même, dans votre dernier ouvrage, que le mot vérité a chez Descartes des sens extrêmement divers. Si vous m'accordez que le mot vérité a des sens divers, vous m'accorderez que le mot certitude a lui aussi des sens divers. Il y a une certitude qui se situe tout entière dans le domaine des idées comme telles, et il y a une certitude qui se situe tout entière dans l'acte par lequel je rapporte les idées à leur objet. Or, je crois que le problème métaphysique chez Descartes consiste non seulement à créer les conditions d'une certitude hypothético-déductive, mais encore à ancrer cette certitude dans l'être. Et je pense qu'il y a chez Descartes deux problèmes, et non pas un seul, celui de la liaison logique des essences, de la nécessité des essences comme telles, et le problème ontologique qui consiste à se demander si ces essences répondent ou non au réel. Je crois que là-dessus nous sommes d'accord puisque vous-même, dans votre livre sur Descartes, vous montrez très bien que la véracité divine a deux sens ; d'une certaine façon, elle justifie les idées comme telles, et d'une autre façon, elle justifie le rapport des idées à l'être, elle les fonde dans le réel.

Je suis donc tout à fait d'accord avec vous quand vous dites que le problème essentiel chez Descartes est celui de la certitude. Personne ne peut le nier. Mais je pense que chez Descartes ce problème est double. Il y a une sorte de certitude qu'il invoque quand il dit qu'on peut fonder l'optique sans dire ce qu'est au vrai la nature de la lumière ; et il y a une autre certitude, qui suppose précisément que l'on dise ce qu'est au vrai, c'est-à-dire selon l'être, la nature de la lumière. Or, ce n'est pas le même problème. Il y a le problème des liaisons essentielles et logiques, et il y a le problème de l'être. C'est uniquement ce que j'ai voulu dire.

M. Gueroult — Il y a le problème des conditions de la science humaine, et il y a le problème des conditions de la valeur objective de cette science.

F. Alquié — Si vous voulez. Je dirais ontologique plutôt qu'objective. Si vous concédez ce mot, nous tomberons d'accord.

LES PHILOSOPHES DU XVIIe SIÈCLE DEVANT L'HOMME[1]

Mesdames, Mesdemoiselles, Messieurs.

Je dois l'avouer tout d'abord; lorsque M. Gouhier m'a prié de traiter devant vous un sujet aussi vaste que « les philosophes du XVIIe siècle devant l'homme », je me suis senti fort inquiet, me demandant s'il serait possible de découvrir ici une unité, de tracer un dessin cohérent. Car j'apercevais, chez chacun des philosophes du XVIIe siècle, tant de richesses, et, entre eux, tant d'oppositions et de contradictions, que je ne croyais pas pouvoir dégager, de toutes leurs pensées, une affirmation commune. Et, maintenant encore, je ne prétends pas y être parvenu. Aussi dois-je vous en prévenir : je n'essaierai pas d'être complet. Je laisserai de côté le courant libertin, je ne parlerai pas d'un philosophe aussi important que Hobbes. Ce sont là, j'en conviens, de graves lacunes. Mais, pour les combler, il faudrait aborder trop de points de vue différents, et procéder à une sorte de revue générale des doctrines, ce qui m'interdirait de vous apporter tout propos un peu médité. Je me bornerai donc à ceux que l'on appelle les grands métaphysiciens, je considérerai le seul courant qui

---

1. Paru dans la revue *XVIIe siècle*, « La philosophie du XVIIe siècle », n° 54-55, 1962, p. 43-53.

part de Descartes et comprend Spinoza, Leibniz, Malebranche et même, en un sens, Pascal. Et je m'efforcerai de trouver, chez ces philosophes, quelques thèmes pouvant permettre à leur tour de découvrir et de définir une sorte d'attitude commune, de style propre au XVII*e* siècle en ce qui concerne l'homme.

Car il y a bien, sur ce point, un style XVII*e* siècle, qui n'apparaît pas seulement dans la forme, mais constitue un style de réflexion et de pensée. Si nous en doutions, il suffirait, pour nous en convaincre, de comparer les philosophies du XVII*e* siècle aux philosophies contemporaines. Nous apercevrions alors la place que tient, au XVII*e* siècle, une idée que, de nos jours, on ne fait presque plus intervenir quand on définit l'homme : l'idée d'Infini. L'idée d'Infini se retrouve au sein du cogito de Descartes comme au cœur de la conscience spinoziste, nous la rencontrons sans cesse au cours des analyses que font de l'homme Leibniz, Malebranche ou Pascal. Tout métaphysicien du XVII*e* siècle s'interroge sur les rapports de l'homme et de l'infini, et introduit, de ce fait, dans l'homme, une sorte de dimension verticale. Cela seul suffit à prouver que notre entreprise n'est pas vaine, et qu'il doit y avoir, de la question ainsi limitée, une vue cohérente possible. Essayons de parvenir à cette vue.

Quelle idée les grands métaphysiciens du XVIIᵉ siècle se sont-ils faite de l'homme ? Un trait paraît d'abord s'imposer. Au XVIIᵉ siècle l'homme n'est jamais considéré comme nature et comme unité. On peut même dire qu'il n'a pas de nature, et pas d'unité.

Et, tout d'abord, pas d'unité. Il est divisé, séparé et comme coupé en deux. Il est composé d'une âme et d'un corps, qui semblent n'avoir aucune essence commune. Et quand les philosophes du XVIIᵉ siècle traitent de l'âme humaine, ou du corps humain, ils en traitent fort différemment, et comme à l'intérieur de sciences différentes.

Ainsi, Descartes tient l'âme et le corps pour deux substances distinctes, et sans rapport clairement concevable. L'âme est pure conscience, le corps est étendue. Chaque substance obéit donc à des lois différentes. C'est pourquoi Régius, se croyant fidèle à Descartes, soutient que l'homme est un être par accident, *ens per accidens*, c'est-à-dire une rencontre, la rencontre d'une âme et d'un corps. Descartes, sans doute, se défend d'avoir fait de l'homme un *ens per accidens*, et déclare que l'homme est, selon lui, être par soi, *ens per se*. Mais il ne consent jamais à dire que l'homme est une substance. Ce qui demeure substance c'est, d'une part, l'âme, d'autre part, le corps. Une telle séparation se trouvera, en des contextes différents, chez tous les cartésiens. Ce qui se passe dans le corps n'est, chez Malebranche, que la cause occasionnelle de ce qui se passe dans l'âme, et réciproquement. Pour Spinoza, l'âme est un mode de la pensée, le corps un mode de l'étendue, et pensée et étendue, attributs parfaits chacun en son genre, semblent diviser l'homme en deux essences distinctes.

Dès lors, lorsqu'il s'agira de définir l'homme, on pourra parler, chez Spinoza, de correspondance, et, chez Descartes, de rencontre, plutôt que d'unité. Il est permis de noter, de ce point de vue, entre deux textes cartésiens aussi opposés que le *Traité de l'Homme* et les *Méditations*, une parfaite analogie de démarche. Dans le *Traité de l'Homme* Descartes, ayant décrit le corps, suppose qu'à ce corps Dieu, à un moment donné, joint, comme du dehors, une âme. Et dans les *Méditations*, l'âme, ayant d'abord été isolée dans sa pureté, rencontre, au moment de la *Méditation sixième*, le corps, qui vient alors troubler la distinction de ses idées, et introduire ce principe d'obscurité qu'est l'affectivité. C'est pourquoi Descartes rêve parfois d'un état où l'âme ne serait plus, comme il le dit, offusquée par le corps. C'est pourquoi, aussi, les passions pourront être dominées par des moyens mécaniques, dressage ou médecine. Mais il est clair que, de la sorte, se perd, avec l'unité de l'homme, l'idée même d'une nature humaine. Car une telle nature, si elle ne se trouve pas dans l'unité de l'homme, ne peut non plus se rencontrer ni dans le corps ni dans l'âme de l'homme considérés isolément.

*

Soit d'abord le corps. L'ouvrage de Descartes intitulé *De l'Homme* ne traite, on le sait, que du corps humain. Comment y apparaît ce corps? A-t-il une spontanéité propre, est-il animé par la vie, est-il le sujet d'une force qui supposerait autonomie, initiative, et donnerait lieu à quelque productivité? Est-il le siège de ces âmes hiérarchisées que le Moyen Âge nommait végétative, sensitive ou locomotrice ? Non. Le corps est ici pure machine. Ses lois sont celles de la mécanique, ce sont les lois qui animent tous les autres corps physiques de l'Univers. Le corps de l'homme n'a donc rien de spécifiquement humain. Il est semblable à celui des animaux. Et comme il n'y a rien, non plus, chez Descartes qui soit spécifiquement animal, ou vivant, il est semblable à une machine artificielle. Tout s'explique, en lui, par des mouvements. Actionnés par les organes des sens, les filets nerveux sont tirés comme le seraient des cordes. Les esprits animaux, se répandant à l'intérieur de ces tuyaux que sont les nerfs, vont provoquer les mouvements des muscles. Nous voici dans la pure physique. Et, sur ce point, les cartésiens seront d'accord et proposeront tous, de ce qui se produit dans le corps, une explication mécanique.

Et sans doute la machine du corps n'est-elle pas le fruit du hasard. La finalité n'est bannie de son intérieur que pour être rapportée tout entière au Dieu qui construit la machine. Tout au long du *Traité de l'Homme*, et presque à chaque page, Dieu est ainsi invoqué. Mais, par là aussi, la finalité de son propre corps échappe à l'homme. Elle n'est point celle de l'âme qui anime le corps, âme à laquelle il demeure étranger. Spinoza insistera, en ce sens, sur les actes remarquables des somnambules : ils prouvent que la mécanique du corps suffit à accomplir une action complexe et adaptée. De même donc que, chez Descartes, l'âme peut penser sans la machine (toutes les *Méditations* en témoignent), de même la machine peut fonctionner sans l'âme. Elle est machine parmi les autres machines qui composent l'univers.

La nature de notre corps n'est donc point proprement humaine. Elle est physique. Mais qu'est, à son tour, la

nature physique ? Chez Descartes, le monde physique n'a
pas, lui non plus, de nature, au sens médiéval de ce mot.
Il n'est qu'espace et mouvement. Il est, instant par instant,
créé par Dieu. Car Descartes est si soucieux de dénier aux
corps toute qualité qui leur soit propre, et comme
consubstantielle, qu'il ne leur accorde même pas la force,
l'élan, l'*impetus*, qui, dans le mouvement, leur permettrait
d'aller plus loin. Selon la doctrine de la création continuée,
chaque état du monde est directement suspendu à Dieu.
Dire qu'un corps se meut, c'est dire qu'à chaque instant
Dieu le crée à un endroit différent. Il n'y a donc rien dans
les corps qui, de près ou de loin, ressemble à une force,
ou encore à une volonté. C'est pourquoi notre corps, si
l'on peut dire, nous échappe tout à fait. Il n'a plus rien de
commun avec ce que nous pensons de nous-mêmes. Il est
un fragment de cet immense espace, sans profondeur et
sans autonomie, où s'exerce l'action de Dieu. Rien n'est
plus loin du *corps-pour-soi* des philosophies contemporaines.

Chez Malebranche, cela est plus net encore. Dieu seul
agit, et la nature n'a plus d'épaisseur, ou d'autonomie
véritable. C'en est fini de cette nature aristotélicienne qui
venait, dans le thomisme, se mêler à l'élément chrétien,
aussi bien que de la nature, riche de pouvoirs occultes,
chère aux penseurs de la Renaissance. Et, de ce fait, on ne
saurait parler d'un corps qui serait vraiment nous-même.
Notre corps nous est inconnu et lointain.

Chez Spinoza, il est vrai, le naturalisme est maintenu.
La nature, disait Descartes, n'est pas une déesse. Mais,
chez Spinoza, ne devient-elle pas Dieu lui-même ? Et
l'étendue n'est-elle pas source de productivité ? Sans doute,
mais cela ne change rien à notre propos sur l'homme.
L'attribut « étendue » déroule la suite de ses modes selon

des lois qui lui sont propres, et qui sont mécaniques et mathématiques. Et l'intention finaliste où nous croirions reconnaître l'expérience spontanée de notre conscience n'est pour Spinoza qu'illusion.

*

Mais si, pour les penseurs du XVIIe siècle, je ne suis pas mon corps, ne suis-je pas, au moins, mon âme ? Assurément. Mais, à ce niveau non plus, on ne peut parler de nature. L'âme n'est pas la forme de mon corps. Elle est entendement et volonté.

Or la volonté n'est point nature. Descartes assimile volonté et liberté, découvre, à la racine de notre être, un pur pouvoir de choix, dont les lettres au P. Mesland nous apprennent qu'il peut se retourner contre l'évidence même du Vrai et du Bien. Rien n'est plus opposé à une nature qu'une telle liberté.

Mais l'âme n'a-t-elle pas, du moins, une nature en tant qu'elle est entendement ? N'a-t-elle pas une nature intellectuelle, puisqu'elle possède des idées innées ? Et Descartes n'appelle-t-il pas lui-même ces idées de vraies et immuables natures ? Pourtant, il serait plus juste de dire que l'homme rencontre ici, au sein de son esprit, une nature qui n'est pas lui-même. Les idées innées représentent des vérités éternelles librement créées par Dieu, et déposées en nous. Nous devons les constater, ce pourquoi Descartes dit toujours que l'intellection est une passion de l'esprit : *intellectio est mentis passio*. Et Malebranche n'aura pas à opérer, sur ce point, une modification profonde pour remplacer la théorie cartésienne des idées innées par celle de la vision en Dieu. Perdant ce qui, chez Descartes, pouvait en elle sembler encore nature, l'âme aperçoit alors en Dieu, et donc en dehors d'elle, les idées. S'il y a ici quelque nature, cette nature, assurément, n'est pas nous-mêmes.

En tout cas, plus d'initiative, plus rien de commun avec cette raison souple et créatrice qui, plus tard, sera chère à Léon Brunschvicg. Ne trouvons-nous pas, cependant, une telle raison chez Spinoza, pour lequel la pensée ne se soumet à rien qui lui soit étranger ? Mais l'ordre que déroule la pensée spinoziste est celui de Dieu, et non proprement le nôtre. En sorte que toujours l'âme, distinguée du corps, est définie par rapport à Dieu.

L'homme, quand il réfléchit sur soi, tend toujours à se définir par autre chose que lui-même. Car il ne se suffit pas, et sent bien que sa raison d'être est hors de lui. Encore la réalité à partir de laquelle l'homme aime à se définir varie-t-elle selon les époques. De nos jours, ce que l'on invoque le plus volontiers pour comprendre l'homme, c'est la Société et l'Histoire. Au XVIIIe siècle, c'était la Nature. Au XVIIe siècle c'est Dieu. Que l'on songe aux *Méditations* de Descartes, aux *Entretiens sur la métaphysique* de Malebranche, à la *Monadologie* de Leibniz, à l'*Éthique* de Spinoza : le sujet de tous ces ouvrages est le rapport de l'âme à Dieu.

Quel est donc ce rapport ? Il est toujours d'intériorité et de présence. Chez Descartes, le rapport du corps à Dieu est d'extériorité, il est le rapport d'une machine et de son ingénieur. Au contraire, on peut dire de mon âme qu'elle est l'idée même de Dieu. Ayant prouvé Dieu à partir de son idée, découverte au sein du « je pense », la *Méditation troisième* continue : « Et certes on ne doit pas trouver étrange que Dieu, en me créant, ait mis en moi cette idée pour être comme la marque de l'ouvrier empreinte sur son ouvrage ; et il n'est pas aussi nécessaire que cette marque soit quelque chose de différent de ce même ouvrage. Mais, de cela seul que Dieu m'a créé, il est fort croyable qu'il m'a en quelque façon produit à son image et semblance, et que je connais cette ressemblance (dans laquelle l'idée de Dieu est contenue) par la même faculté par laquelle je me conçois moi-même »[1]. Ainsi l'on peut dire que Descartes, s'étant demandé ce qu'il est, conclut qu'il est l'idée même qu'il a de Dieu. Et c'est, en effet, à partir de l'idée de Dieu qu'il a pu mettre en doute le monde des objets et que la nature tout entière lui a paru ne pas se suffire. L'homme est donc l'être qui, capable de nier et de mettre en doute toute nature, grâce à son exigence d'infini, s'aperçoit comme révélant l'être surnaturel dont il est issu. L'homme est, en ce monde, le signe de Dieu. Et nous verrons tout à l'heure Spinoza développer, malgré son naturalisme, un thème équivalent.

*

Partir de la nature, ou de l'histoire, c'est tendre à maintenir la supériorité de l'homme sur tout ce qui est. Il en est autrement si l'on part de Dieu. Les philosophies du XVIIe siècle ne pourront donc pas être des humanismes, au sens moderne de ce mot. Elles seront des philosophies de la hiérarchisation et de la mise en place. L'âme est supérieure aux objets physiques. Mais elle doit se soumettre à Dieu, auteur de toutes choses et d'elles-mêmes.

Il convient de remarquer en ce sens que le *cogito* cartésien diffère fort des principes qu'invoqueront, après Descartes, les philosophes de la conscience. Les philosophes de la conscience reprennent tous l'idée cartésienne selon

1. R. Descartes, *Méditation Troisième*, A.T., t. IX-1, p. 41 ; *Œuvres philosophiques*, t. II, éd. Alquié, p. 205 (latin) / p. 453 (français); *Œuvres complètes*, t. IV-1, éd. BK, p. 168 (latin) / p. 169 (français).

laquelle la connaissance que le sujet a de soi est la condition et le fondement de toutes les autres. Mais ils tendent, de ce fait, à faire du *cogito* un principe absolu, à lui conférer un caractère constituant. Ainsi l'homme apparaît, chez certains modernes, comme le principe de toute réalité et de toute valeur.

Le *cogito* cartésien, au contraire, découvre, comme première par rapport à l'idée qu'il a de lui-même, l'idée du Dieu qui le crée, et contient les perfections dont il est privé. En sorte que l'esprit humain se révèle en sa précarité, et dans le climat de l'*homo creatus est* du premier exercice spirituel de saint Ignace. La découverte du « je pense » comme condition première de toute connaissance n'établit en rien sa primauté sur le plan ontologique, ni sur ce que nous nommerions aujourd'hui le plan des valeurs. Pour les modernes, la conscience devient volontiers la source de toutes les valeurs et de toutes les significations. Pour Descartes, tenir la conscience pour la source des valeurs et des significations serait tenir toute signification, toute valeur pour arbitraires. Ce serait professer le scepticisme, scientifique et moral. Je nais dans un mode déjà là, parmi des valeurs et des vérités créées, que je dois passivement découvrir, auxquelles je dois me soumettre. Ici, point de vocation créatrice. Ma liberté n'a qu'un choix : obéir, ou se tourner vers le néant. Et ce dernier parti ne me conduirait en rien, comme chez certains romantiques, à me forger un destin admirable. Simplement, je me nierais moi-même, et ne serais plus rien.

Tous les cartésiens affirment ainsi que l'homme ne peut être principe, mais trouve sa raison hors de soi. Pour Spinoza, mon âme et mon corps sont des modes, et tout mode est « en autre chose ». J'ai hors de moi la raison de mon corps, la raison de mon âme, la raison de leur union.

Et, chez Leibniz, tout ce qui se passe en moi trouve sa raison dans l'harmonie universelle préétablie par Dieu.

*

Je crois maintenant avoir dégagé, de la conception que les grands philosophes du XVIIᵉ siècle se sont faite de l'homme, quelques traits essentiels. L'homme est double, divisé, et n'a point d'unité. Il n'a pas non plus de nature propre. Car il n'y a pas de nature de l'union de l'âme et du corps : cette union est correspondance ou rencontre, et sa raison est en Dieu seul. La nature de notre corps est celle des corps physiques, qui sont eux-mêmes régis par le mécanisme. Notre âme est liberté, et constate vérités et valeurs à titre de données. Notre rapport fondamental, celui qui nous définit vraiment, c'est notre rapport à Dieu. En ce sens, on peut dire que c'est avec le XVIIᵉ siècle qu'à la définition de l'homme par sa nature se substitue sa définition par sa situation, ou par sa condition. L'homme, dit Descartes avant Pascal, est un milieu entre l'être et le néant. Il est une âme mise dans un corps. Et cette âme, supérieure à la Nature physique où elle semble prise, doit se subordonner à Dieu dont ici-bas elle est le signe.

Il convient d'insister sur ce point ; une telle conception est fort éloignée de celle que, spontanément, l'homme a de lui-même. Elle fait violence à la vue immédiate que nous avons de l'homme. L'homme se sent un, et ne se distingue pas de son corps. Paul, Pierre, c'est pour moi, indissolublement, un corps et un esprit. Et je me sens moi-même indissolublement esprit et corps, je me sens, d'abord, un être. Or, ici, me voici double, divisé, incertain, à la rigueur, d'avoir un corps, et, d'autre part, rapproché de Dieu. Tel est, au XVIIᵉ siècle, l'effet de la raison. Le rationalisme philosophique du XVIIᵉ siècle, c'est cela. La

raison analyse, dissocie, change l'ordre apparent des choses
pour ce qu'elle croit être l'ordre vrai. Ce bouleversement,
cette rupture, les philosophies de Descartes, de Malebranche,
de Spinoza nous en offrent d'étonnants exemples.

Mais de là résulte un difficile, un insoutenable effort.
Nous l'apercevrons mieux en nous plaçant maintenant au
point de vue moral. Car, de ce point de vue, nous allons
nous trouver en présence de deux exigences contradictoires.
D'une part en effet l'âme, étant esprit et raison, devrait,
pour atteindre la sagesse, se placer au point de vue même
de Dieu. Ainsi, toute la sagesse de Leibniz consiste à faire
taire notre révolte, en substituant à l'erreur de notre
perspective personnelle la vérité du point de vue divin. Je
puis, en effet, concevoir par raison que tel événement que
je désire, et qui ne se produit pas, doit être, sinon logiquement
impossible, du moins incompatible avec ce meilleur des
mondes possibles qu'a réalisé Dieu. Mais, d'autre part, il
est clair que l'âme, étant finie, ne peut se placer au point
de vue de Dieu. Pour rester dans le cadre de la philosophie
de Leibniz, il est manifeste que je ne puis refaire les calculs
divins, et donc comprendre positivement pourquoi Dieu
a précisément créé ce monde-ci. En sorte que le rationalisme,
qui a suffi à détruire selon l'évidence la vision spontanée
que j'avais de moi-même, m'abandonne ici, ou plutôt me
demande d'agir selon une rationalité promise, et non
atteinte, selon, par conséquent, ma seule foi en la raison.
Rien n'est plus présent, mais rien n'est plus incompréhensible
que l'infini. De là proviennent une tension et, selon moi,
un tragique insurmontables, que l'on peut retrouver dans
toutes les philosophies de ce siècle.

En effet, de l'homme à Dieu, toute médiation autre que
rationnelle est maintenant refusée. Le Dieu qu'invoque
Descartes n'est pas le Dieu aimant se rapprochant de

l'homme par la médiation et l'incarnation de Jésus. Le Christ est absent de la philosophie de Descartes, il l'est de celle de Spinoza. Dieu est toujours conçu dans son essence infinie, il est découvert indépendamment de toute vérité révélée, de tout dogme historique, comme ne pouvant être trouvé, à l'intérieur de notre conscience, que par pure réflexion et par pure raison. D'où cette sorte d'équivalent laïque et rationnel de la méditation religieuse que nous offrent aussi bien les *Méditations* de Descartes que l'*Éthique* de Spinoza. Équivalent tendu et difficile, puisque toute médiation autre que celle de notre esprit est ici impossible, et puisque tout l'effort doit, cette fois, venir de nous.

Car il n'y a même pas de place pour notre propre passé, à plus forte raison pour le passé de l'humanité, ou pour ce que nous appelons l'histoire. Le poids de l'humanité passée, qui ressemble encore, en nous, à une sorte de nature, s'abolit et laisse apparaître, en toute sa lumière, notre responsabilité. Ainsi, chez Descartes, nos erreurs sont attribuées à notre seule enfance, le péché originel semble ne plus jouer aucun rôle, et tout se passe comme si je pouvais, par méthode, et en usant de ma lumière naturelle, retrouver l'état adamique et parvenir à la vérité. Mais, de ce fait, ma responsabilité est totale, mon effort doit être immense, et toute la charge de mes options pèse sur moi seul, considéré dans l'instant même où je dois choisir.

Le problème de mon rapport avec l'Être devient ainsi, si l'on peut dire, instantané, intemporel et vertical. Il est le problème de mon rapport avec Dieu, et avec un Dieu mathématicien, créateur de moi-même et de ce monde physique dont les espaces infinis devaient inspirer à Pascal son effroi fameux. Cette tension s'aperçoit même en une philosophie du salut comme celle de Spinoza. Dans le *Court Traité*, il est vrai, Spinoza donne encore au problème du salut une solution classique. L'âme se trouve devant une sorte de choix : elle peut aimer son corps ou aimer Dieu. Selon qu'elle s'attachera à son corps ou à Dieu, elle se rendra mortelle ou immortelle. Mais, dans l'*Éthique*, la voie du salut est différente, et autrement justifiée. L'âme a été définie comme idée du corps. Considérons alors les textes qui, dans la *Cinquième partie*, affirment son éternité. « Une idée, déclare la *proposition* 22, est nécessairement donnée en Dieu qui exprime l'essence de tel et tel corps humain, *hujus et illius*, avec une sorte d'éternité ». Si donc, comme le dira la proposition 23, « l'âme humaine ne peut être entièrement détruite avec le corps », mais s'« il reste d'elle, *remanet*, quelque chose qui est éternel »[1], c'est parce qu'il existe en Dieu une idée exprimant, sous l'aspect de l'éternité, l'essence de notre corps. Ici, Spinoza a compris que, de ce que je pense des choses éternelles, il ne suit pas que je sois éternel. S'éterniser ainsi serait vraiment trop facile. C'est parce que Dieu me pense éternellement que je suis éternel. Que faut-il donc faire pour atteindre le salut ? Retrouver, par réflexion, l'idée que Dieu a de moi-même. C'est alors et ainsi que l'âme pourra considérer son existence et son actualité indépendamment de l'existence et de l'actualité temporelles de son corps.

On voit qu'il existe un « je suis » spinoziste retrouvant, en un autre climat, une sorte d'équivalent de la distinction cartésienne de l'âme et du corps, distinction que Descartes tenait en effet pour la condition, sinon pour la preuve, de l'immortalité de l'âme. Chez Descartes, nous l'avons dit, je suis l'idée que j'ai de Dieu. Ici, je suis l'idée que Dieu a de moi. Cela revient au même puisque je dois, par

---

1. B. Spinoza, *Éthique*, dans *Œuvres*, t. IV, éd. bilingue, trad. fr. P.-F. Moreau, « Épiméthée », Paris, P.U.F., 2020, p. 476 (latin) / p. 477 (français).

réflexion, atteindre cette idée. Mais la difficulté est grande ; comment me placer ainsi au point de vue de Dieu ? Nous retrouvons une fois encore cette difficile conversion métaphysique dont l'abandon engendrera, après le XVIIe siècle, de véritables renversements dans la conception de l'homme.

*

Pour ne pas sortir, cependant, du XVIIe siècle, je voudrais encore, avant de terminer, dire un mot des conséquences, ou si l'on veut, de la projection de cette conception de l'homme, que je viens d'essayer de définir, sur des auteurs, ou des mouvements de pensée, non proprement philosophiques. Un grand débat est ouvert, en effet, dans ce que Paul Bénichou a appelé les *Morales du Grand Siècle*[1]. L'homme peut-il accéder aux valeurs ? Et la coupure, la tension, que nous avons signalées chez les philosophes, peuvent-elles en ce sens être surmontées, sinon précisément, comme le pensent Descartes et Spinoza, par la voie de la métaphysique ? Il n'est pas douteux que l'on pourrait trouver, au XVIIe siècle, mainte réponse positive à une telle question. À côté du tragique, il y a l'optimisme.

Ainsi, dans les *Délices de l'esprit*, ouvrage publié en 1658, Desmarets de Saint-Sorlin décrit les degrés intermédiaires qui conduisent l'homme des plaisirs charnels à l'union avec Dieu. Il est question d'un mécréant qu'un chrétien convertit en lui faisant éprouver des satisfactions de plus en plus délicates. Le premier degré est celui des délices des arts. Puis viennent les délices des sciences, de la réputation : l'âme, qui est immortelle, désire qu'une

---

1. P. Bénichou, *Morales du Grand Siècle*, Paris, Gallimard, 1948, rééd. en « Folio/essais », 1992.

belle action soit comme elle immortelle. Viennent ensuite les délices de la fortune, celles de la générosité et de la clémence, enfin celles de la vertu. Il y a donc une région intermédiaire entre la nature basse et Dieu, région où le sentiment attire l'homme vers son salut. En cette région, les mouvements de la nature ne sont pas réprimés, mais utilisés.

Or, précisément, Desmarets de Saint-Sorlin ne figure pas parmi les grands philosophes de ce siècle, et l'on peut même dire que tous se pourraient opposer à sa tentative, aussi bien les cartésiens, pour lesquels le sensible ne saurait être une voie vers Dieu, que les jansénistes, pour lesquels le salut ne peut résulter que d'une faveur gratuite de Dieu, et non de l'effort humain. Et sans doute le jansénisme est-il lui-même anti-cartésien sur ce point. Il estime en effet que le péché originel a si radicalement corrompu la nature de l'homme que nous ne saurions plus trouver en nous de quoi collaborer à notre salut. Mais s'il est vrai, comme l'a montré Bénichou, que la seconde moitié du XVIIe siècle s'oppose à la première en ce qu'elle voit la ruine de la conception cornélienne du héros, encore est-il que le déchirement pascalien est inséparable de la tension cartésienne, tension qui, en effet, est aux limites de ce qui peut être soutenu. Descartes et Malebranche s'opposent à l'idée d'une nature ayant une force propre et efficace. Le jansénisme s'oppose à toute tentative pour trouver en la nature la force de parvenir au salut. « De tous les corps et esprits, écrit Pascal, on ne saurait tirer un mouvement de vraie charité. Cela est impossible, et d'un autre ordre, et surnaturel »[1]. Ce qui n'est, à la lettre, ni cartésien, ni

---

1. B. Pascal, *Pensées*, éd. L. Lafuma, Paris, Points-Seuil, 1978, § 308 ; éd. Ph. Sellier, Paris, Classiques Garnier, 1999, § 339 ; éd. M. Le

malebranchiste. Ce qui, pourtant, répond bien au climat dualiste dans lequel Descartes et Malebranche ont défini l'homme.

Nicole critique les états d'oraison, où il ne voit qu'orgueil. La Rochefoucauld affirme que tous les sentiments humains se réduisent à l'amour propre. Pour Pascal, la grandeur de l'homme ne s'atteint que par un véritable renversement, et dans le sentiment de sa misère. Il ne me paraît pas douteux que cette séparation de l'ordre de la nature et de l'ordre des valeurs soit liée au fait que, d'autre part, a été sapée et détruite l'idée même d'une nature humaine. Il ne s'agit pas en ceci de tout confondre, ni de négliger les différences et les oppositions. Mais il paraît bien que tous les tableaux faits de l'homme au XVIIᵉ siècle ont plus d'un trait commun. Ils traduisent une tension qui, après le jansénisme, sa dernière conséquence, laissera place à un naturalisme nouveau, celui du XVIIIᵉ siècle. Encore la nature à laquelle on reviendra ne sera-t-elle plus alors celle du Moyen Âge ou de la Renaissance. Elle gardera, de la critique du XVIIᵉ siècle, son aspect objectif, empirique et limité. Elle ne sera plus le lieu ou la voie possible d'une métaphysique.

La conception que les philosophes du XVIIᵉ siècle se sont faite de l'homme conduit à un équilibre qui ne peut lui-même être obtenu que par l'effort. Il s'agit de maintenir ensemble une âme et un corps étrangers l'un à l'autre, et de se penser par la relation qui nous unit à Dieu. Privé de sa nature, invité à rejoindre l'Être par les voies de la seule philosophie ou par celles de la grâce, l'homme se voit, au XVIIᵉ siècle, engagé dans une aventure difficile. Il paraît

Guern, dans *Œuvres complètes*, « Bibliothèque de la Pléiade », t. II, Paris, Gallimard, 2000, § 290.

bien, en ce sens, que le XVIIe siècle soit le siècle de la tragédie. Car il est un tragique du rationalisme ; il suffit de lire Descartes, Malebranche ou Spinoza pour comprendre qu'il n'est ni apaisant ni facile de penser l'homme selon les exigences de l'analyse et de la raison.

LE RAPPORT DE LA SCIENCE
ET DE LA RELIGION SELON DESCARTES,
MALEBRANCHE ET SPINOZA[1]

La présente étude ne prétend pas traiter, même sommairement, de l'ensemble de la question qu'indique son titre. Elle se propose seulement, à l'occasion de cette question, de montrer l'incertitude des « notions » dont use fréquemment l'historien de la philosophie, et, en l'espèce, de la notion de « cartésianisme ». Car nous allons voir Malebranche et Spinoza, tous deux cartésiens, s'opposer à Descartes en leur conception du rapport de la science et de la religion.

On doit tout d'abord reconnaître que ce que nous appelons « histoire de la philosophie » ou, en d'autres cas, « histoire des idées »[2] n'est pas l'histoire de tout ce qui, en chaque siècle, a été effectivement conçu, accepté, ou

---

1. Paru dans M. Fumaroli (éd.), *Le Statut de la littérature, Mélanges offerts à Paul Bénichou*, Genève, Droz, 1982, p. 187-202.

2. Nous pensons que ces deux expressions, souvent confondues dans l'usage, devraient être distinguées. L'essence des « philosophies » est de naître de réactions au monde dont chacune appartient en propre à une conscience singulière. Les « idées », au contraire, sont communes à beaucoup, et c'est par erreur que l'on confond une philosophie avec l'ensemble des idées qu'elle contient. Ces idées pourront se transmettre de façon isolée. Une philosophie ne peut être reprise par d'autres que s'ils en acceptent la totalité. C'est précisément ce que n'ont pas fait les « cartésiens » en ce qui concerne la « philosophie » de Descartes.

même jugé capital. C'est l'histoire des pensées qu'à notre époque nous estimons avoir été, dans le passé, les plus importantes, et aussi les plus aptes à s'insérer en cette évolution générale de l'esprit humain dont nous déterminons nous-mêmes, selon notre vision actuelle du monde, le sens et la direction. Dans cette perspective, on reconnaît communément que le mouvement philosophique le plus considérable du XVIIe siècle fut celui que l'on nomme « cartésianisme ». Mais, d'une part, on définit ce mouvement en réunissant des penseurs fort divers, dont beaucoup ne se rattachent à la pensée de Descartes que de façon très partielle : c'est le cas pour ceux de Port-Royal, dont la *Logique* reprend, en sa seconde édition, bien des « règles » formulées par Descartes [1], mais dont la conception (janséniste) de l'homme et du péché diffère beaucoup de la sienne. D'autre part, des choix opposés pourraient être effectués, et certains d'entre eux ont été effectivement proposés par des critiques voulant sauver de l'oubli quelques représentants mineurs des époques passées, soit par préférence personnelle, soit pour assurer, en l'époque présente, leur propre réputation d'originalité.

Pourtant, s'il paraît incontestable que le mouvement le plus marquant du XVIIe siècle a été le « cartésianisme », c'est bien légèrement que certains déclarent que le XVIIe siècle fut cartésien. On néglige alors l'importance de Francis Bacon, de Hobbes, de Locke. On oublie qu'en France même Gassendi était aussi célèbre que Descartes. Avant Malebranche, l'Oratoire était, en son ensemble, anticartésien. À de rares exceptions près (telle celle du

---

1. Les *Regulae ad directionem ingenii* de Descartes ne parurent, selon une copie, qu'en 1684 et en 1701. Mais Clerselier en avait communiqué le manuscrit à Nicole et à Arnauld, ce pourquoi la seconde édition de la *Logique* de Port-Royal (1664) contient des extraits de l'ouvrage cartésien.

Père Mesland) les jésuites restaient hostiles à Descartes. Pascal le jugeait « inutile et incertain »[1]. La philosophie professée dans les Universités et les écoles demeurait la scolastique. La doctrine de Descartes se trouva maintes fois condamnée, et son enseignement faillit être interdit par le Parlement : « L'arrêt burlesque » de Boileau lui épargna cette mésaventure.[2]

Il faut donc, lorsque l'on étudie le cartésianisme, se souvenir d'abord que les cartésiens ont vécu dans un milieu généralement hostile, qu'ils rencontraient chaque jour des non-cartésiens, qu'ils discutaient avec eux, et devaient parfois se montrer sensibles à tel ou tel de leurs arguments. Comme tout mouvement d'idées, le cartésianisme ne peut être séparé de ce que l'on nomme aujourd'hui son « environnement ». Et cet « environnement » a varié au cours du siècle.

Cela explique déjà, au moins en partie, la différence d'attitude que nous aurons à noter, en ce qui touche aux rapports de la science et de la religion, entre Descartes, Malebranche et Spinoza. Quand Descartes pense à la science, c'est à celle qu'il est en train de bâtir lui-même, et qui, si elle s'insère en un « mécanisme » déjà constitué en ses principes, ne s'est encore, comme telle, imposée qu'à de rares disciples. Lorsqu'au contraire Spinoza et Malebranche parlent de la science, ils songent à la physique

---

1. B. Pascal, *Pensées*, éd. Lafuma, § 887 ; éd. Sellier, § 445 ; éd. Le Guern, § 702.

2. « *Arrêt donné en la Grand Chambre du Parnasse* ». L'Université de Paris préparait (en 1671) une requête au Parlement pour faire interdire l'enseignement de la philosophie de Descartes. Boileau, la ridiculisant, l'amena à renoncer à son projet. Notons du reste que le texte de Boileau ne mentionne pas seulement les « cartésiens », mais aussi les « gassendistes », « malebranchistes » et « pourchotistes ». Pourchot (1651-1724) fut plus tard recteur de l'Université.

mathématisée qui, à leurs yeux, a déjà triomphé, et peut être tenue pour établie.

Quant à la religion, nul ne se soucie, à l'époque de Descartes, de justifier Dieu devant l'homme. Comme dans les temps précédents, l'homme se soumet au jugement divin. Dans la seconde moitié du siècle, la prise en considération des souffrances humaines, sans entraîner encore les conséquences, propres à l'esprit de révolte, qu'elle aura au siècle suivant, rend nécessaires les tentatives de justification de Dieu que l'on voit alors se multiplier. Leibniz démontre que Dieu a créé, non, comme on le dit souvent, le meilleur des mondes, mais le meilleur des mondes « possibles ». Malebranche établit que Dieu n'aurait pu réaliser une œuvre plus parfaite qu'en abandonnant le principe qui assure la valeur de sa conduite, celui de la simplicité des voies. Quant à Spinoza, il substitue à la notion traditionnelle d'un Dieu aimant celle d'un Être agissant, sans se proposer aucune fin, selon une nécessité d'ordre mathématique.

Un problème se pose dès lors : a-t-on le droit de parler de « cartésianisme » ? En fait, cette notion a souvent nui aux analyses proposées sur la pensée du XVIIe siècle. Elle a, en particulier, empêché d'apercevoir que, plus encore qu'un chef d'école, Descartes fut un penseur isolé, sans véritable prédécesseur, mais aussi sans fidèle continuateur, un philosophe que son siècle n'a pas compris. Il importe donc de distinguer la « philosophie de Descartes », à savoir ce que Descartes lui-même a pensé et écrit, et le « cartésianisme », c'est-à-dire le mouvement d'idées que cette philosophie a engendré, et auquel ont participé tous ceux qui ont déclaré être cartésiens. Une des fins de cette étude est d'établir, par l'analyse d'un exemple, la nécessité d'une telle distinction.

*

Cet exemple est celui des rapports de la science et de la religion. Le problème de la détermination de ces rapports s'est posé à tous les penseurs de cette époque. Et l'on peut remarquer que, si elle reçoit les solutions les plus diverses, la question elle-même se trouve formulée, au cours du XVIIe siècle, de façon à peu près identique. Cela est d'autant plus surprenant que les controverses religieuses abondent alors, et que, de son côté, la science n'a pas trouvé de statut vraiment défini. La « religion » est, plus que jamais, multiple et divisée. Et les « savants » professent des opinions qui sont parfois des « découvertes », et demeurent acquises, parfois des erreurs, bientôt abandonnées. Galilée s'est maintes fois trompé, ainsi sur la force centrifuge. Quant à Descartes, s'il jette les fondements de l'optique en formulant la loi des sinus, s'il décrit correctement le cœur et a le mérite d'affirmer la circulation du sang, il attribue la pesanteur à la pression exercée sur les corps par la matière subtile, il cherche le moteur de la circulation sanguine dans la chaleur cardiaque amenant le sang à ébullition. En un mot, il constitue une physique et une physiologie où voisinent le vrai et le faux, et qui restent fort éloignées de l'unité et de la certitude qu'il avait prétendu donner, pour normes et pour règles, au savoir.

Et, cependant, tous les savants du XVIIe siècle (sur ce point, en effet, il ne faut pas s'en tenir aux cartésiens, puisque, par exemple, Pascal ne juge pas autrement) estiment qu'à leur époque a été découverte une nouvelle façon de penser et de comprendre le monde. De là résulte une impression générale de rupture avec le passé, et, pourrait-on dire, de « modernité ». Lorsque Beeckman, en novembre 1618, initie Descartes au mécanisme, il présente celui-ci comme une nouveauté. Et Descartes, à son tour, en 1619, se croit l'inventeur d'une « science aux fondements nouveaux (*scientiam penitus novam*) ».[1] Si donc continuent les discussions sur telle ou telle question particulière, on peut dire que, mis à part les partisans attardés (bien que nombreux) de la scolastique et de l'Aristotélisme, l'accord des philosophes et des savants est réalisé sur un point : une ère « nouvelle » vient de s'ouvrir, le monde pourra désormais être connu par des voies différant de celles qu'avait empruntées le Moyen Âge, la physique va mettre enfin les mathématiques au service de ses découvertes. La science moderne est née.

Une interrogation doit, par conséquent, être formulée : quelles relations les vérités établies par cette science nouvelle vont-elles pouvoir entretenir avec les affirmations de la religion ? En ces dernières, malgré les discussions et les oppositions de la Réforme et de la Contre-Réforme, la tradition continue à prévaloir. Le contenu essentiel des dogmes judéo-chrétiens n'a pas été modifié. Et la plupart des savants, s'ils ne croient plus possible, en matière spéculative, de penser ce que l'on pensait, et comme l'on pensait, au Moyen Âge, ont conservé la foi en ce que l'on croyait durant ce même Moyen Âge. D'où une tension qui se manifeste de toutes parts, et se retrouve toujours, sous une forme ou une autre, chez les auteurs de ce temps.

---

1. *Lettre à Beeckman* du 26 mars 1619, A.T., t. X, p. 156 ; *Œuvres philosophiques*, t. I, éd. Alquié, p. 37-38 ; *Œuvres complètes*, t. VIII-2, éd. BK, p. 321. Comme nous l'avons déjà fait en notre édition des *Œuvres philosophiques* de Descartes (Garnier), nous traduisons ainsi pour garder à *penitus* le sens de « profondément, en pénétrant jusqu'au fond ». Mais on peut traduire aussi : « une science tout à fait nouvelle ». Cela ne change rien en ce qui concerne la question posée en cette étude.

*

Par une simplification abusive, on a parfois voulu voir en cette tension, le plus souvent intérieure à chacun, le résultat d'un conflit objectif, et l'on a cru pouvoir découvrir l'épisode le plus significatif de ce conflit dans ce qu'il est convenu d'appeler « l'affaire Galilée », affaire qui opposa l'Église romaine, niant le mouvement de la Terre, et Galilée, affirmant que la Terre tourne autour du Soleil. Cette opposition même est généralement ramenée à celle des affirmations de l'Écriture, déclarant, par exemple, que Josué a arrêté le Soleil (ce qui suppose que cet astre était en mouvement), et des conceptions d'une science refusant le géocentrisme, selon lequel le Soleil se meut en tournant autour d'une Terre immobile et située au centre du monde. Tel n'est pourtant pas l'essentiel.

Il convient de rappeler d'abord que ce que le Saint Office a condamné en Galilée n'est pas sa méthode, ou l'ensemble des résultats de ses recherches, mais son adhésion au système de Copernic. Ce système avait été rejeté par les théologiens protestants, Melanchthon et Calvin, aussi bien que par Rome. L'héliocentrisme de Galilée avait ensuite, plus explicitement, été condamné par l'Église catholique en 1616. Mais en 1620, un décret de la Congrégation des cardinaux avait permis de défendre la théorie du mouvement de la Terre « par hypothèse », ce qui explique les propos de Descartes écrivant à Mersenne qu'il avait « ouï dire que depuis on ne laissait pas de l'enseigner publiquement, même dans Rome ».[1] Enfin, en 1633, le Saint Office condamne sans réserve Galilée, et

1. *Lettre à Mersenne* du 28 novembre 1633, A.T., t. I, p. 270 ; *Œuvres philosophiques*, t. I, éd. Alquié, p. 487 ; *Œuvres complètes*, t. VIII-1, éd. BK, p. 108.

interdit d'affirmer le mouvement de la Terre, « même si on le propose à titre d'hypothèse ». Apprenant cet arrêt, Descartes renonce à publier l'ouvrage où il soutenait la thèse condamnée[1]. Mais, malgré les précautions de style qu'il prendra dans les *Principes de la philosophie*,[2] il continue à croire au mouvement de la Terre, et n'est pas profondément troublé par l'attitude de l'Église. En cela, il rejoint la plupart des savants catholiques, peu émus par la condamnation romaine. Dès 1634, le Père Mersenne ne devait-il pas traduire l'œuvre de Galilée, et considérer ses thèses avec faveur ?

Mais le fond du débat est ailleurs. Il s'agit, en effet, de savoir s'il demeure possible de croire aux vérités révélées au sein des perspectives ouvertes par la science. Une nouvelle vision du monde s'impose, une nouvelle méthode de recherche se substitue à celles de la scolastique. La foi religieuse peut-elle vivre en ce nouveau climat ? Telle est la véritable question, question qui, au XVIIe siècle, reçoit des « libertins » une réponse négative, question qui se pose encore de nos jours, bien que certains, soucieux de réconcilier à tout prix la science et la religion en maintenant leurs affirmations dans un unique plan de vérité, semblent curieusement refuser de la poser.

L'Écriture nous enseigne que Dieu a fait le monde pour l'homme, créé lui-même à son image, et qu'il a envoyé son Fils sur cette terre pour nous sauver. Selon la pure

---

1. *Le Monde*, ouvrage qui ne paraîtra qu'après la mort de Descartes, en 1664, et sera réédité, en une version plus correcte, par Clerselier, en 1677.

2. Descartes déclare alors que, tout mouvement devant se définir par rapport aux corps immédiatement voisins, la Terre doit être immobile par rapport au tourbillon dans lequel elle est prise, et qui l'entraîne autour du Soleil.

logique, ces affirmations sont compatibles avec celles d'une astronomie n'accordant à la Terre qu'un rang minime, et sans privilège, au milieu d'astres plus grands se mouvant dans l'immensité de l'étendue. Mais comment méconnaître le fait que les découvertes de l'astronomie rendent plus difficile la « croyance » au récit biblique ? Si c'est pour nous que l'Univers a été fait, pourquoi nous demeure-t-il, en la quasi-totalité de sa réalité, inutile et étranger ? Et l'homme peut-il continuer à se considérer comme l'objet privilégié de l'amour divin, s'il a été placé sur une planète minuscule, entraînée, selon l'expression de Pascal, dans le « silence éternel » des « espaces infinis »[1] ? La foi religieuse est plus aisée pour celui qui demeure fidèle au système de Ptolémée que pour celui qui adopte l'opinion de Copernic, pour un physicien thomiste que pour un astronome moderne.

De semblables remarques valent pour la méthode. La science définit la vérité au nom d'un certain nombre de normes, à la fois rationnelles et expérimentales, qui ne sont assurément pas celles de la religion. Ici encore, il convient de reconnaître que la recherche religieuse de la vérité ne s'oppose en rien à sa recherche physicienne. Mais ces deux recherches sont de natures si différentes que l'habitude de la seconde risque fort de nous rendre incapables de retrouver l'usage de la première. En tout cas, il semble que l'adhésion simultanée à la science et à la religion demande, de notre part, une sorte de dédoublement intérieur, et donc un renoncement au monisme et à la synthèse totale. Et c'est pourquoi, sur ce problème, Descartes et les cartésiens ont pris des chemins divergents.

1. B. Pascal, *Pensées*, éd. Lafuma, § 201 ; éd. Sellier, § 233 ; éd. Le Guern, § 187.

*

Nous ne pouvons considérer, en cette courte étude, le cas de tous les « cartésiens », ainsi celui de Clerselier, de Louis de La Forge, de Schuyl, de Géraud de Cordemoy, de Sylvain Regis ou du physicien Jacques Rohault. L'examen de leurs doctrines présenterait cependant, pour notre sujet, un réel intérêt.[1] Nous ne traiterons pas non plus de Leibniz : il ne parle guère de Descartes que pour le critiquer, et ses sources, fort diverses, ne sont que partiellement cartésiennes. Nous nous bornerons donc à l'examen de Malebranche et de Spinoza. Sans doute ces deux philosophes s'opposent-ils explicitement à Descartes sur plusieurs points. Mais on ne peut leur refuser le titre de cartésiens. Malebranche déclare suivre Descartes et, s'il s'en éloigne, « j'avoue », écrit-il, « … que je dois à M. Descartes et à sa manière de philosopher les sentiments que j'oppose aux siens et la hardiesse de le reprendre ».[2] Quant à Spinoza, on ne saurait oublier que son premier ouvrage[3] est une démonstration de la philosophie cartésienne destinée à son élève Casearius, ce par quoi l'auteur accorde implicitement qu'il faut être passé par les chemins de cette

---

1. Ainsi, chez certains, se manifeste le souci d'utiliser la science cartésienne à des fins spirituelles. Le mécanisme, en excluant de la Nature les forces occultes qu'y reconnaissait la Renaissance, détruit le paganisme. Selon Schuyl, la doctrine des animaux-machines ruine la croyance selon laquelle les bêtes ont une âme, croyance qui renverse la piété et « fait brèche à la religion » (p. 413 de l'édition de 1644 du livre de Descartes : *L'Homme*).

2. N. Malebranche, *Œuvres complètes*, éd. A. Robinet, t. II : *De la Recherche de la vérité, livres IV-VI*, Paris, Vrin-CNRS, 1964, p. 449.

3. Cet ouvrage de Spinoza a pour titre : *Renati Descartes Principiorum Philosophiae pars I et II more geometrico demonstratae per Benedictum de Spinoza*, 1663, éd. Van Vloten et Land, La Haye, M. Nijhoff, 1914, t. IV, p. 101-184.

philosophie pour parvenir à la sienne. Et la préface du livre[1] déclare que « René Descartes, cet astre le plus éclatant de notre siècle, … posa les fondements inébranlables de la Philosophie, fondements sur lesquels il est possible d'asseoir la plupart des vérités dans l'ordre et avec la certitude mathématiques ».

Il n'en est que plus étonnant de constater que, partis des mêmes principes, et professant, du moins en ce qui concerne la science, un semblable rationalisme, Descartes, Malebranche et Spinoza aient adopté, sur le problème des rapports entre science et religion, des opinions différentes. Car Descartes sépare tout à fait science et religion, alors que Malebranche et Spinoza interprètent les dogmes religieux dans l'esprit même de la science nouvelle (ainsi lorsque Spinoza explique l'apparent arrêt du Soleil par Josué en invoquant la formation, dans la haute atmosphère, de cristaux de glace faisant prisme et maintenant les rayons solaires dans la même direction).[2]

La solution cartésienne consiste en effet dans la distinction de ce que l'on pourrait nommer des plans de réalité. Ainsi se comprennent les apparentes contradictions des propos que tient Descartes lors de la condamnation de Galilée. Ayant lui-même soutenu, nous l'avons dit, en son ouvrage non encore publié : *Le Monde*, que le Terre tournait autour du Soleil, il renonce à faire paraître son livre « pour rendre une entière obéissance à l'Église », et ne peut pourtant s'empêcher de penser (il le déclare dans la même lettre, ce qui nous conduit à rejeter toute hypothèse de duplicité) « que le P. Scheiner même en son âme ne croie

---

1. Cette préface est de Louis Meyer. Mais la lettre de Spinoza à Meyer du 3 août.1663 nous apprend que Spinoza lui-même a revu et corrigé cette préface, qui l'engage donc entièrement.
2. B. Spinoza, *Traité théologico-politique*, chap. II.

l'opinion de Copernic »[1]. En réalité, en tant que physicien, Descartes affirme le mouvement de la Terre. En tant que catholique, il se soumet à l'Église.

Mais comment, se demandera-t-on, peut-il réunir les deux opinions, les deux attitudes, et surtout les concilier sans éprouver aucune gêne ? C'est que, pensant que l'être divin est incompréhensible et transcendant, il estime que les affirmations scientifiques et les récits bibliques ne sauraient être opposés. Quelle contradiction découvrir en effet entre un texte établi pour nous permettre d'accéder au salut, à savoir l'Écriture, adaptée aux hommes et ne se mêlant pas de physique,[2] et un ensemble de propositions destinées à nous permettre de comprendre et de dominer la Nature, sans chercher pour cela à atteindre ses principes ontologiques (que Descartes nomme ses « vrais principes »[3]) ? Il s'agit là de deux langages, et aucun de

---

1. R. Descartes, *Lettre à Mersenne* de février 1634, A.T., t. I, p. 282 ; *Œuvres philosophiques*, t. I, éd. Alquié, p. 493 ; *Œuvres complètes*, t. VIII-1, éd. BK, p. 110. Rappelons que le P. Scheiner fut un adversaire de Galilée.

2. « C'est appliquer l'Écriture sainte à une fin pour laquelle Dieu ne l'a point donnée et, par conséquent, en abuser, que d'en vouloir tirer des vérités qui n'appartiennent qu'aux sciences humaines, et qui ne servent point à notre salut. » *Lettre à un correspondant incertain* (peut-être Hoghelande), et datée d'août 1638. Voir A.T., t. II, p. 348 ; *Œuvres philosophiques*, t. II, éd. Alquié, p. 82 ; *Œuvres complètes*, t. VIII-2, éd. BK, p. 432.

3. « Je ne saurais affirmer que ce que je défends corresponde aux vrais principes de la Nature ; mais que l'on m'accorde, à moi et au plus grand nombre d'entre nous, que cela même dont nous parlons joue en faveur des principes mentionnés, quoiqu'incertains, que nous avons coutume de juger satisfaisants (trad. fr. Th. Gress) / *Nondum ausim asserere ea, quae profero, vera esse Naturae principia ; sed saltem dicam me, illa pro principiis assumendo, mihi in plerisque omnibus, quae illis pendent, satisfacere solere.* » Lettre de date et de destinataire discutés, voir A.T., t. IV, p. 690.

ces langages n'est véritablement adéquat à l'Être qui est leur source commune, mais qui les destine à des auditeurs différents, et pour des fins n'ayant aucun rapport entre elles.

D'autre part, en une conception souvent négligée par les commentateurs, Descartes reconnaît, comme source et critère de vérité, à côté de la lumière naturelle de la raison, la lumière surnaturelle de la grâce. Dans le cas des vérités scientifiques, c'est la clarté de l'idée qui doit déterminer notre jugement. Dans le cas des vérités de la foi, dont Descartes accorde qu'elles sont « obscures », la lumière invoquée est d'un ordre différent. La « raison formelle pour laquelle nous croyons… consiste en une certaine lumière intérieure, de laquelle Dieu nous ayant surnaturellement éclairés, nous avons une confiance certaine que les choses qui nous sont proposées à croire ont été révélées par lui… ce qui est plus assuré que toute autre lumière naturelle, et souvent même plus évident à cause de la lumière de la grâce ».[1]

De nombreux commentateurs, estimant que le principal souci de Descartes fut de fonder sa physique, ont déclaré que le philosophe n'avait écrit une métaphysique qu'à cette fin, et pour libérer la science de la théologie. De cette insoutenable opinion, il faut pourtant retenir quelque chose : Descartes, du reste semblable en cela à tous les savants de son temps, a, en effet, voulu rendre la physique indépendante de la théologie. Mais, ce que l'on oublie d'ajouter, c'est que, du même coup, il rendait la théologie indépendante de la science. Si cela n'a pas frappé ses contemporains,

---

1. *Réponses aux secondes objections*, A.T., t. IX-1, p. 116 ; *Œuvres philosophiques*, t. II, éd. Alquié, p. 573-574 ; *Œuvres complètes*, t. IV-1, éd. BK, p. 314.

c'est qu'à cette époque la science était effectivement asservie à la théologie, alors qu'une sujétion contraire ne semblait pas à craindre. Préserver la théologie de l'influence qu'aurait pu exercer sur elle une pensée d'ordre scientifique semblait donc inutile. Descartes s'en est pourtant soucié. Il s'est opposé d'avance à l'idée d'un Dieu mathématicien, idée qui prévaudra en la seconde moitié de son siècle. Et telle est la fin essentielle de sa théorie de la libre création, par Dieu, des vérités éternelles.

*

Constituer une théologie nouvelle, selon les exigences et les normes de l'esprit scientifique, fut au contraire, quelques années plus tard, le but de Malebranche et de Spinoza. Descartes est un philosophe de l'analyse. La solution des problèmes est toujours obtenue, chez lui, par un processus de séparation. Dans cette mesure, le rationalisme de Descartes est inséparable de la démarche qui fixe à la raison même des limites précises. Tout au contraire, pour Malebranche comme pour Spinoza, le rationalisme n'a pas de limites. La raison qu'invoque Malebranche est à la fois, et indistinctement, divine et humaine. Et, selon Spinoza, notre entendement est une partie de l'entendement divin, en sorte qu'il est possible à l'homme de parvenir à la « science intuitive », et de penser comme pense Dieu.

Or, il n'est pas douteux que la science ne soit le résultat le plus parfait, le plus achevé, de l'exercice de la raison. Une conséquence devait donc nécessairement suivre du rationalisme des cartésiens en la seconde moitié du XVIIᵉ siècle : ces philosophes allaient adapter la religion à la science ou, plus exactement, chercher dans la science le moyen d'épurer la religion, et d'atteindre son essentielle vérité. Alors que Descartes répétait qu'il ne voulait point se mêler de théologie (se bornant, en cas de nécessité, à établir que sa philosophie ne contredisait pas les dogmes de l'Église catholique, ainsi celui de la transsubstantiation), Malebranche et Spinoza demandent à la science le moyen de constituer une théologie nouvelle et, à leur sens, plus vraie que l'ancienne.

Malebranche maintient les affirmations reposant sur l'Écriture, où il voit la Parole même de Dieu. Mais il pense que les critiques dont, en son siècle, le christianisme a été l'objet de la part des libertins tiennent essentiellement aux erreurs de la scolastique aristotélicienne, à laquelle la religion a malheureusement lié son sort. Cette liaison, selon Malebranche, a pourtant été purement fortuite. Elle a pris sa source dans l'ignorance où, pendant des siècles, a vécu l'humanité. En revanche, estime-t-il, maintenant que nous possédons une science vraie (et cela depuis Descartes), il devient possible de réformer la théologie selon l'esprit de cette science.[1]

Quant à Spinoza, il suffit, pour découvrir sa conception, de lire l'Appendice de la première partie de l'*Éthique*. À l'en croire, les hommes s'étaient, jusqu'à l'époque moderne, fait de Dieu les idées les plus fantaisistes et les plus inexactes. Et ils seraient toujours demeurés en ces erreurs

---

1. Il convient d'ajouter que Malebranche reconnaissait une parenté profonde entre Descartes et saint Augustin. Mais on ne saurait suivre le P. André lorsqu'il écrit : « La métaphysique sublime de saint Augustin parut toute faite pour la physique de M. Descartes, et la physique de M. Descartes pour la métaphysique de saint Augustin » (*La vie du P. Malebranche...*, voir Malebranche, *Œuvres complètes*, t. XVIII : *Correspondance et actes*, Paris, Vrin-CNRS, 1961, p. 51). En fait, Malebranche puisa l'essentiel de sa connaissance de saint Augustin dans la *Philosophia christiana* d'Ambrosius Victor, ouvrage où les textes de saint Augustin sont déjà ordonnés selon une problématique cartésienne.

« si la mathématique, occupée non des fins, mais seulement des essences et des propriétés des figures, n'avait fait luire » devant eux « une autre norme de vérité ».[1] Selon cette norme, Spinoza transforme les notions mêmes qui, chez Descartes, semblaient retenir quelque chose des exigences de l'esprit scientifique, ainsi celle de Dieu considéré comme « cause de soi ». Descartes, quand il dit que Dieu est cause de soi, maintient que cette cause est « incompréhensible ». Spinoza, au contraire, se sert de la notion de cause de soi pour établir que Dieu est totalement intelligible.

Il n'est pas besoin d'ajouter qu'une telle soumission de la théologie à la science devait avoir, pour la religion, des conséquences fâcheuses, de même que l'ancienne subordination de la science à la théologie avait eu les effets les plus déplorables sur le progrès du savoir humain. Spinoza aboutit à une philosophie qui prétend suffire à nous donner le salut, et dispense donc le « sage » de la religion, dont elle déclare pouvoir tenir les promesses. Encore est-il qu'elle use pour cela de concepts (tel celui d'un Dieu-Nature ou celui d'une connaissance du troisième genre) fort différents de ceux que Descartes appelait : « idées claires », puisqu'ils sont construits, et qu'il demeure difficile de découvrir une expérience de pensée qui puisse y répondre. Malebranche, de son côté, bien que se voulant un apologiste de la religion chrétienne, présente de Dieu une image qui semble rendre inutiles nos prières, et nous interdire toute espérance concernant notre propre destin. Son Dieu est celui de la physique.

C'est à Malebranche que pense Bossuet lorsque, le 21 mai 1687, il écrit au marquis d'Allemans : « Je vois…

---

1. B. Spinoza, *Éthique*, I, Appendice, trad. fr. P.-F Moreau, « Épiméthée », Paris, P.U.F., 2020, p. 152 (latin) / p. 153 (français).

un grand combat se préparer contre l'Église sous le nom de philosophie cartésienne. » Le Dieu de Malebranche, en effet, préfère la forme de son action, qu'il veut simple, à la perfection de son ouvrage. Il n'éprouve d'amour que pour lui-même, et n'agit que pour sa propre gloire. Il ne possède point d'idées particulières, et ne gouverne le monde que par des volontés générales, autrement dit en laissant opérer les lois physiques qu'il a instituées. Nous ne saurions donc chercher en lui aucun secours contre l'aveugle et cruel déroulement de la Nature. Pouvons-nous, pour le moins, demander la grâce ? Mais la grâce divine est distribuée selon des lois semblables à celles qui président à la chute de la pluie, tombant inutilement sur les océans et les déserts, et laissant mourir de sécheresse des terres fertiles qu'elle pourrait féconder. Quant à « l'autre monde », il sera, comme celui-ci, soumis à l'universalité des lois et à la simplicité des voies.

Descartes tenait pour insondables les desseins de Dieu. Malebranche disserte sur eux, et prétend éclairer les mystères. Le mécanisme servait, chez Descartes, à enlever à la Nature son illusoire profondeur. Il sert, chez Malebranche, à découvrir la forme même de la conduite divine : car Dieu « ne fait rien dans le monde que par des lois générales »,[1] et c'est dans ces lois naturelles que nous devons découvrir, admirer et adorer ses volontés. Une telle doctrine scandalise Arnauld (pourtant lui aussi cartésien), annonce la philosophie de Voltaire, des Encyclopédistes, et même celle des athées du siècle suivant. L'abbé Meslier sera malebranchiste.

---

1. N. Malebranche, *Œuvres complètes*, t. VI : *Recueil de toutes les réponses à Monsieur Arnauld*, Paris, Vrin-CNRS, 1966, p. 38.

*

On voit quelles pensées diverses peut recouvrir le terme de « cartésianisme ». De Descartes à Spinoza et à Malebranche, que s'est-il donc passé ? Essentiellement ceci : à une « philosophie » a été substitué un ensemble conceptuel comprenant un certain nombre des « idées » contenues en cette philosophie, ensemble conceptuel pouvant à son tour devenir un élément des philosophies nouvelles (celles de Spinoza et de Malebranche) qui prennent la place de l'ancienne (celle de Descartes). Les idées ainsi transmises sont celles qui, chez Descartes, constituent les principes formels de sa physique mécaniste. Mais alors que, chez Descartes, le mécanisme nous délivre de l'admiration que nous pourrions éprouver à l'égard de la Nature,[1] et nous permet de reporter cette admiration vers ce qui est véritablement admirable, à savoir la liberté, divine et humaine, ce même mécanisme devient, chez Spinoza, et plus nettement encore chez Malebranche, l'objet essentiel de l'admiration du philosophe.[2]

On découvre ainsi, une fois encore, le caractère neutre, et non-philosophique, des « idées ». Celles-ci peuvent se retrouver, semblables à elles-mêmes, dans les contextes les plus divers, comme les armes de guerre peuvent servir

1. Ainsi Descartes déclare vouloir expliquer la nature des météores « en telle sorte qu'on n'ait plus occasion d'admirer rien de ce qui s'y voit ». (*Les Météores*, A.T., t. VI, p. 231 ; *Œuvres philosophiques*, t. I, éd. Alquié, p. 720 ; *Œuvres complètes*, t. III, éd. BK, p. 284.). Ce thème sera sans cesse repris dans la troisième partie des *Principes de la philosophie* (article 147 : « *nec mirabimur Martem* », article 154 : « *neque mirabimur quod Planetae* », etc.).

2. La « suite des lois générales des communications des mouvements » est ce que, dans les *Entretiens sur la métaphysique et la religion*, Théodore, porte-parole de Malebranche, « trouve le plus admirable ». N. Malebranche, *Œuvres complètes*, t. XII, Paris, Vrin-CNRS, 1965, p. 233.

successivement la cause d'une armée et de l'armée ennemie, quand cette dernière les a conquises. Et telle est la faiblesse des « idéologies » et des systèmes. Entre la philosophie de Marx et le marxisme de la plupart de ceux qui s'en réclament, qu'y a-t-il de commun, sinon, précisément, certaines « idées » ? Et c'est à bon droit que Renan, renonçant à devenir prêtre parce qu'il était malebranchiste, s'interroge sur Malebranche qui, écrit-il, « dit sa messe toute sa vie en professant sur la Providence générale de l'Univers des idées peu différentes de celles auxquelles j'arrivais ». [1]

Toute philosophie traduit la réaction personnelle, totale et, si nous osons reprendre ici ce mot, « affective », d'une conscience au monde qui l'entoure. Une philosophie ne peut donc être divisée. Or, les « cartésiens » ont cru pouvoir demeurer fidèles à Descartes en négligeant la démarche vécue par laquelle commence sa métaphysique, à savoir le doute, et la conviction qui constitue le fond et l'horizon de sa pensée, conviction selon laquelle Dieu a librement créé les vérités logiques et mathématiques. Pourquoi ont-ils tenu pour possible l'abandon de ces éléments de la philosophie de Descartes ? Parce que ni le doute ni la théorie de la libre création des vérités ne jouent de rôle dans le « système » constitué. Lorsque Descartes parvient à la « science », le doute a été surmonté. Et, le Dieu créateur des vérités ne pouvant cependant être trompeur, la science tout entière repose sur sa véracité. Quel besoin, par conséquent, de reprendre les choses à leur commencement ? Et ne peut-on être fidèle à Descartes en empruntant la voie de la science qu'il a construite, et dont lui-même a établi la vérité ?

---

1. E. Renan, *Souvenirs d'enfance et de jeunesse* (1883), éd. J. Pommier, Paris, Folio-Gallimard, 1983, p. 144-145.

Non, on ne le peut pas. Et la preuve en est que l'on aboutit de la sorte à ruiner la philosophie dont on se réclame, comme nous venons de voir, sur le problème des rapports de la science et de la religion, Malebranche et Spinoza s'opposer à Descartes. Ils ont retenu sa science, et sa conception de la science. Ils ont méconnu l'expérience profonde où cette conception s'enracine. Car, chez Descartes, le doute et la théorie de la libre création, par Dieu, des vérités éternelles, relèvent d'une véritable et irremplaçable expérience.

Il suffit de lire les lettres de Descartes à Balzac pour voir que la difficulté éprouvée à distinguer la veille du sommeil, difficulté qui, dans la *Méditation seconde*, est l'une des raisons de douter, fut, bien avant la formulation méthodique du doute, intérieure à la vie de Descartes. « Après que le sommeil », écrit celui-ci, « a longtemps promené mon esprit dans des buis, des jardins et des palais enchantés… je mêle insensiblement mes rêveries du jour avec celles de la nuit. »[1] « J'ai porté ma main contre mes yeux pour voir si je ne dormais point. »[2] « Je vais me promener tous les jours parmi la confusion d'un grand peuple… et je n'y considère pas autrement les hommes que j'y vois que je ferais les arbres qui se rencontrent en vos forêts… le bruit même de leur tracas n'interrompt pas plus mes rêveries que ferait celui de quelque ruisseau. »[3]

---

1. *Lettre à Balzac* du 15 avril 1631, A.T., t. I, p. 199 ; *Œuvres philosophiques*, t. I, éd. Alquié, p. 289 ; *Œuvres complètes*, t. VIII-2, éd. BK, (notée du 29 mars 1631), p. 351.

2. *Lettre à Balzac* du 5 mai 1631, A.T., t. I, p. 202 ; *Œuvres philosophiques*, t. I, éd. Alquié, p. 493 ; *Œuvres complètes*, t. VIII-2, éd. BK, (notée du 15 mai 1631), p. 351.

3. *Ibid.*

Quant à la théorie de la libre création des vérités éternelles, loin d'y voir, avec Leibniz, « un tour de Descartes », ou même, avec Bréhier, la condition requise pour instituer la possibilité d'une connaissance parfaite, bien que finie, puisque s'exerçant de créature à créature, nous pensons qu'elle n'a pu être formulée (au scandale de tous et contre la théologie alors reçue) qu'à partir de l'impression vécue qu'avec le monde scientifiquement connu n'est pas atteint le fond même de l'être, lequel demeure totalement incompréhensible. Apercevant la nécessité des vérités mathématiques, les hommes estiment que ces vérités ne dépendent pas du libre vouloir de Dieu. « Mais », écrit Descartes, « ils devraient juger, au contraire, que, puisque Dieu est une cause dont la puissance surpasse les bornes de l'entendement humain, et que la nécessité de ces vérités n'excède point notre connaissance, ... elles sont quelque chose de moindre et de sujet à cette puissance incompréhensible. »[1]

On aperçoit aisément les conséquences de cette doctrine. La Nature se trouve déréalisée, et la science devient une sorte de langage conventionnel, nous permettant de formuler les lois du monde perçu, et d'exercer sur ce monde une action technique efficace, mais non d'atteindre l'être en sa profondeur substantielle. La science ne peut donc être opposée à la religion, dont les vérités sont d'un autre ordre, et d'une nature différente, de même que, cela va sans dire, on ne saurait opposer (comme l'a fait le Saint Office) les dogmes catholiques aux vérités que découvre la physique, laquelle doit demeurer libre en ses recherches.

---

1. *Lettre à Mersenne* du 6 mai 1630, A.T., t. I, p. 150 ; *Œuvres philosophiques*, t. I, éd. Alquié, p. 265 ; *Œuvres complètes*, t. VIII-1, éd. BK, p. 76.

Descartes passe pour le fondateur du rationalisme. Et, en un sens, il l'est en effet. Mais il est aussi le philosophe qui a déclaré que, si la raison doit être tenue pour souveraine, c'est à l'intérieur des limites de la science. En dehors de ces limites se situe l'ontologie. Celle-ci ne saurait donner à la religion aucun fondement positif. Mais elle réserve sa place, la rend possible, en situant les propositions auxquelles adhère la foi en un autre plan.

À l'époque de Descartes, la conscience humaine, après les bouleversements, les critiques et les incertitudes de la Renaissance, semble dominée par la peur d'être trompée. Calderon écrit : *La vie est un songe*, et les premières œuvres de Corneille : *Mélite, Clitandre, La Veuve*, ne relatent que feintes et tromperies. Mais seul Descartes approfondit l'expérience du doute ontologique, en tire les conséquences, et constitue ainsi une philosophie qui, dépassant son époque, demeure toujours actuelle.

Et sans doute les hommes du XVIIᵉ siècle ne virent-ils souvent dans la philosophie de Descartes que ce qu'y voyaient Trissotin, Armande et Philaminte :

> Descartes, pour l'aimant, donne fort dans mon sens.
> — J'aime ses tourbillons — Moi, ses mondes tombants.[1]

1. Molière, *Les Femmes savantes*, acte III, scène 2. Notons cependant qu'auparavant (acte I, scène 1) Armande avait donné une définition plus large de la philosophie
> Qui nous monte au-dessus de tout le genre humain
> Et donne à la raison l'empire souverain
> Soumettant à ses lois la partie animale…
On peut voir en ces vers une allusion à la théorie que défend Descartes en son traité : *Les Passions de l'âme*, mais on peut également songer à d'autres doctrines rationalistes. En tout cas, Bélise se réfère incontestablement à la théorie de Descartes lorsqu'elle déclare (acte V, scène 3), à propos de l'amour que l'on peut porter à un être humain :
> La substance qui pense y peut être reçue,
> Mais nous en bannissons la substance étendue.

Ayant définitivement abandonné la théorie cartésienne de l'aimant et celle des tourbillons, mais nous interrogeant encore sur l'être, nous savons aujourd'hui que ce qu'il y a de plus important chez Descartes n'est pas sa physique, ni même la méthode grâce à laquelle il a constitué cette physique. Ce qui demeure essentiel, c'est sa métaphysique, ou, plus généralement, sa philosophie. Et cette philosophie ne se découvre point dans ce que l'on a nommé le « cartésianisme ». Ensemble d'idées, le « cartésianisme » appartient à l'histoire du XVIIᵉ siècle. La « philosophie de Descartes » échappe, comme telle, à cette histoire. Et c'est en cette mesure que l'on peut encore la tenir pour vraie.

Descartes estimait en effet que l'homme est composé de deux « substances », l'âme et le corps, qu'il désignait par les termes de « *res cogitans* » et de « *res extensa* ». Il en concluait que l'âme ne meurt pas avec le corps, mais ne tirait aucune conséquence de sa théorie en ce qui concerne l'amour, dont il aurait plutôt dit, avec Clitandre (acte IV, scène 2), qu'il s'adresse « à toute la personne ». Sur un problème différant de celui que nous avons traité, cet exemple montre quel contresens on commet dès que l'on sépare une « idée » de l'ensemble d'une philosophie. Ici, bien entendu, le contresens est volontaire, et tend à un effet satirique et comique. Il demeure curieux de voir Molière exposer (par les propos de Bélise) celle des thèses cartésiennes qui était alors (en 1672) la plus vivement attaquée par les thomistes, lesquels réclamaient l'interdiction de la philosophie de Descartes au nom de celle d'Aristote.

UNE LECTURE CARTÉSIENNE
DE LA *CRITIQUE DE LA RAISON PURE*
EST-ELLE POSSIBLE ?[1]

Peut-on lire la *Critique de la raison pure* en adoptant la problématique de Descartes ? Peut-on, en restant fidèle à Descartes, reconnaître au kantisme une vérité ? C'est ce que nous voudrions examiner. Pour cela, il sera nécessaire de rappeler certains des principes devant, à nos yeux, régir toute histoire de la philosophie soucieuse de ne pas trahir la légitimité de la philosophie elle-même.

La *Critique de la raison pure* a été l'objet d'interprétations très diverses : on sait, par exemple, combien diffèrent celles de Fichte, de Cohen et de Heidegger. Or, semble-t-il, aucune de ces interprétations ne peut être justifiée en toute rigueur, et ne s'accorde exactement avec la totalité des textes. Ne faut-il pas, dès lors, reconnaître la possibilité de plusieurs lectures de l'œuvre, et cesser de prétendre qu'une de ces lectures nous livre seule ce que l'on pourrait supposer être le sens complet et dernier de la doctrine ?

Nos contemporains, cependant, semblent s'accorder sur un point : la vérité des théories kantiennes doit être cherchée dans ce que ces théories sont, par la suite, devenues. Source de presque toutes les philosophies du

---

1. Paru dans la *Revue de Métaphysique et de Morale*, n° 2, avril-juin 1975, p. 145-155.

xixe et du xxe siècles, le kantisme marque une rupture, rend vaine et périmée la métaphysique telle que le xviie siècle l'avait conçue. Sans doute les écrits précritiques s'inscrivent-ils encore dans la tradition, en ce qu'ils répondent à des questions que Leibniz, Malebranche, Spinoza ou Descartes avaient posées. Mais il n'en est plus ainsi à partir de 1781. À cette date commence la philosophie transcendantale. Sa nouveauté est telle que la façon même de formuler les problèmes (en particulier celui des rapports de la connaissance et de l'être) en est fondamentalement modifiée.

Lire Kant dans une perspective cartésienne, maintenant l'en-soi de l'être et son extériorité par rapport à l'esprit, deviendrait donc illégitime. Ce serait, en effet, accepter, tôt ou tard, la « contradiction interne » dénoncée par Jacobi[1], lorsqu'il reproche à Kant de fonder la perception sur l'extériorité de la chose en soi, et de déclarer, d'autre part, que les objets de cette perception ne dépendent que de nous. L'erreur de Jacobi n'est-elle pas alors de se placer au point de vue classique du dogmatisme, maintenant la dualité du sujet et de l'objet, dualité que la philosophie transcendantale permet seule de surmonter ?

Tout au long de son important et précieux ouvrage consacré à l'œuvre de Kant[2], M. Philonenko estime, en ce sens, que la philosophie transcendantale met fin à toute ontologie. Comparant la critique kantienne des preuves de l'existence de Dieu telle qu'elle se trouve dans l'*Unique fondement* et cette même critique telle que l'expose la *Dialectique transcendantale*, il écrit en effet : « la critique

1. Dans l'appendice de son livre : *David Hume et la croyance. Idéalisme et réalisme*, trad. fr. L. Guillermit, Paris, Vrin, 2000.

2. A. Philonenko, *L'Œuvre de Kant*, 2 volumes, « À la recherche de la vérité », Paris, Vrin, 1969-1972, rééd. « Bibliothèque d'histoire de la philosophie/poche », 1996-1997.

de l'argument ontologique de Descartes présentée en 1763 est, en dépit de sa valeur et des fruits qu'elle a portés dans la pensée kantienne elle-même, entièrement étrangère à l'esprit de la philosophie transcendantale ; c'est, oserions-nous dire, *une critique ontologique de l'ontologie – ce n'est pas une critique transcendantale de l'ontologie*. Or, en 1781, ce que Kant présente est une critique transcendantale de l'ontologie et, si les arguments sont parfois à la lettre les mêmes, leur signification est toute différente : *ils nous conduisent en effet à abandonner la perspective qui caractérise l'ontologie classique pour nous situer dans une philosophie transcendantale*[1] ». « Ce que Kant affirme en 1781 », précise plus loin[2] M. Philonenko, « ce n'est pas seulement, comme en 1763, que l'existence n'est pas un prédicat, mais encore que l'existence est un problème de la connaissance, qui ne peut être résolu que par référence aux postulats de la pensée empirique en général, c'est-à-dire par sa relation au '*contexte de toute l'expérience*' ».

Une telle interprétation suppose que, chez Kant, le problème de l'être ait été ramené à celui de la connaissance, et lui soit devenu intérieur. Et c'est bien en effet ce que, à la suite d'Hermann Cohen, M. Philonenko n'hésite pas à affirmer. Selon lui, il faut, pour comprendre Kant, renoncer tout à fait à « la conception cynique » de l'être, comme Kant y a renoncé lui-même après 1770. Car « la connaissance, en 1770, dépend de l'être ». Mais, dans la conception « authentiquement transcendantale, *l'être dépend de la connaissance*[3] ». Et sans doute M. Philonenko reconnaît-il qu'« il y a... des textes qui semblent affirmer l'existence

---

1. A. Philonenko, *L'Œuvre de Kant, op. cit.*, t. I, p. 307-308.

2. *Ibid.*, p. 309-310.

3. *Ibid.*, p. 91. *Cf.* H. Cohen, *Kants Begründung der Ethik*, éd. B. Cassirer, Berlin, 1910, p. 25 *sq.*

de choses en soi distinctes des phénomènes[1] ». Mais on
ne saurait, à son avis, demeurer à leur niveau, qui est celui
de la seule *Esthétique transcendantale*. De la chose en soi
conçue comme réelle et affectante, il faut passer à la chose
en soi comme noumène, puis à la chose en soi comme idée
transcendantale. La chose en soi n'est plus alors que « *l'Idée
d'une loi inconditionnée constituant l'expérience comme
un système*[2] ».

Nous n'avons pas l'intention de contester la légitimité
d'une telle interprétation. Sans doute ne la croyons-nous
pas exactement fidèle à ce que Kant a vraiment voulu dire.
Mais selon nous – et tel est le premier des principes de
méthode que nous voudrions mettre en lumière – les
systèmes philosophiques peuvent avoir une signification
irréductible à celle qu'a voulu leur conférer l'intention
explicite de leurs auteurs. Les idées ont une force propre
et, parfois, il faut attendre la suite de l'histoire pour voir
se manifester leurs conséquences. Nous avons essayé de
le montrer en ce qui concerne la philosophie de
Malebranche[3] : elle nous est apparue comme soumise à
des déterminations, extérieures mais aussi internes et
rationnelles, l'amenant nécessairement à revêtir un sens
opposé à celui qu'avait prétendu lui donner Malebranche
lui-même. Dès lors, l'étude d'une doctrine ne saurait se
contenter de prendre, pour référence unique et dernière,
la pensée consciente du philosophe. Celui-ci a souvent dit
plus qu'il ne voulait dire, et quelquefois même tout autre
chose que ce qu'il voulait dire.

1. A. Philonenko, *L'Œuvre de Kant*, *op. cit.*, t. I, p. 129.
2. *Ibid.*, p. 135.
3. F. Alquié, *Le Cartésianisme de Malebranche*, Paris, Vrin, 1974.

Et tel peut bien avoir été le destin de la philosophie kantienne. L'effort commun de tous les post-kantiens pour éliminer la chose en soi est en cela significatif. On ne saurait nier davantage le rôle accordé par Kant à l'activité de l'esprit, le fait que, pour lui, la raison se limite elle-même, sans qu'intervienne une nécessité extérieure, l'absence de contenu propre à l'idée de chose en soi, le rôle régulateur de cette même idée lorsqu'elle se trouve qualifiée, et se présente comme idée du moi, du monde ou de Dieu. Nous accorderons donc que Kant a tout fait pour rendre possible cette philosophie transcendantale qui, chez beaucoup de ses successeurs, comporte la négation de toute ontologie de type cartésien.

A-t-il, cependant, professé lui-même une telle philosophie ? L'interprétation de ceux qui l'affirment suppose l'acceptation préalable d'un jugement de valeur, et la mise entre parenthèses de certains textes. Acceptation préalable d'un jugement de valeur : M. Philonenko, par exemple, ne raisonnerait pas comme il le fait si, fidèle à Cohen et à Fichte, il ne préférait la façon dont les post-kantiens ont posé le problème de l'être à la formulation cartésienne de cette même question. Préférence qu'il est permis de ne pas partager. Mise entre parenthèses de certains textes, car, on ne saurait le nier, Kant affirme, à maintes reprises, l'existence de la chose en soi comme distincte des phénomènes.

Quelque incertitude demeure, du reste, concernant le sens de l'expression : « conception cynique » de l'être. Si l'on appelle ainsi la conception qui accorde l'existence en soi à l'objet perçu ou connu, et néglige, de la sorte, les conditions de tout savoir, il est clair que la « conception cynique » de l'être est à rejeter. Mais une telle conception n'a jamais été celle des philosophes : depuis les sceptiques grecs, ceux-ci procèdent à la critique du donné, et Descartes, estimant ne pouvoir atteindre directement les choses, déclare que nous ne pouvons en avoir « aucune connaissance… que par les idées que nous en concevons[1] ». En revanche, rejeter, en la qualifiant de cynique, la conception qui tient l'être pour existant en soi et en dehors de l'esprit, c'est non seulement abandonner la métaphysique traditionnelle, mais demander à notre conscience de renoncer à sa conviction la plus fondamentale, et, nous semble-t-il, à sa structure même.

Car personne ne croit vraiment que, s'il cessait de percevoir et de connaître, le monde cesserait d'exister. Nul ne conçoit davantage la science comme le fondement et, si l'on peut dire, le sujet du réel; elle paraît, au contraire, s'efforcer de le rejoindre. Si donc on nous démontre que tout objet atteint par la perception, la connaissance, la science, est relatif à nous, on nous amène à conclure, non point que notre savoir est la mesure de l'être, mais, tout au contraire, que le réel est inconnaissable. En d'autres termes, la croyance que les choses (nous ne disons pas : les objets) subsistent en elles-mêmes est indéracinable, et commune à tous les hommes. Et la critique philosophique, si elle peut nous conduire à douter de la possibilité d'une connaissance ontologique, ne saurait nous persuader que la réalité n'existe pas en soi, et en dehors de l'esprit. Nous estimons du reste – selon le second des principes que nous voudrions évoquer – que l'on peut découvrir en toute

1. R. Descartes, *Lettre à Gibieuf* du 19 janvier 1642, A.T., t. III, p. 474; *Œuvres philosophiques*, t. II, éd. Alquié, p. 905; *Œuvres complètes*, t. VIII-2, éd. BK, p. 793. En cette même lettre, Descartes a dit plus clairement encore : « étant assuré que je ne puis avoir aucune connaissance de ce qui est hors de moi que par l'entremise des idées que j'en ai eues en moi… ».

véritable philosophie le rappel des évidences fondamentales propres à la conscience des hommes, évidences qui, en tout cas, n'y sont jamais démenties.

Faut-il penser cependant que cette conviction, selon laquelle il y a des choses en soi, constitue précisément cette « illusion transcendantale », dont Kant remarque, dans la *Dialectique*, qu'elle « ne cesse pas, même après qu'on l'a découverte, et que la critique… en a clairement montré le néant[1] » ? Assurément non. L'illusion transcendantale dénoncée par Kant n'est pas cela. Elle est, par exemple, « l'apparence que renferme cette proposition : le monde doit avoir un commencement dans le temps[2] ». Elle est, plus généralement, l'illusion de la raison humaine lorsque celle-ci croit atteindre, en une légitime connaissance, l'âme, le monde en soi et Dieu, réalités situées au-delà de toute expérience. Elle résulte, en d'autres termes, de notre prétention à déterminer l'être à titre d'âme, de Monde ou de Dieu. Kant condamne cette illusion et, avec elle, les métaphysiques positives. Mais il ne rejette pas la conviction qu'en dehors de l'esprit il y a de l'être. Bien au contraire, à notre avis, c'est en affirmant d'abord qu'il y a en soi de l'être (et cette affirmation traduit seulement l'évidence ontologique, initiale et fondamentale, propre à toute conscience) que, par la suite, il réussit à établir l'impossibilité de connaître positivement cet être, et de le qualifier à titre d'objet.

Kant veut éviter que notre raison ne réalise ses idées, et les prenne pour des choses. Mais quand il déclare ainsi

---

1. E. Kant, *Critique de la raison pure*, *Dialectique transcendantale*, Introduction, I, AK III, p. 236, voir *Œuvres philosophiques*, t. I, édition sous la direction de F. Alquié, « Bibliothèque de la Pléiade », Paris, Gallimard, 1980, p. 1015.

2. *Ibid.*

que, transformant de simples concepts en réalités, les métaphysiques dogmatiques sont victimes d'une illusion, il se réfère précisément à l'être, inaccessible mais premier, dont il ne doute pas. Au reste, s'il n'en était pas ainsi, que signifierait la *Dialectique transcendantale* ? Simplement que l'âme, la totalité du monde et Dieu ne peuvent être rencontrés ou constitués à titre d'objets expérimentés, ce qui paraît aller de soi. Pour acquérir un sens plus profond, et aussi pour répondre à la question dont se préoccupent les hommes : que pouvons-nous savoir ?, la *Dialectique* doit devenir ontologie. Ontologie négative sans doute, si elle nous refuse le pouvoir de connaître l'être, de le qualifier, de le déterminer, de le saisir à titre d'objet. Mais ontologie cependant si, négative ou positive, toute proposition concernant l'être appartient à l'ontologie.

Kant demeure dans la perspective d'une telle ontologie : c'est ce dont témoignent des textes nombreux, que les commentaires des post-kantiens se voient contraints de négliger ou de mettre entre parenthèses. M. Philonenko connaît fort bien ces textes, ne les oublie pas, et les rappelle fort honnêtement : « l'*Esthétique transcendantale* », écrit-il, « ... demeure affectée par la conception cynique du réel... c'est dire combien le passage de la conception cynique du réel à la pensée transcendantale est pénible, et comment Kant lui-même... a pu retomber parfois dans le point de vue dogmatique et échouer dans son effort pour élever la philosophie jusqu'à l'expression authentique de la connaissance transcendantale, pour laquelle l'être est la connaissance, le phénomène un simple objet empirique soumis à la connaissance, et la chose en soi l'objet de la raison[1] ».

1. A. Philonenko, *L'Œuvre de Kant*, t. I, p. 92-94. Voir H. Cohen, *Kants Begründung der Ethik*, éd. B. Cassirer, Berlin, 1910, p. 89.

Pour notre part, nous avons grand peine à croire que Kant ait professé une philosophie au niveau de laquelle il n'a pas tout à fait réussi à s'élever lui-même. Selon Heidegger il est vrai, et pour d'autres raisons, Kant aurait « reculé » devant sa propre doctrine[1]. Mais peut-on qualifier encore de kantiennes les conceptions devant lesquelles Kant a reculé ? S'il a conservé jusqu'au bout les textes de l'*Esthétique*, si, en 1787, il a tenu pour absurde de penser qu'il puisse y avoir un phénomène sans rien qui apparaisse[2], si, de la sorte, il a retrouvé le principe de substance tel que Descartes et Malebranche l'avaient admis et énoncé, ce n'est pas, croyons-nous, parce que, retombant fâcheusement dans le dogmatisme, Kant n'a pas été fidèle à l'essence de l'authentique philosophie transcendantale. C'est que la philosophie transcendantale, si du moins on appelle ainsi la doctrine de Kant, n'a pas, concernant l'être, le sens qu'on veut lui prêter.

Il ne sert à rien, en effet, de distinguer des niveaux, de considérer celui de l'*Analytique* et celui de la *Dialectique* comme supérieurs à celui de l'*Esthétique*, si, à ces niveaux différents, se situent des affirmations franchement opposées. Certes, on pourrait concevoir aisément que Kant, avançant en son œuvre, ait approfondi sa conception première de la chose en soi. Mais comment admettre que, laissant demeurer, au début de son ouvrage, des propositions clairement ontologiques, il les ait ensuite démenties ? Entre l'affirmation de la chose en soi comme réalité extérieure à l'esprit et sa

1. M. Heidegger, *Kant et le problème de la métaphysique*, trad. fr. A. de Waelhens et W. Biemel, Paris, Gallimard, 1953, rééd. en « Tel », 1981, p. 217.
2. E. Kant, Préface de la seconde édition de la *Critique de la raison pure*, AK III, 17 : « *Denn sonst würde der ungereimte Satz daraus folgen, dass Erscheinung ohne etwas wäre, was da erscheint* » ; *Œuvres philosophiques*, t. I, p. 746.

définition comme simple idée, il y a, non point progrès, mais contradiction manifeste et, de toute évidence, il faut choisir.

Nous le croyons pour notre part, Kant a toujours tenu l'être (encore une fois, nous ne disons pas : l'objet) pour extérieur à l'esprit. Cela n'exclut pas l'irréalisable mais constant désir de saisir l'être à titre d'objet. Et, par voie de conséquence, cela n'empêche en rien de considérer « l'idée » de l'être comme idée régulatrice, animant notre effort vers un savoir toujours plus parfait. En ce sens, nous reprendrions volontiers la belle et exacte formule de M. Philonenko : « *c'est le penser qui oriente le connaître*[1] ». Mais la pensée peut orienter le connaître en demeurant pensée de ce qui, existant en soi, ne saurait être connu.

Or, cette idée d'une absence-présence, d'une extériorité-intériorité de l'être par rapport à la pensée, est très exactement celle où nous conduit la réflexion de Descartes sur l'infini. Aperçu, et comme touché par l'esprit[2], l'infini apparaît néanmoins comme le dépassant. En prenant conscience de l'infini, notre pensée découvre ainsi qu'elle est pensée de ce qui lui est présent sans lui devenir, pour cela, compréhensible, pensée, donc, de ce qu'elle ne peut connaître, cerner ou nier. Et tel est le ressort véritable de la célèbre preuve ontologique, dont Malebranche a bien dit qu'elle était preuve de simple vue. Chez Descartes, la réflexion sur l'infini suffit à établir, dès l'origine, les

---

1. A. Philonenko, *L'Œuvre de Kant*, t. I, p. 140.

2. « Un esprit fini ne saurait comprendre Dieu, qui est infini ; mais cela n'empêche pas qu'il ne l'aperçoive, ainsi qu'on peut bien toucher une montagne, encore qu'on ne la puisse embrasser », Descartes, *Lettre à Monsieur Clerselier* en réponse aux instances de Gassendi, A.T., t. IX-1, p. 210 ; *Œuvres philosophiques*, t. II, éd. Alquié, p. 845 ; *Œuvres complètes*, t. IV-1, éd. BK, p. 586.

nécessaires limites de toute connaissance. La *Critique de la raison pure* procède autrement. Mais, se proposant aussi de tracer les limites du connaître, de déterminer la région propre au savoir, peut-elle arriver à ses fins, sinon en éclairant ses analyses à la lumière de la pensée d'un être inconnaissable, et aussi certain qu'inaccessible ?

Il paraît donc possible de replacer Kant dans l'histoire de la métaphysique ontologique, et de faire de son œuvre une lecture cartésienne. Selon un premier examen, il faut cependant le reconnaître, Descartes et Kant semblent apporter, à un même problème, des solutions opposées. La lecture de la *Dialectique transcendantale* nous en persuaderait aisément. Descartes prétend connaître l'âme plus aisément encore qu'il ne connaît le corps. L'examen des *Paralogismes* condamne cette prétention. Descartes croit atteindre, au niveau de l'espace, l'essence même des choses matérielles. *L'Antinomie de la raison pure* ruine toute cosmologie voulant saisir le monde à titre de chose en soi. Descartes prouve l'existence de Dieu. Dans l'*Idéal de la raison pure*, Kant conteste la validité de tous les arguments que l'on pourrait présenter en faveur de cette existence. En ce sens, on ne saurait trouver opposition plus complète, ni plus totale.

Et pourtant, nous croyons que l'on peut découvrir, chez Kant et chez Descartes, une même vérité. Ce n'est donc pas seulement eu égard à l'identité de la question à laquelle il est répondu que nous estimons possible une lecture cartésienne de la *Critique de la raison pure*. Selon nous, les réponses données par les deux philosophes à cette question, bien qu'opposées selon la lettre, sont souvent métaphysiquement équivalentes.

Que pourtant on nous entende bien ! Nous n'oublions pas que, par exemple, Descartes déclare décisive la preuve ontologique, et que Kant conteste la validité d'un tel argument. Et nous ne prétendons pas qu'il revienne au même de le soutenir ou de le réfuter. Encore faudrait-il examiner ce que Descartes affirme exactement quand il le soutient, et ce que Kant conteste quand il le réfute. On apercevrait alors que Kant ne combat qu'un cartésianisme déformé, le cartésianisme tel qu'il lui est parvenu à travers Leibniz et Wolff.

Selon Kant, la nécessité inconditionnée des jugements n'est pas la nécessité absolue des choses, l'existence n'est pas un prédicat et ne saurait donc être attribuée. Ces formules auraient certainement reçu l'assentiment de Descartes. Kant voit dans l'argument ontologique le fruit de la prétention de la pensée à poser l'être à partir du seul concept. Descartes, en énonçant sa preuve, constate et décrit l'impuissance de l'esprit, incapable d'englober, de comprendre, et donc de mettre en doute ou de nier, une présence qui s'impose à lui et ne saurait être enfermée dans une idée analogue à celles dont usent les mathématiques. Car l'infini est incompréhensible, et l'incompréhensibilité est contenue dans sa raison formelle : « *idea enim infiniti, ut sit vera, nullo modo debet comprehendi, quoniam ipsa incomprehensibilitas in ratione formali infiniti continetur*[1] ». Dans l'argument exposé et discuté par Kant, les notions d'infini et de parfait, notions qui donnent son sens à la preuve cartésienne, laissent place au « concept d'un être

---

1. *Réponses aux cinquièmes objections*, A.T., t. VII, p. 368 ; *Œuvres philosophiques*, t. II, éd. Alquié, p. 811 ; *Œuvres complètes*, t. IV-1, éd. BK, p. 562 : « car pour avoir une idée vraie de l'infini il ne doit en aucune façon être compris, d'autant que l'incompréhensibilité même est contenue dans la raison formelle de l'infini ».

absolument nécessaire ». En un mot, s'il est aisé d'opposer les textes, il est plus difficile de tenir pour contradictoires les pensées que Descartes et Kant ont, l'un et l'autre, effectivement formées.

On pourrait ici multiplier les exemples. Dans les *Paralogismes*, Kant insiste sur l'impossibilité de saisir l'âme à titre d'objet. Mais si Descartes affirme la primauté de la connaissance de l'âme, c'est précisément dans la mesure où elle ne saurait, pour nous, devenir un objet. Kant démontre la vanité de toute psychologie rationnelle. Mais Descartes, s'il établit l'existence de la pensée, n'a nullement cru possible de constituer, à partir du cogito, une psychologie positive. Jamais les réalités métaphysiques ne sont étudiées, dans les *Méditations*, à titre d'objets analogues à ceux que décrit et explique la science. De tels objets, elles sont, bien plutôt, les conditions. Le théoricien des âmes, ce n'est pas Descartes, c'est Leibniz.

Reste, il est vrai, le cas du monde. Il y a bien, chez Descartes, une connaissance du monde réel, car l'étendue, objet d'idée claire, est considérée comme l'essence de la matière. Kant tient l'espace pour une forme a priori de la sensibilité, et signale les contradictions où l'on tombe en prenant le monde pour une chose en soi. Il ne faut point oublier, cependant, chez Descartes, cette sorte de déréalisation du monde, et de la science du monde, qui résulte de l'idée de création, idée sans cesse reprise, et soutenant tout le système. Le monde est créé instant par instant. Les vérités éternelles sont elles-mêmes créées. Or rien de ce qui est créé n'est infini, même pas l'espace, qui est seulement dit « indéfini ». Voilà, une fois encore, l'être véritable situé au-delà du monde, et de la connaissance humaine.

Kant a voulu déterminer les limites de la connaissance, limites qui ne sont point des bornes, mais tiennent à la nature essentielle du savoir. Dans le même sens, Descartes avait déjà dit que l'esprit humain est la mesure de ses propres jugements, mais non de la réalité des choses[1]. Il est donc permis de croire qu'après les déformations que la pensée de Descartes a subies dans les grands systèmes de la seconde moitié du XVIIe siècle, et après les attaques dont elle a été l'objet au XVIIIe siècle, Kant a retrouvé la véritable essence du cartésianisme.

Et c'est sur ce point que nous voudrions rappeler la troisième des règles, devant, selon nous, s'imposer à tout historien de la philosophie : elle consiste à ne point oublier que les doctrines étudiées sont nées de la volonté qu'avaient leurs auteurs de découvrir des vérités, vérités qu'ils tenaient pour intemporelles. Il est assurément peu indiqué d'expliquer les philosophes en commençant par leur donner tort. Notre effort doit être, au contraire, de découvrir ce en quoi ils ont raison et, par voie de conséquence, ce en quoi ils sont d'accord, et expriment, à des moments différents, une même évidence. C'est dans cet esprit que nous parlons d'une redécouverte, par Kant, de l'authentique pensée de Descartes.

Cette redécouverte ne peut être aperçue que si l'on quitte le plan de l'explicite et des seules idées. Sur un tel plan, les deux systèmes s'opposent. Mais une philosophie n'est pas seulement faite d'idées. Elle est le fruit de la

---

1. *Lettre à Morus* du 5 février 1649 : « *Et quamvis mens nostra non sit rerum vel veritatis mensura, certe debet esse mensura eorum quae affirmamus aut negamus* », A.T., t. V, p. 274 ; *Œuvres philosophiques*, t. III, éd. Alquié, p. 882 ; *Œuvres complètes*, t. VIII-2, éd. BK, p. 644 : « Et bien que notre esprit ne soit ni la règle des choses ni celle de la vérité, du moins doit-il l'être de ce que nous affirmons ou nions ».

réaction totale d'une conscience en présence du monde, et en face du savoir scientifique que propose l'époque. On ne saurait, dès lors, s'étonner en découvrant que certaines doctrines, traduisant les exigences éternelles de l'esprit, retrouvent, en des temps divers, des pensées en quelque sorte équivalentes.

Kant a rétabli, d'une autre façon, un équilibre que Descartes avait institué, et que Malebranche, Leibniz et Spinoza avaient rompu. Dans ce rétablissement, on peut apercevoir la conséquence d'une sorte de nécessité, amenant l'esprit à retrouver une structure imprudemment détruite. C'est ainsi que l'on peut estimer que le thème moderne de la finitude, thème que l'on se plait à découvrir chez Kant, reprend, en un autre sens, ce que Descartes exprimait en parlant de création. Car, aux yeux de Descartes, tout être créé est fini. Notre pensée elle-même est finie. La recherche cartésienne de la sagesse se situe dans une telle perspective.

La *Dialectique transcendantale* était avant tout dirigée contre un cartésianisme déformé par Leibniz. Le rôle de l'*Esthétique* nous paraît avant tout de retrouver la finitude cartésienne, en ruinant les théories spinozistes et malebranchistes de l'espace. Pour Spinoza, l'étendue est un attribut de Dieu. Malebranche estime que nous voyons en Dieu l'étendue intelligible. Et c'est pourquoi ils ont cru tous deux pouvoir raisonner sur l'Être, ce qui revient, malgré leurs dires, à lui appliquer les critères du fini, mais, cette fois, en l'oubliant, en croyant avoir échappé à notre finitude. L'usage de l'idée de création avait épargné à Descartes cette erreur. Kant l'évite à son tour par les analyses de l'*Esthétique transcendantale*.

Une lecture cartésienne de l'*Analytique* est sans doute plus difficile. Car Descartes, s'il a établi la primauté du *cogito*, n'a point suffisamment explicité le rôle de la pensée dans le savoir. Il n'a point expliqué comment les idées, étant modes du moi, peuvent représenter l'extériorité. Et les rapports du sensible et de l'intelligible semblent, chez lui, mal définis. La sensation est tenue pour maîtresse d'erreur. Quant aux idées, leur valeur, leur accord avec les choses sont seulement garantis du dehors, par la véracité divine. À tous ces problèmes, le kantisme fournit des solutions plus élaborées : la théorie des catégories, celles de l'objectivation, de la déduction transcendantale, du schématisme, apportent ici, sur l'acte cognitif, les plus grandes lumières. Mais les problèmes alors résolus sont bien ceux que Descartes avait laissés sans solution. Et lorsque Kant, donnant deux sens différents au mot existence, distingue l'existence de l'objet physique et celle de la chose en soi, c'est encore une ambiguïté cartésienne qu'il dissipe. Descartes appelait indifféremment existence l'existence des choses et celle de Dieu. Selon Kant, c'est le jugement qui, par les catégories, est la source de toute objectivité physicienne. Mais la nature physique « n'est en soi qu'un ensemble de phénomènes... elle n'est pas une chose en soi[1] ». L'être, par conséquent, appartient à un autre ordre.

Il nous semble donc possible de réconcilier Descartes et Kant ; il suffit, pour cela, de renoncer à une lecture superficielle des deux auteurs, et d'aborder leurs œuvres selon une problématique vraiment philosophique. Mais la lecture que nous nommons ici superficielle sera toujours préférée par ceux qui réclament des philosophes la réponse à des questions ne relevant pas proprement de leur ressort. Le problème philosophique est celui de l'être. Or, ce qui importe à la plupart des hommes, ce n'est pas de définir

---

1. E. Kant, *Critique de la raison pure*, Logique transcendantale, Analytique des concepts, livre I, chap. II, 2ᵉ section, 4, AK IV, 85, A 114, *Œuvres philosophiques*, t. I, p. 1417.

l'être, ou de demander pourquoi il existe quelque chose, plutôt que rien. C'est de savoir si nous avons une âme, ou si Dieu est. Descartes prétend le prouver. Kant déclare de telles démonstrations illégitimes. En voilà assez pour les opposer.

Tous deux, pourtant, situent l'être au-delà de la connaissance. Descartes y parvient en mettant en lumière le caractère incompréhensible de l'infini, Kant en découvrant, dans la nature même du savoir, la raison de ses limites. Et cette commune affirmation de l'irréductibilité de l'être au concept fonde ou rétablit la métaphysique. Car, si l'être était réductible au concept, seule la science serait légitime, et pourrait satisfaire toutes les exigences de l'esprit humain. Tel sera, en deux sens différents, il est vrai, l'avis d'Auguste Comte et de Léon Brunschvicg. Telle devrait être, nous semble-t-il, la conclusion de ceux pour qui la philosophie transcendantale réduit l'être à la connaissance. Mais telle n'était pas l'opinion de Descartes et de Kant.

Dira-t-on que, définie à ce niveau, la métaphysique n'intéresse plus personne, l'homme n'étant anxieux de l'être que dans la mesure où il peut le connaître et le qualifier, comme le prouve, par exemple, son attachement spontané, et parfois fanatique, aux dogmes des religions? C'est en ce point qu'il faut, tout au contraire, apercevoir l'utilité et la nécessité de la philosophie. Elle ne saurait donner une réponse positive aux interrogations précises d'un esprit religieux. Mais, étant réflexion sur la nature de la connaissance physicienne, et sur les rapports de la science et des autres façons d'appréhender le réel, elle permet à l'homme de ne négliger aucune des clartés qui lui sont offertes.

Descartes et Kant ont tous deux médité sur le rapport de la science et de la religion. Le problème a été posé à

212   FERDINAND ALQUIÉ

Descartes par les conflits de son temps, l'affaire Galilée
en témoigne. Il a été posé à Kant par l'incrédulité et le
scientisme du siècle des lumières. Or ni Descartes, ni Kant
ne nous proposent une théologie positive. Ils ne sauraient
donc satisfaire les impatients, qui demandent à la philosophie
de se prononcer sur les questions propres à une telle théologie. En revanche, ils offrent aux méditatifs et aux lucides
le moyen de retrouver l'équilibre et le prix. La philosophie
répond aux exigences les plus profondes de l'homme. Elle
ne répond pas à toutes les questions qu'il formule.

Au nom de l'incompréhensibilité de l'infini, Descartes
réserve à la théologie son domaine, refuse d'appliquer au
discours sur Dieu les procédés des mathématiques, et
maintient ainsi la possibilité de la foi. Par sa détermination
de la nature de la science, et donc de l'essence de
l'objectivité, Kant parvient à des conclusions semblables.
Aussi déclare-t-il qu'il a dû « abolir le savoir pour laisser
une place pour la croyance[1] », et affirme-t-il que, « si la
métaphysique ne peut pas être le fondement de la religion,
elle doit cependant en rester toujours comme le rempart[2] ».

Pour lui, comme pour Descartes, il y a donc d'autres
voies d'accès à l'être que celle de la connaissance
scientifique (en particulier la voie morale). Rien ne saurait
mieux établir qu'à ses yeux l'être ne se réduit pas au savoir
que la science nous en donne. En cela, sans doute, ni la
religion, ni l'art ne sont véritablement fondés. Mais leur
place est réservée, leur possibilité établie, et nous échappons
à la dictature de la seule physique. Il en était de même
chez Descartes.

1. Préface de la seconde édition de la *Critique de la raison pure*,
AK III, p. 19 ; *Œuvres philosophiques*, t. I, p. 748.
2. *Critique de la raison pure*, Théorie transcendantale de la méthode,
III, AK III, 548-549 ; A 849, B 877, *Œuvres philosophiques*, t. I, p. 1396.

Par de telles conceptions, Descartes et Kant ne pouvaient, du reste, que déplaire à tous. Aux incroyants et aux scientistes, jugeant qu'ils favorisent une théologie que l'on devrait bannir, aux constructeurs de systèmes, prétendant enserrer la totalité de l'être en leurs concepts, aux idéalistes qui, à la suite de Berkeley, réduisent la réalité des choses au fait d'être perçues, aux religieux, aussi, pour lesquels, cette fois, Descartes et Kant n'en ont pas dit assez et qui, plus soucieux d'affirmations positives que de critique métaphysique, s'essoufflent pour rattraper, en espérant y trouver une place pour leurs croyances, les trains toujours manqués de l'astronomie, de la biologie, de l'évolutionnisme et de l'histoire. Descartes et Kant se contentent de dire ce que l'évidence philosophique permet d'affirmer : l'objet n'est pas l'être. Il appartient à chacun de nous, à partir de cette évidence, de découvrir un équilibre, et de ne point sacrifier, au profit des seuls soucis scientifiques et techniciens, ce que Kant nomme respect, et Descartes adoration.

INTENTION ET DÉTERMINATIONS
DANS LA GENÈSE DE L'ŒUVRE
PHILOSOPHIQUE [1]

Je veux d'abord remercier l'Institut des Hautes Études de Belgique de m'avoir fait l'honneur de m'inviter à prendre la parole devant vous, et, particulièrement, exprimer ma reconnaissance à M. Perelman, qui a si excellemment introduit le débat [2]. Je crois, en effet, que tout ce que mes collègues et moi-même auront à dire s'insérera à merveille dans cette liste de problèmes que M. Perelman a formulés avec la clarté qui lui est habituelle, clarté que j'ai, chez lui, toujours admirée. Le problème que M. Perelman a posé, en se demandant quels sont les textes qui méritent le nom de « philosophiques », a déjà été très largement traité par M. Gueroult [3], puisque celui-ci a parlé de l'essence de la philosophie, a déclaré que toute philosophie demande une justification rationnelle, ce qui constitue bien une façon de distinguer la philosophie comme telle de ce qui n'est pas elle-même.

1. Paru dans la *Revue de l'Université de Bruxelles*, n° 3-4, 1973, « Philosophie et méthode », p. 296-328.

2. Voir Ch. Perelman, « Exposé introductif », *Revue de l'Université de Bruxelles*, n° 3-4, 1973, « Philosophie et méthode », p. 278-284.

3. Voir M. Gueroult, « La méthode en histoire de la philosophie », *Revue de l'Université de Bruxelles*, n° 3-4, 1973, « Philosophie et méthode », p. 285-295.

Le terrain sur lequel je vais me placer sera tout à fait différent. Mais je vais, moi aussi, répondre à l'une des questions que M. Perelman a posées, quand il s'est demandé, à la fin de son discours : « Y a-t-il, pour juger et pour comprendre une philosophie, des critères meilleurs que ceux dont a usé le philosophe lui-même ? » Je répondrai aussi à une question différente, mais qui me paraît liée à la première : « Y a-t-il une continuité dans l'histoire de la philosophie ? » Ce que je dirai, vous allez le voir, ne répondra sans doute pas de façon exhaustive à ces deux questions, mais, cependant, je pense, y répondra partiellement.

L'historien de la philosophie ne peut guère parler de « sa méthode » – je ne dis pas « de la méthode », je dis « de la méthode qu'il a employée lui-même » – qu'en réfléchissant après coup sur ses propres travaux. C'est du moins le cas en ce qui me concerne, et je me suis demandé, en recevant le programme de ce Colloque, s'il y a ou s'il n'y a pas une méthode en histoire de la philosophie, s'il y en a une ou s'il y en a plusieurs, et comment je pourrais faire effort pour formuler, sinon ce que doit être « la méthode », du moins, plus humblement, ce qu'a été la mienne.

Je dois le dire tout d'abord, si je fais l'historique de ma propre pensée – ce qui peut paraître prétentieux, mais n'a d'autre ambition que de m'en tenir à ce que je sais – je n'ai jamais défini d'avance une méthode pour aborder l'étude des textes. Et je crois qu'il en est de même, finalement, pour tous les philosophes, pour tous les historiens de la philosophie de ma génération, et même des générations antérieures à la mienne. Nous sommes des professeurs, nous avons eu chaque année à expliquer à nos étudiants un certain nombre de textes, soit choisis par nous-mêmes, soit fixés par des programmes qui ne dépendaient pas de nous. Ces textes, nous avons essayé de les comprendre de notre mieux et, de ces efforts empiriques, faits pour pénétrer leur sens, s'est peu à peu dégagée une méthode. Si j'insiste sur ce point, qui peut sembler aller de soi, qui paraît de la dernière banalité, c'est qu'il n'en est plus de même aujourd'hui. Si cette méthode spontanée, ou, si l'on préfère, si cette absence de toute méthode définie à l'avance, était autrefois la règle, il n'en est plus ainsi dans ce qu'on pourrait appeler la « nouvelle école », la « nouvelle critique ». Ici, au contraire, on rencontre des philosophes, ou des historiens, pour lesquels la méthode est l'essentiel. Les résultats obtenus sont fonction de sa définition préalable. Il est clair, en effet, qu'un texte signifiera des choses différentes, et du reste parfaitement prévisibles, selon qu'on l'abordera d'un point de vue marxiste, d'un point de vue psychanalytique, d'un point de vue thématique, linguistique, etc.

Pour Lucien Goldmann, dont M. Perelman évoquait tout à l'heure la mémoire, les *Pensées* de Pascal signifient avant tout que la noblesse de robe doit céder le pas, à la fin du XVIIe siècle, aux commissaires royaux. Il est bien évident que, pour apercevoir cela dans les *Pensées* de Pascal, il faut les aborder par une méthode marxiste. Cette méthode étant adoptée, on peut prévoir, non pas ce que M. Goldmann a découvert, mais du moins le genre d'explication qui sera donnée aux textes étudiés.

Jean-Paul Weber qui, du reste, a considéré plutôt les poètes que les philosophes, recherche des thèmes. Il est sensible, par exemple, au fait que Vigny a été, quand il était jeune, traumatisé par une horloge que son père avait achetée. Dès lors, pour Weber, le Moïse de Vigny signifie, non pas, comme on pourrait le croire, que nous sommes seuls devant le monde et la destinée, mais que Vigny, hanté par l'image de l'horloge, place les deux aiguilles en haut du cadran, pour marquer midi. Dieu et Moïse, sur le Mont Sinaï, deviennent la grande et la petite aiguille d'une pendule.

Si j'ai pris ces exemples, c'est pour montrer qu'il y a bien des cas où vraiment la méthode est première et déterminante. Selon la méthode choisie, on trouvera ce que l'on doit trouver. En ce sens, je vous le dis tout de suite, je n'ai pas de méthode, et je suis heureux de ne pas en avoir.

Ceci m'amène à un autre ordre de réflexions. Je crois que ces conceptions nouvelles de la méthode viennent de ce que l'on veut appliquer, aux œuvres de l'esprit, des procédés qui dérivent des sciences, où, comme c'est le cas en physique, il y a hétérogénéité radicale entre le sujet connaissant et l'objet connu. C'est là une analogie fort simple, mais, il me semble, que l'on ne remarque pas assez. On veut souvent appliquer à l'histoire de la philosophie des méthodes scientifiques. Or, nous sommes dans une situation tout à fait différente de celle du physicien. En physique, il s'agit d'interpréter un objet selon des normes qui ne sont pas les siennes, et, par conséquent, de découvrir une méthode, propre à l'esprit humain, pour comprendre cet objet. Il est bien évident que les sciences demandent, en ce sens, une méthode, et qu'on peut écrire, en ce qui les concerne, un discours de la méthode. Lorsque Descartes a composé un tel discours, c'était pour servir de préface à des essais scientifiques. Et cela était possible parce qu'il n'y a rien de commun entre le monde qu'étudie la physique et un traité de physique. Ce n'est assurément pas en se contentant de contempler les choses qu'on composera un ouvrage scientifique. Mais pour nous, historiens de la philosophie, il n'en est pas de même. Il y a, entre un ouvrage de Kant et l'ouvrage que j'écris, moi, sur Kant, une ressemblance essentielle – je ne parle pas de la différence qui tient au génie de Kant bien entendu –, c'est que le livre de Kant et le mien sont deux livres, et deux livres de philosophie, traitant de questions analogues.

Donc, il y a déjà un danger dans le fait que l'on applique, à l'histoire de la philosophie, une méthode. Et le danger de la méthode vient de ce qu'elle nous amène à considérer les œuvres de l'esprit comme des choses. Ici, l'interprète se préfère à l'auteur. Il croit comprendre l'auteur mieux que l'auteur ne s'est compris lui-même, ce qui est du reste fatal, car, comme M. Perelman le disait fort bien, si nous pensions qu'après Descartes il n'y a plus rien à dire sur Descartes, nous nous tairions, et nous contenterions de recopier mot à mot ce que Descartes a écrit. Ainsi, vous le voyez, il y a une différence fondamentale entre ce qui se passe en physique, en biologie, où le monde ne parle pas, et où il faut bien que le physicien ou le biologiste fassent parler le monde, et le cas de l'historien de la philosophie, qui parle de gens qui ont déjà parlé, en sorte qu'on peut se demander pourquoi il se permet à son tour de prendre la parole.

C'est pour toutes ces raisons que j'ai cru longtemps qu'il n'y avait pas de méthode en histoire de la philosophie. Mon premier rêve a été de coïncider avec l'auteur, de confondre ma démarche avec la sienne et donc, au sens strict, je le répète, de ne pas avoir de méthode. Je voulais seulement essayer de rejoindre l'auteur de mon mieux. Mais j'avoue que ce rêve n'est pas réalisable, et tout ce que je vais dire maintenant va le montrer. Ce que je vais dire va donc aller à l'encontre de ce que j'ai commencé par énoncer. J'ai voulu d'abord établir que la méthode en histoire de la philosophie – si méthode il y a – devait être fondamentalement différente de la méthode dans les sciences, et refuser de considérer le texte philosophique comme un objet. Je vais maintenant essayer de vous faire comprendre pourquoi, dans mon évolution personnelle, je n'ai pas pu me tenir à cet idéal.

Et, d'abord, ce qui m'a fait prendre conscience que j'avais une méthode, ce dont je ne m'étais d'abord pas douté, ce sont les critiques qui m'ont été adressées, en particulier celles de M. Gueroult lui-même. C'est en réfléchissant sur ces critiques que j'ai dû convenir que la façon dont je comprenais les textes n'était pas toujours celle dont d'autres interprètes les avaient compris. Et c'est à partir de là que j'ai pris conscience que j'utilisais en effet, mais, dirais-je, sans le faire exprès, des méthodes d'approche ou de compréhension qui m'étaient propres, et dont je n'avais pas conscience. On sait, par exemple, que je suis, plus qu'au système, attentif à une certaine genèse des pensées. Pourquoi ? Ce n'est pas du tout parce que j'ai décidé, au départ, qu'il fallait qu'il en fût ainsi. C'est d'abord parce que, ayant souvent grand mal à concilier, chez un auteur, des affirmations contradictoires, et me trouvant gêné par des textes opposés, je me suis parfois tiré d'affaire – du moins l'ai-je cru – en datant ces affirmations. Cela m'a conduit à admettre qu'un auteur parfois dit d'abord une chose, puis une autre fort différente, et à me demander comment l'auteur avait été amené, précisément, à passer de telle idée à telle autre. C'est ainsi que s'est formée ce que, si je voulais employer un mot prétentieux, j'appellerais une « méthode génétique ». D'autre part, comme tout historien de la philosophie – là, je rejoins encore un problème que M. Perelman a posé –, comme tout historien désireux de respecter au maximum la vérité, que, selon moi, chaque philosophie énonce, et frappé par l'opposition des systèmes, je me suis efforcé de déterminer le lieu où pouvait se trouver cette vérité. Et j'ai cru pouvoir découvrir – je ne reviendrai pas sur ce point que j'ai traité par ailleurs, puisque j'ai écrit un livre à ce sujet[1] –, j'ai cru pouvoir découvrir que la vérité, la vérité éternelle de la philosophie, se situait au niveau des démarches, plutôt qu'au niveau des structures. Me suis-je trompé ? Cela est possible. Mais je n'ai pas ici d'autre but que de montrer comment j'ai, malgré moi, constitué ce que l'on pourrait appeler une méthode, ou des méthodes.

Cependant, c'est toujours pour comprendre un auteur que j'employais telle ou telle « méthode ». C'est toujours pour modeler ma pensée sur la sienne, ou ce que je croyais être la sienne, que je tentais de me forger des instruments adéquats.

Eh bien, même à cela, je n'ai pu me tenir. Et je dois parler maintenant, non pas de ce que j'ai fait, mais de ce que je fais, non pas de ce que j'ai écrit, sur Descartes en particulier, mais de ce que je suis en train d'écrire, ainsi sur Malebranche. Car, comme je vous le disais, je ne peux penser à mes méthodes – si méthodes il y a – qu'après coup. Bien entendu, je ne prends ici Malebranche qu'à titre d'exemple, et parce que je m'en occupe présentement. Mais je crois que les conclusions méthodologiques que je vais tirer de son étude, ou du moins de l'étude que j'en fais, pourront être étendues à bien d'autres auteurs.

Je suis, en effet, partiellement amené à renoncer à ce que je vous recommandais, à ne plus tenir la conscience de l'auteur pour la référence dernière à laquelle il faut se rapporter. Je suis conduit à admettre qu'il faut bien, d'une certaine façon, considérer le système de Malebranche comme un objet, non pas certes aussi étranger à moi-même que le monde physique l'est aux physiciens, mais tout de même étranger à l'esprit de celui qui l'étudie.

1. Voir F. Alquié, *Signification de la philosophie*, Paris, Hachette, 1971.

Ici, j'ouvre une parenthèse, pour vous faire remarquer que, jusqu'à maintenant, quelque différence qu'il y ait entre les méthodes que les historiens de la philosophie ont employées, il demeurait un point sur lequel ils étaient tous d'accord. Certes, les méthodes de M. Gouhier ne sont pas celles de M. Gueroult. L'un est plus attentif à un certain itinéraire spirituel, l'autre à une certaine architecture du système. Mais il est un point sur lequel tous deux, et je dirai, cette fois-ci, nous tous, sommes d'accord. C'est qu'une étude d'histoire de la philosophie doit porter sur un seul auteur, sur une seule pensée, sur une pensée qui doit être saisie dans sa totalité et dans son originalité spécifique. Je prends des exemples : les livres de M. Gueroult ont comme titre : *Descartes selon l'ordre des raisons*, *Malebranche*, *Spinoza*. Ceux de M. Gouhier s'intitulent : *La pensée de Malebranche et son expérience religieuse*, *La pensée métaphysique de Descartes*, etc. Ces ouvrages ne concernent donc qu'un seul auteur. Une telle attitude, je le dis tout de suite, est non seulement légitime, mais elle est nécessaire. Elle est nécessaire, car, sans elle, ce qu'il y a de propre dans l'œuvre philosophique disparaîtrait. Certes, nul n'est plus convaincu que moi que toute philosophie énonce des vérités universelles. Mais cette universalité n'est pas, comme celle des vérités scientifiques, une universalité impersonnelle. C'est vraiment une universalité personnelle, ce en quoi elle diffère de l'universalité impersonnelle des vérités scientifiques.

Or, toutes les méthodes employées par les véritables historiens de la philosophie respectent cette personnalité. Si l'on étudie un itinéraire spirituel, comme M. Gouhier l'a fait souvent, on retrace l'histoire de l'esprit d'une seule personne. Si, au contraire, comme le fait M. Gueroult, on reconstruit un système, on met en lumière le rapport interne qu'ont entre elles un certain nombre d'idées, idées qui, dès lors, prennent leur sens par rapport à un ensemble architectural personnel comme, dans une mélodie, les notes prennent leur sens de l'ensemble, et empruntent leur valeur à la mélodie, ou à l'harmonie, où elles se trouvent prises.

Je n'ai donc, bien entendu, pas l'intention de critiquer le moins du monde le souci qu'ont les historiens de la philosophie de borner leur étude à un seul auteur – à un seul auteur par livre –, bien que, comme le disait M. Perelman tout à l'heure, la continuité de l'histoire de la philosophie disparaisse un peu de ce fait. J'ai si peu le souci d'élever contre cette méthode la moindre critique, que moi-même je n'ai jamais procédé d'une autre façon et que, je le répète, je ne crois pas que l'on puisse procéder d'une autre façon sans sortir de ce qu'est véritablement l'histoire de la philosophie. Car, une philosophie, c'est la réaction globale d'une conscience à un certain monde et, aussi, à une certaine science du monde à un moment donné. C'est donc cette conscience que, soit sous la forme de l'itinéraire, soit sous la forme de l'expérience, soit sous la forme du système, on doit retrouver toujours. Sur ce point, M. Gueroult, M. Gouhier et moi-même serions d'accord.

Et, pourtant, on peut se demander si une telle méthode ne néglige pas quelque chose. Ce quelque chose, à vrai dire – j'en conviens tout de suite – appartient peut-être davantage à l'histoire des idées qu'à l'histoire de la philosophie proprement dite. Mais enfin, pour reprendre ici ma comparaison avec les notes d'une mélodie qui n'ont de sens que par l'ensemble de cette mélodie, il demeure que si, en effet, une note musicale n'a strictement de sens que par le tout où elle est prise, on ne peut pas en dire autant d'une idée. On ne peut pas prétendre qu'une idée ne soit rien sans l'itinéraire intellectuel où elle a pris naissance, ou sans le système où elle se trouve contenue. L'idée appartient au philosophe, personne n'en doute. Mais elle appartient aussi à autre chose et, en particulier, à ces mouvements de pensée que l'on a nommés cartésianisme, spinozisme, kantisme, même s'ils constituent des trahisons incontestables de Descartes, de Spinoza et de Kant. Il demeure en effet que, même s'ils trahissent les auteurs qui sont à leur origine, ces mouvements, historiquement, existent comme tels. Tout se passe alors comme si les idées possédaient un contenu et une force propres leur permettant, une fois détachées de la philosophie où elles ont pris naissance, de suivre leur propre destin. Or, il est clair que, par ce destin, et au cours de cette histoire, les idées révèlent des sens que les philosophes ne leur avaient pas donnés et que, pourtant, elles possèdent.

L'histoire du « Je pense » de Descartes en serait une preuve. Si nous retracions l'histoire du sujet dont le « Je pense » cartésien est la source, nous y trouverions la monade de Leibniz, qui est fort différente mais qui en dérive d'une certaine façon, l'esprit de Berkeley, qui est encore autre chose, le moi de Hume, le sujet transcendantal de Kant. Puis le sujet transcendantal de différents phénoménologues. Tout cela n'aurait pas été possible sans Descartes, mais tout cela n'est pas de Descartes, et diffère fort de ce que Descartes voulait exprimer en énonçant le *cogito*. En sorte que, lorsque Descartes a dit « Je pense donc je suis », il a dit beaucoup plus qu'il n'a voulu dire. En tout cas, il a énoncé une idée dont allaient naître un certain nombre de thèses qu'il n'avait nullement prévues, thèses que, du reste, il aurait désavouées pour la plupart.

Mais il y a plus. Les idées semblent parfois se retourner contre l'intention profonde qui leur a donné naissance, et c'est là que je vais m'appuyer sur l'exemple de Malebranche. Cet exemple va me permettre d'établir, mieux que tout autre, que le contenu d'une philosophie ne peut pas être expliqué par la seule intention de l'auteur, ni par le sens que les idées ont reçu explicitement au sein de sa propre philosophie considérée comme système. Autrement dit, que l'on étudie Malebranche selon la perspective de M. Gouhier, qu'on le prenne tel que le voit M. Gueroult, c'est-à-dire soit dans certain devenir, soit dans le système, il y a aussi un Malebranche qui doit bien être pris comme objet, et qu'il faut bien expliquer du dehors, puisque la référence à son intention ou à son système ne suffit pas à en rendre compte.

Nul ne doute que l'intention de Malebranche n'ait été religieuse : il veut nous ramener à Dieu, il veut nous faire sentir partout la présence de Dieu, il veut nous persuader que c'est en lui que nous voyons toutes choses, il veut nous amener à rapporter à Dieu toute efficacité, et toute causalité. De cela, personne ne doute. Nul ne doute non plus que chacun des thèmes de Malebranche ne puisse, à l'intérieur du système, être rattaché à cette intention fondamentale. Le système de Malebranche est un véritable théocentrisme. Mais cela dit, on peut s'étonner du nombre incroyable d'emprunts que la philosophie des Lumières a faits à Malebranche, et de l'admiration que les déistes, voire les athées du siècle suivant, en général si sévères pour Descartes, pour Leibniz et même pour Spinoza, ont portée à Malebranche. Ici – mais il faut que je sois bref –, je pourrais vous citer des textes fort nombreux. Commençons par quelques preuves d'admiration. Prenons Condillac. Condillac est un admirateur de Locke. Il déclare pourtant, dans son *Traité des systèmes*, chapitre VII, que Locke n'avait ni la sagacité, ni l'esprit méthodique, ni les agréments de Malebranche.

Diderot, dans l'article « Malebranchisme » de l'*Encyclopédie*, écrit de même : « Une ligne de Malebranche montre plus de subtilité, d'imagination, de finesse et de génie peut-être, que tout le gros livre de Locke. »

Voltaire ne condamne les illusions de Malebranche qu'en les qualifiant de sublimes : ce mot revient sans cesse ; ainsi dans les *Lettres Philosophiques*, 13, il parle des « illusions sublimes » de Malebranche. Et dans le Catalogue des Écrivains français qu'il donne en son *Siècle de Louis XIV*, il dit que Malebranche est « un des plus profonds méditatifs qui aient jamais écrit ». N'oubliez pas que le même Voltaire a déclaré que Descartes était un pur charlatan.

Prenons maintenant quelques textes où se marque l'influence de Malebranche. Vous savez tous, bien entendu, que Malebranche, contrairement à Descartes, estime que nous n'avons pas d'idée claire de l'âme. Le *cogito* prouve que l'âme existe, mais ne nous donne pas l'idée de ce qu'elle est. Le XVIIIe siècle reprendra cette conception : « Nous n'avons pas d'idée de l'âme, nous n'avons pas d'idée de l'esprit. » De qui est cette phrase ? Elle est de Voltaire et se trouve dans le *Dictionnaire Philosophique*, article « Âme ».

« Qu'est-ce que l'âme ? C'est un esprit dont les hommes ont conscience, mais n'ont aucune idée », dit le Baron d'Holbach, cette fois-ci, dans *Le Bon Sens*, p. 96-97 de l'édition Deprun[1]. À l'article « Miracles » du *Dictionnaire Philosophique*, Voltaire expose que la grandeur de la conduite de Dieu se reconnaît à sa constance. Il écrit : « Quelle raison » pourrait donc porter Dieu « à défigurer pour quelque temps son propre ouvrage » ? Et il ajoute : supposer des miracles, c'est donc « en quelque sorte déshonorer la divinité ». Ces termes mêmes « défigurer », « déshonorer » sont de Malebranche, et sont pris dans Malebranche. Et l'article « Grâce » – vous n'aurez pour vous en convaincre, qu'à relire dans le *Dictionnaire Philosophique* l'article « Grâce » – pourrait être signé : Malebranche.

---

1. Baron D'Holbach, *Le Bon Sens*, éd. J. Deprun, Paris, éditions rationalistes, 1971.

Et quand l'abbé Meslier – cette fois, nous avons affaire à un athée pur : car l'abbé Meslier était athée, et Voltaire a caché qu'il l'était parce qu'il ne voulait fournir aucun argument à l'athéisme, mais nous pouvons maintenant lire l'œuvre complète de l'abbé Meslier, récemment éditée, et nous convaincre que c'était un athée absolu – veut établir l'existence en soi de la matière, et fonder par là son pur matérialisme, quel argument emploie-t-il ? On pourrait s'attendre à ce qu'il aille chercher dans l'atomisme, certains classiques arguments. Pas du tout, il reprend – et il le dit – l'argument ontologique de Malebranche. Et aussi les formules par lesquelles Malebranche établit l'existence de l'étendue intelligible comme réalité infinie. M. Jean Deprun a publié là-dessus des études fort intéressantes, en analysant les œuvres de Meslier. Ce dernier est un malebranchiste, et M. Deprun déclare avec quelque humour que c'est un malebranchiste d'extrême gauche.

De toute façon, c'est un malebranchiste athée : son argument reprend, mot à mot, l'argument de Malebranche, à cette différence près qu'au lieu de l'appliquer à Dieu, il l'applique à la matière.

Un problème se pose donc : comment des penseurs incrédules ont-ils pu admirer Malebranche à ce point ? Et comment ont-ils pu trouver dans la philosophie de Malebranche un véritable arsenal d'arguments en faveur de leurs propres conceptions ? Faut-il évoquer le contresens ? Eh bien, non. Car la plupart des penseurs du XVIIIe siècle savent fort bien ce que Malebranche a dit, et ce qu'il a voulu dire. Ils ne prêtent en rien à Malebranche leurs propres idées. Voltaire expose toujours la doctrine de Malebranche de façon très exacte, et l'abbé Meslier avoue clairement : « Malebranche ne pense pas ce que je pense, mais c'est son argument que je reprends. » Donc, puisque ces auteurs n'ont pas fait de contresens sur Malebranche, et puisque cependant ils ont tellement aimé Malebranche, c'est dans Malebranche lui-même qu'il convient de découvrir la solution du problème qui nous occupe. Et, dès lors, nous revenons de l'histoire des idées à l'histoire de la philosophie, puisque nous nous plaçons, cette fois, à l'intérieur de la pensée de Malebranche, et considérons l'évolution interne de cette pensée. Et, pourtant, l'histoire que nous retraçons cesse d'être le fruit d'un effort pour reconstituer le système ou l'itinéraire de Malebranche par référence à son intention. Tout au contraire, nous apercevons que Malebranche, ayant voulu défendre la foi, a professé des doctrines qui ont servi ses propres ennemis. C'est le cas lorsque Malebranche définit Dieu comme l'être indéterminé, et, d'autre part, applique à l'étendue intelligible des preuves que Descartes réservait à Dieu seul. Comparez sur ce point la *Méditation troisième* et le *Premier Entretien sur la Métaphysique*. Descartes commence par dire : « Je doute de tout », puis « je pense ». Et, à l'intérieur du « je pense », il découvre une seule idée dont il déclare ne pouvoir être cause : « c'est l'idée de Dieu ». Malebranche fait le même raisonnement en ce qui concerne l'idée d'étendue. Dans le premier Entretien, il parle de l'idée ineffaçable – le mot « ineffaçable » sera celui que reprendra Meslier – de l'étendue intelligible. Il n'est donc pas douteux qu'il a permis à l'abbé Meslier d'utiliser l'argument ontologique en faveur du matérialisme.

Je vais prendre un autre exemple, celui de l'argument selon lequel, sous un Dieu juste, les animaux ne sauraient souffrir. Voulant établir que les animaux n'ont aucune sensibilité, Malebranche, entre autres arguments – car il reprend aussi ceux de Descartes – propose un argument qu'avait déjà donné, selon saint Augustin ou plutôt en le prétendant tiré de saint Augustin, Ambrosius Victor. C'est l'argument suivant : sous un Dieu juste, l'animal ne saurait souffrir, puisque sous un tel Dieu un être innocent ne saurait souffrir. Les animaux sont innocents puisqu'ils n'ont pas péché. Par conséquent, ils ne sauraient souffrir. S'ils ne peuvent souffrir en droit, ils ne souffrent donc pas en fait. De cela Malebranche conclut que les animaux sont insensibles. Or le baron d'Holbach reprendra exactement le même argument, et dans les mêmes termes. « Sous un Dieu juste, les animaux ne sauraient souffrir. Or il est bien évident que les animaux souffrent. Donc il n'y a pas de Dieu juste. » C'est bien l'argument de Malebranche qui est repris par d'Holbach, avec une conclusion différente. Malebranche est sûr que Dieu est juste. D'Holbach est certain que les animaux souffrent. Évidemment, selon que l'on part de l'une ou de l'autre certitude, on arrive à des conclusions opposées. Mais la forme de l'argument est strictement la même.

Malebranche veut voir dans l'universalité des Lois et dans la simplicité des Voies que nous révèle la physique les caractères essentiels de la conduite divine. Voilà le Dieu-architecte, le Dieu-horloger où Voltaire reconnaîtra le sien. Malebranche refuse de mettre en Dieu des volontés particulières relatives à chacun de nous. Voilà le Dieu-absent du XVIIIe siècle, siècle où chacun se sent ignoré par Dieu.

Il faut donc convenir – je cesse de multiplier les exemples – quand on étudie la genèse de la philosophie de Malebranche, que cette genèse n'a pas été le fruit de sa seule intention, de sa seule volonté, mais de déterminations qui ont pesé sur sa pensée. Par-là, l'étude de telles déterminations paraît nécessaire à l'histoire de la philosophie. Ceci nous ramène donc à ce que j'ai essayé d'éviter au départ, à savoir à cette attitude objectivante, dont pourtant je n'aurais pas voulu.

Mais il faut ajouter que l'on peut découvrir, dans l'histoire d'une pensée, deux sortes de déterminations. Il y a des déterminations externes et des déterminations intérieures, liées à la recherche de la vérité. Qu'il y ait eu dans la formation de la pensée de Malebranche des déterminations externes, traduisant l'influence du milieu, je n'en doute pas. C'est ainsi que l'admiration générale qui se rencontre en son siècle pour une science mathématico-physique a eu sans aucun doute la plus grande influence sur sa pensée. Après avoir déclaré que le monde ne vaut rien, Malebranche, dans les *Entretiens sur la métaphysique*, l'admire. On trouve dans le texte de véritables hymnes d'admiration, relatifs à ce monde gouverné par des lois simples, telles que le mécanisme nous l'a finalement révélé. Ici pourraient trouver place des critiques de type marxiste, ou psychanalytique, et, en tout cas, des critiques externes.

Mais ce n'est pas ce qui m'intéresse tellement. Ce qui m'intéresse le plus, c'est le fait que les déterminations qui ont conduit Malebranche loin de ce qu'il voulait dire sont souvent intérieures, et par conséquent rationnelles, et par conséquent philosophiques. Malebranche réfléchit en philosophe sur la philosophie de Descartes. Il en aperçoit les ambiguïtés, ou du moins ce qu'il considère comme tel, les équivoques, comme il le dit lui-même. Il veut les éviter. Il y a chez Descartes un certain nombre d'idées qu'il veut préciser et approfondir. Et il corrige le cartésianisme, dont pourtant il se réclame. Il l'engage dans une voie dont il ne voit pas les conséquences. Car cela est absolument certain : il ne voit pas où il va. Il ne le voit pas, et pourtant, d'autres l'aperçoivent. Arnauld, Bossuet ne cessent de lui dire : « Attention, où nous conduisez-vous ? » Mais, par cette obstination admirable qui est la sienne, il ne se fie qu'à sa propre raison, raison qu'il prend du reste pour le Verbe, ce qui, évidemment, lui inspire une totale confiance en sa propre philosophie.

Je voudrais, pour finir – car il se fait tard –, donner encore un exemple de cela. Considérons la doctrine de la Vision en Dieu. Par cette doctrine, Malebranche veut d'abord démontrer que l'esprit humain n'a aucun pouvoir, aucune lumière propre. Nous ne connaissons les choses que par l'illumination divine qui nous éclaire. Or, Malebranche sera conduit à une doctrine, ou plutôt il appellera une doctrine, qui serait celle de Kant voyant dans l'esprit humain le principe même de toute connaissance. Comment cela s'est-il produit ? Cela a demandé un certain nombre d'étapes. En un premier temps, Malebranche a considéré que l'opinion de Descartes, selon laquelle les modalités de l'âme peuvent être représentatives, est une opinion absurde, si absurde qu'il se refuse à l'attribuer à Descartes. Car il déclare qu'elle est tellement hors du bon sens que Descartes n'a pas pu la soutenir. De ce fait, il condamne l'innéisme, et la doctrine selon laquelle les modalités de l'esprit pourraient représenter l'extériorité. Pour sa part, il place les idées en Dieu, où elles sont aperçues. Or, ce qu'il place en Dieu, ce sont d'abord – dans la première édition de la *Recherche de la vérité* – les idées particulières telles que les concevait Descartes, c'est-à-dire des idées finies, distinctes, créées, etc.

Mais dans un second temps – et vous voyez qu'ici il n'y a pas influence du dehors, mais bien raisonnement – il réfléchit sur les caractères que doivent posséder les idées si elles sont en Dieu. Il découvre qu'il ne suffit pas de prendre les idées telles que les concevait Descartes, et de les mettre en Dieu. Les idées en moi, les idées en Dieu ne peuvent avoir les mêmes caractères. Dès lors – et c'est le tournant que révèle le fameux dixième Éclaircissement de la *Recherche de la vérité* – nous comprenons que Dieu, étant un être infini et indéterminé, ne peut lui-même contenir que des idées infinies et indéterminées. Voici donc bannies,

de Dieu, les idées particulières. Dès ce moment, Arnauld
s'inquiète, et remarque que dire que Dieu n'a pas d'idée
particulière, c'est reconnaître que sa création est aveugle.
Mais Malebranche ne s'en soucie pas.

Ici, je reprends les analyses de M. Gueroult : elles me
paraissent absolument décisives. M. Gueroult se demande
– et je me le demande comme lui, je me le demande après
lui – où Malebranche peut situer l'idée vraie du Soleil,
l'Idée astronomique du Soleil ? Non point en Dieu, puisque
cette idée est particulière. Dieu a l'idée du cercle, de la
sphère en général ; il n'a pas l'idée du Soleil. Non pas dans
le monde sensible puisqu'il s'agit bien d'une idée. Ne
faut-il pas convenir alors, demande M. Gueroult, que
l'intelligence humaine, en parvenant à l'idée vraie à partir
du sensible, car c'est à partir des sensations que la volonté
de Dieu me donne que je construis l'idée du Soleil, parvient
à une idée vraie que l'intelligence divine elle-même ne
possède pas, c'est-à-dire qui n'est pas dans le Verbe ? Voici
donc que j'ai une idée qui n'est pas dans le Verbe !
Malebranche, assurément, n'aurait pas convenu de cela.
Mais je crois que sa théorie le suppose. Et c'est en cela,
comme du reste sur bien d'autres points, qu'elle rend
nécessaire – si je peux dire – la théorie de Kant subordonnant
les vérités de la physique au seul esprit humain. Qu'est,
en effet, le Dieu de Malebranche ? C'est, d'une part, un
pur géomètre qui contemple des cercles indéterminés, des
sphères indéterminées, et c'est, d'autre part, un créateur
qui crée des êtres particuliers. Mais où sont les idées de
ces êtres particuliers ? Pas en lui, puisque, nous dit
Malebranche, il n'y a pas en Dieu d'idées particulières.
Où peut-il alors situer ces idées ? Qu'est-ce qui va fonder
la physique ? C'est l'homme. Il ne peut y avoir que l'homme
qui fonde la science. Or, penser que l'homme seul peut, à

partir du sensible, fonder et trouver les idées vraies qui constituent la physique, c'est être kantien.

La brièveté du temps qui m'est donné m'interdit d'aller plus loin. Mais je crois avoir suffisamment expliqué ce que je voulais dire. Je voulais dire que, bien que l'histoire de la philosophie ne soit pas la physique, bien qu'elle traite de pensées, bien que je répugne personnellement à toutes les méthodes consistant à considérer la pensée d'autrui comme un objet, bien que j'aie tendu toute ma vie à subordonner ma pensée d'historien, avec plus ou moins de succès, à la pensée des autres, je suis maintenant contraint d'avouer qu'en effet il faut bien, d'une certaine façon, objectiver la pensée d'autrui. Car la pensée d'autrui ne se réduit pas à son intention. Un philosophe dit toujours autre chose que ce qu'il voulait dire. Je ne prétends pas que la méthode objective soit la seule, car, si cette méthode était la seule, nous réduirions la philosophie à un objet. Mais si, d'autre part, on ne fait appel qu'à l'intention consciente de l'auteur, je crains qu'on ne laisse échapper quelque chose d'essentiel. Il faut, par conséquent, que la méthode dite « d'intention » soit complétée par ce que j'appellerai une « méthode d'étude des déterminations ».

J'ai terminé.

DE LA MORT DE DIEU
À LA MORT DE LA PHILOSOPHIE [1]

I. Je vous dois d'abord quelques explications sur le titre que j'ai donné à cette communication : *De la mort de Dieu à la mort de la philosophie*, et sur la question que pose ce titre, ou du moins à laquelle je voudrais me borner : « Est-ce, historiquement, l'abandon de l'idée de Dieu qui a conduit la philosophie à son actuel déclin ? » Notre président, en me demandant de prendre cette année la parole, m'avait d'abord suggéré d'intituler mon discours : « Où va la philosophie ? », ce qui aurait eu l'avantage d'insérer ma conférence dans l'ensemble de celles qu'il avait prévues. Mais, sur ce point, je n'ai pu lui donner satisfaction. Où va la philosophie, assurément, je n'en sais rien. Peut-être à une disparition définitive, sous les coups que lui portent les « sciences humaines » qui, dès aujourd'hui, tentent de prendre sa place et, en tout cas, traitent d'autre manière, et en un esprit différent, beaucoup des problèmes qui, il y a cinquante ans encore, étaient les siens. Peut-être, au contraire, à une renaissance, due à un génie dont nous ne saurions prévoir la venue.

Sans aucun doute, comme je vais avoir à le préciser, la philosophie est actuellement en crise, et l'on peut dire

1. Paru dans la *Revue des travaux de l'Académie des sciences morales et politiques*, séance du 21 janvier 1980, Institut de France, p. 25-38.

qu'elle se meurt. Mais il en était déjà ainsi il y a exactement deux cents ans, en 1780. Car, bien que le XVIIIᵉ siècle soit souvent appelé *siècle des philosophes* par ceux qui donnent au mot « philosophie » un sens étendu et imprécis, on pourrait plus exactement prétendre que la philosophie proprement dite était, à la fin de ce siècle, bien malade. Et, en 1780, nul ne pouvait prévoir que dès l'année suivante, en 1781, Kant allait lui redonner vie en publiant la *Critique de la raison pure*. Je ne puis deviner davantage ce que nous réserve l'avenir. Ce pourquoi je n'essaierai pas de vous dire où va la philosophie.

Il m'est, en revanche, possible de vous indiquer les raisons pour lesquelles j'estime que la philosophie se meurt. Je ne m'attarderai pas sur le fait, limité et pourtant significatif, du déclin de la philosophie dans l'enseignement secondaire français : vous vous souvenez tous, mes chers confrères, de l'importance qu'a eue chez nous, dans la première moitié de ce siècle, la « classe de philosophie ». Pour ma part, je ne rencontre jamais un avocat, un médecin, un pharmacien d'un certain âge qui ne se souvienne avec émotion de son année de philosophie. Or, s'il y a encore, et je leur rends ici hommage, des professeurs qui enseignent vraiment la philosophie, les classes dites à présent « terminales » voient surtout fleurir, sous le nom de philosophie, l'art d'apprendre à parler de ce que l'on ignore, de discuter de tout à tort et à travers, de contester les évidences, et cela sous la triple autorité – car on ne s'élève plus contre l'autorité qu'au nom de nouvelles autorités – de Marx, de Nietzsche et de Freud, auteurs dont, au reste, la doctrine n'est retenue qu'en ce qu'elle favorise la négation des valeurs jusque-là reconnues. Si, considérant le contenu de l'enseignement actuel, vous aviez d'autre part la curiosité de vous reporter aux cours de philosophie que vous avez jadis suivis, ou aux manuels que vous avez utilisés, vous vous apercevriez que les questions qui étaient traditionnellement traitées sous le nom de philosophie ne sont aujourd'hui même plus abordées par beaucoup de professeurs.

Mais je ne voudrais pas borner mon propos à la crise de l'enseignement secondaire français, crise qui, du reste, a d'autres causes et pose d'autres problèmes. Si l'on examine à présent les œuvres de ceux qui se disent aujourd'hui philosophes, on est frappé par la rupture entre ces œuvres et l'ensemble des lecteurs qui s'intéressent aux problèmes philosophiques. Au XVIIe siècle, tout homme cultivé pouvait lire Descartes ou Malebranche. Le divorce entre le public intellectuel et ce qu'on appelle aujourd'hui philosophie est, au contraire, à notre époque, devenu total. Je me souviens d'avoir entendu, en cette salle même, M. Fourastié déclarer que chaque fois qu'il avait, pour résoudre une difficulté, ouvert un livre contemporain de philosophie, il s'était aperçu, une fois le livre refermé, qu'il comprenait, un peu moins bien qu'avant, ce qui était en cause. Qu'il se rassure, il n'est pas le seul ! Nous avons tous la plus grande difficulté à comprendre ces textes inutilement obscurs et mal écrits que l'on édite de nos jours sous le nom de textes philosophiques. Et nous y cherchons en vain la solution des problèmes qui se posent à chacun, problème de la connaissance et de ses limites, problème de Dieu, problème de la mort, problème des devoirs et de la destinée de l'homme. Dans la plupart des livres actuels de philosophie, on a même grand peine à découvrir à quelles questions ces livres répondent.

Mais ce n'est point encore tout ce que je veux signifier en parlant de la mort de la philosophie. Au XVIIe, au XVIIIe et même au XIXe siècles, ce que l'on nommait philosophie en France, en Angleterre, en Allemagne ou en Russie était une seule et même chose. Il n'en est plus ainsi, et, pour nous en tenir au seul Occident, on le trouve divisé en régions dont les « philosophies » s'ignorent et ont peu d'influence les unes sur les autres : et ceci au moment où l'on parle, plus que jamais, d'échanges culturels ! À l'Est, on trouve tous les pays de philosophie marxiste, philosophie qui rejette toute problématique métaphysique. Mais la métaphysique n'est pas mieux considérée en Suède, en Angleterre, aux États-Unis, où ce qu'on nomme « philosophie » n'a rien de commun avec ce que nous appelons ainsi : il s'agit d'une étude particulière de la logique et du langage, issue, du reste, des recherches du Cercle de Vienne, longtemps appelée « positivisme logique », puis « philosophie analytique », et où les problèmes posés par Descartes ou par Kant sont ignorés. Ces différences de conceptions en ce qui concerne l'essence de la philosophie elle-même permettent donc de parler de la fin, de la mort de ce que Descartes, Spinoza, Leibniz, Kant, Hegel, Husserl, Bergson ont appelé philosophie. Voilà donc, à mon sens, un premier point établi.

II. Mais le titre de mon exposé contient une autre expression, aujourd'hui célèbre, celle de « la mort de Dieu ». Il n'est pas, vous le savez, de philosophe à la mode qui n'aille répétant, à la suite de Nietzsche : « Dieu est mort ». En ce qui concerne cette phrase fameuse, et de toutes parts reprise, je me bornerai à quelques rapides remarques.

La première c'est que, isolée de tout contexte, et telle précisément qu'elle est le plus souvent formulée, l'affirmation selon laquelle « Dieu est mort » n'a rigoureusement aucun sens. Être mort, c'est avoir vécu et ne plus vivre. Seul donc un être vivant fini, limité dans le temps, tel un arbre, un animal, un homme peut mourir. Tel n'est assurément pas le cas de Dieu. De deux choses l'une : ou Dieu n'a jamais existé, ou il existe encore. Que veut-on dire, par conséquent, quand on affirme qu'il est mort ? Le sens de la phrase oscille, avec ambiguïté, entre plusieurs acceptions, dont chacune gagnerait à être explicitement formulée. Mais on peut croire que le caractère imprécis, en même temps que frappant, de l'expression : « Dieu est mort » est précisément la raison de l'actuel succès de cette expression même.

La formule : « Dieu est mort » peut d'abord être prise en un sens chrétien, pour rappeler que Dieu s'est fait homme en Jésus-Christ, et que Jésus est mort sur la croix. Mais il est clair que, quelque sens que l'on donne au mystère de l'Incarnation, c'est en tant qu'homme et non en tant que Dieu que Jésus est mort. Il demeure que le thème de la mort de Dieu a été la source, au sein même de la pensée chrétienne, de commentaires fort nombreux. Parmi eux, je n'oublierai pas de citer ceux qui, ainsi chez Jean-Luc Marion, rappellent aujourd'hui que le thème de la mort de Dieu peut signifier la disparition d'un Dieu considéré comme un objet, c'est-à-dire comme une idole, au profit de l'avènement de l'Absolu véritable[1]. Mais je n'insisterai pas sur ces significations de la formule, car il est clair que l'expression « Dieu est mort » est, de nos jours, essentiellement reprise et utilisée par les philosophes athées, qui, comme Sartre, estiment que Dieu n'existe pas.

Pourquoi, dès lors, ces philosophes, tel Nietzsche lui-même, au lieu de dire : « Il n'y a pas de Dieu », déclarent-ils que « Dieu est mort ? » C'est pour insister sur le fait que la foi en Dieu disparaît, ou que, si elle n'a pas encore disparu en fait, elle va disparaître, et qu'en tout cas elle

1. Voir J.-L. Marion, *L'Idole et la Distance*, Paris, Grasset, 1977.

est périmée et ne repose sur rien. Le philosophe proclamant que « Dieu est mort » apparaît alors comme celui qui, grâce à la pénétration de sa pensée, a découvert que Dieu n'existe pas. Il devient le porte-parole des hommes les plus lucides de son temps, et des hommes de l'avenir. Alors que beaucoup croient encore en Dieu, il sait, lui, que cette croyance ne répond à rien, et qu'elle va s'évanouir. Tel est bien le sens que Nietzsche donne à l'affirmation : « Dieu est mort », et tel est le sens que lui donnent la plupart des philosophes contemporains qui la reprennent à leur compte.

Il faut remarquer en effet que la mort de Dieu est présentée par Nietzsche comme un « événement », événement perçu par très peu de personnes et, dans *Le Gai savoir*, annoncé par un insensé, mais événement réel, dont les conséquences vont se révéler par la suite, considérables. Nietzsche écrit en effet (*Le Gai savoir*, livre V) : « Le plus important des événements récents, le fait que Dieu est mort, que la foi au Dieu chrétien a été ébranlée, commence déjà à projeter sur l'Europe ses premières ombres »[1]. Et, estimant que toute la morale européenne a été jusque-là adossée à la foi dans le Dieu chrétien, il déclare que les conséquences du fait que Dieu est mort sont incalculables. En d'autres termes, pour Nietzsche, la mort de Dieu est le signe que l'homme va entrer dans une ère de civilisation nouvelle, dont l'idée chrétienne de Dieu sera bannie.

Mais comment Nietzsche apprécie-t-il les conséquences de cette mort de Dieu ? Sur ce point, comme du reste sur bien d'autres, la pensée de Nietzsche, géniale et prophétique, est loin d'être cohérente, et les sentiments de Nietzsche peuvent paraître contradictoires. Parfois la mort de Dieu

---

1. F. Nietzsche, *Le Gai savoir*, livre III, § 125, dans *Œuvres philosophiques complètes*, t. V, éd. Colli-Montinari, trad. fr. P. Klossowski, Paris, Gallimard, 1982, p. 149 ; *Kritische Studienausgabe*, Bd 3, DTV/ De Grutyer, Munich-Berlin, 1988, p. 480.

est présentée de façon tragique, et comme le fruit d'un assassinat. « Nous avons tué Dieu, vous et moi », dit l'insensé du *Gai Savoir*, « nous sommes tous des assassins... Comment nous consolerons-nous ? ... Qui effacera de nous le sang ? ... ». Mais Nietzsche parle plus loin d'une aurore nouvelle, d'un horizon enfin libre. Et il écrit, dans *Le Crépuscule des Idoles* : « Nous nions Dieu... par là seulement nous sauvons le monde »[1].

Assurément, c'est en considérant ces derniers textes que l'on peut le mieux apercevoir le lien entre la proclamation nietzschéenne de la mort de Dieu et les pensées – pourtant totalement différentes – de Marx ou de Freud critiquant la religion. Sous leur triple influence, les doctrines contemporaines en sont venues à nier Dieu, et, nous le verrons, à mettre l'homme à sa place. En tout cas, beaucoup de philosophies actuelles sont dominées par ce que l'on pourrait nommer « l'antithéisme ». Et je crois qu'en dehors même des athées militants, beaucoup de philosophes contemporains – ici, vous me permettrez de ne pas citer de noms pour éviter toute attaque personnelle – ont été amenés, par antithéisme, ou du moins par la crainte d'être conduits à reconnaître Dieu, à se détourner des problèmes philosophiques véritables pour se consacrer à l'étude de l'épistémologie, de la psychanalyse ou de la linguistique.

III. La question que je pose est donc la suivante. Entre l'affirmation, aujourd'hui reçue par de si nombreux philosophes, selon laquelle Dieu est mort et, d'autre part, ce que j'ai appelé la mort de la philosophie, y a-t-il un rapport de cause à effet ? Est-ce parce qu'elle nie Dieu, ou, plus exactement, parce qu'elle ne consent plus à poser

1. F. Nietzsche, *Le Crépuscule des Idoles*, « Les quatre grandes erreurs », § 8, dans *Œuvres philosophiques complètes*, t. VIII, éd. Colli-Montinari, trad. fr. J.-C. Hémery, Paris, Gallimard, 1974, p. 96 ; *Kritische Studienausgabe*, Bd 6, *op. cit.*, p. 97.

le problème de Dieu que la philosophie se meurt ? Pour tenter de répondre à cette question, je voudrais procéder à un examen rapide de l'histoire qui a conduit la philosophie au point où elle en est aujourd'hui.

La philosophie a toujours recherché les premiers principes et, comme on le dit depuis Kant, le « fondement ». Or, si l'on croit en Dieu, on estime, de ce fait, que Dieu est le fondement de toutes choses, c'est-à-dire aussi bien de notre conscience que du monde extérieur. Je me permets d'insister sur ce point, car je pense que la crise actuelle de la philosophie provient précisément de l'impossibilité où se trouve la pensée moderne de découvrir un fondement commun à l'univers physique et à la conscience des hommes.

Il en était autrement chez Aristote, pour lequel un Dieu unique, acte pur et pensée de la pensée, premier moteur immobile, expliquait, comme cause finale, tout mouvement de la matière et toute démarche de l'esprit. De même, chez les philosophes du Moyen Âge, Dieu apparaît à la fois comme le créateur du monde et la fin suprême de nos désirs. De même encore, au XVIIᵉ siècle, Dieu est à la fois suprême cause et suprême bonté et, par conséquent, il explique le cosmos aussi bien que nous-mêmes, et que notre aspiration au bonheur.

C'est à partir de cette époque que les choses vont changer, et c'est pourquoi je commencerai mon examen de ce que j'appellerai « l'histoire de la mort de Dieu » par celui des philosophies du XVIIᵉ siècle. Ces philosophies, en effet, sont les dernières philosophies à être, en même temps, et indissolublement, des théologies. Ce sont, en effet, des sortes de théologies laïques, ou, comme on le dira encore longtemps dans les écoles, des « théologies rationnelles ».

Considérons d'abord Descartes, père de toute la philosophie moderne. On caractérise souvent sa philosophie en la disant subjectiviste et rationaliste, subjectiviste car Descartes, ainsi qu'il est bien connu, donne comme point de départ à sa méditation le célèbre « Je pense », rationaliste parce que, c'est également bien connu, il ne veut admettre pour vrai que ce qui se présente avec évidence à son esprit. Or cette définition, habituellement reçue, du cartésianisme en néglige deux aspects essentiels. Tout d'abord, pour Descartes, la primauté du « Je pense » est provisoire : l'idée que je prends de moi-même, Descartes le déclare explicitement, est seconde par rapport à l'idée qui, seule, est véritablement première, l'idée de l'infini, ou de Dieu. Ensuite, et surtout, Descartes estime que Dieu a librement et arbitrairement créé ce qu'il nomme les « vérités éternelles », c'est-à-dire non seulement les essences des choses et les lois physiques, mais les vérités logiques et mathématiques. Ainsi, l'Être divin est placé par Descartes au-dessus des lois mêmes de notre connaissance, laquelle n'a rien de commun avec celle de Dieu. Mais le Dieu de Descartes demeure le garant des vérités qu'il a établies : il est donc le fondement de toute science, de toute métaphysique ; il demeure à la source de la philosophie.

Avançons dans le temps, et considérons la seconde moitié du xviiᵉ siècle. On pourrait caractériser tous les systèmes de cette époque en disant que, des deux théories de Descartes que j'ai mentionnées, ils ont admis la première et rejeté la seconde. Pour Malebranche, pour Spinoza, pour Leibniz, toute explication, du monde ou de l'homme, doit partir de Dieu et reposer sur Dieu. En revanche, aucun de ces philosophes n'admet que Dieu ait librement créé les vérités logiques ou mathématiques. Non qu'à leurs yeux l'esprit de Dieu se soumette à ces vérités du dehors : bien plutôt, elles constituent cet esprit, qui les aperçoit en s'apercevant lui-même. Pourtant, elles ne dépendent pas de la volonté de Dieu. Dieu n'aurait pu faire qu'elles fussent autres. Il y est donc, en quelque façon, soumis. Ainsi, selon Malebranche, Dieu aurait pu ne pas créer le monde. Mais, le créant, il ne pouvait le créer que selon l'ordre.

La conséquence de cela est ce que Kant appellera le dogmatisme, ce que l'on nommera aussi le grand rationalisme. Spinoza, Malebranche ou Leibniz pensent en effet que Dieu connaît les vérités de la même façon que l'homme peut connaître certaines d'entre elles : l'esprit humain et l'esprit divin, s'ils se distinguent comme le fini se distingue de l'infini, ne diffèrent cependant pas en nature. C'est ce qui permet aux philosophes de cette époque de se placer au point de vue de Dieu lui-même pour énoncer la vérité du monde ; en d'autres termes, c'est ce qui leur permet de présenter leurs philosophies sous la forme de systèmes, systèmes rendant compte de la totalité de l'Être selon l'ordre de la raison. Et l'on sait que la seconde moitié du XVIIᵉ siècle fut l'époque des systèmes.

Consultons la raison, déclarent ensemble le chrétien Malebranche et l'anti-chrétien Spinoza. La raison, selon Malebranche, c'est proprement le Verbe divin présent en nous. La raison, selon Spinoza, c'est la loi même par laquelle, dans la pensée, les idées se déduisent les unes des autres, comme, parallèlement, dans l'étendue, les choses matérielles s'engendrent les unes les autres par causalité. La raison, selon Leibniz, c'est ce qui permet de découvrir le pourquoi de toutes choses, selon le principe dit « de raison suffisante », étant admis que le monde a été nécessairement créé par Dieu selon le principe du meilleur. En un mot, si nous pouvions nous élever au point de vue même de Dieu (ce qui n'est pas possible en fait, mais le demeure en droit) nous comprendrions par raison que tout est pour le mieux dans le meilleur des mondes possibles.

Ainsi, chez ces trois philosophes, on trouve, sinon l'explication totale, du moins la justification totale de ce qui est, et cela à partir de l'affirmation que tout ce qui est est par Dieu et que, Dieu étant parfait, le monde ne saurait être meilleur que ce qu'il est. La matière a été créée par l'Esprit, car Dieu est Esprit. L'ordre des valeurs et l'ordre des réalités se confondent donc. Seule notre ignorance peut conduire à les opposer. Mais l'idée de Dieu nous permet de réconcilier les exigences de notre conscience et la constatation de ce qu'est le monde physique. En partant de Dieu, tout peut être compris. Et il devient possible de constituer, au sens le plus complet de ce mot, une philosophie.

IV. Voilà donc, semble-t-il, l'âge d'or de la théologie rationnelle et, par-là, de la philosophie considérée comme système total de l'Être. Et pourtant, il n'y a là qu'une apparence. Certes, Leibniz, Spinoza, Malebranche nous ont présenté trois des systèmes les plus complets et les plus profonds de toute l'histoire de la philosophie. Mais il me paraît qu'en comparant ces systèmes à la philosophie de Descartes, on peut apercevoir les premiers germes de la décadence de la philosophie, les premiers pas vers ce que l'on a appelé plus tard la mort de Dieu.

La mort de Dieu, nous l'avons dit, consistera, philosophiquement, à mettre l'homme à la place de Dieu. Et, assurément, ni Spinoza, ni Malebranche ni Leibniz n'ont songé à accomplir pareille substitution. Mais, si on les compare à Descartes, on s'aperçoit qu'ils diminuent la distance qui sépare l'homme de Dieu, en sorte que l'on pourrait prétendre qu'avec eux commence le mouvement par lequel l'idée de Dieu est rabaissée, pendant que s'élève l'idée de l'homme.

Le Dieu de Descartes est le créateur des vérités éternelles. Le Dieu de Malebranche, de Spinoza, de Leibniz est soumis à ces vérités et, par-là, sa puissance se trouve limitée par la logique. Cela est particulièrement visible chez Leibniz : son Dieu est avant tout un Dieu mathématicien et calculateur. Il ressemble fort peu, bien que Leibniz soit profondément chrétien, au Dieu créateur et tout puissant des Écritures. Il n'a pas créé un monde parfait, mais seulement le plus parfait des mondes possibles, tenant compte en son calcul de ce qui était et de ce qui n'était pas « compossible », c'est-à-dire du fait que certains événements, certaines réalités ne peuvent pas coexister. Il faut donc bien avouer que la logique limite la puissance de Dieu.

D'autre part, l'esprit humain se trouve relevé, puisqu'il est le lieu d'une raison qui est proprement la raison divine elle-même. Ainsi, Malebranche se croit autorisé à disserter sur les mystères, à découvrir les raisons des projets divins. Spinoza va plus loin encore, puisque, selon lui, le monde est fait de modes qui dérivent de Dieu par une nécessité rationnelle absolue, en sorte que tout est, pour nous, intelligible. L'homme peut donc comprendre Dieu.

Il n'est pas douteux que, par voie de conséquence, le Dieu qui fonde les systèmes de la seconde moitié du XVIIᵉ siècle ne diffère de plus en plus du Dieu chrétien. Certes, il n'est pas contestable que Malebranche ne soit chrétien, et que son projet fondamental n'ait été d'apologétique chrétienne. Mais on peut remarquer d'abord que c'est fort arbitrairement que Malebranche assimile le Dieu de la religion révélée avec « l'être en général » que saisit, souligne-t-il, l'esprit de tout homme. On peut noter ensuite que le Dieu de Malebranche, source des lois de la nature telles que nous les révèle la physique, n'agit jamais par volontés particulières, semble ignorer chacun de nous, distribue sa grâce comme il distribue la pluie, c'est-à-dire selon des lois universelles. Ici s'annonce le Dieu de Voltaire, le Dieu du mécanisme et de la physique.

Quant à Spinoza, il avoue que son Dieu n'est plus le Dieu de la Bible, ni le Dieu chrétien. Il est la substance du monde, et non son créateur. Il n'ordonne rien, car tout ce qui est en dérive par nécessité rationnelle, il ne récompense ni ne punit. On peut dire ici que le Dieu chrétien est vraiment entré en agonie. Spinoza, en tout cas, n'hésite pas à combattre l'idée que la religion nous donne de Dieu.

V. Passons au XVIIIe siècle. Le mouvement va, si l'on peut dire, s'y accélérer. Il y aura, à cela, de nombreux motifs.

Le premier est la substitution, à une conception dogmatique, d'une conception critique de la raison. Cela se comprend. Nous venons de voir Spinoza, Malebranche et Leibniz, tous trois intégralement rationalistes, constituer des systèmes philosophico-théologiques. Or, par un étrange paradoxe, ces trois systèmes sont différents, et même opposés. Comment prétendre alors que la raison qui a présidé à leur constitution soit la raison absolue, commune à l'homme et à Dieu ? Ne faut-il pas reconnaître que la raison est chose purement humaine ? Voici déjà l'amorce du mouvement qui conduira au relativisme de Kant.

Mais le XVIIIe siècle, pour critiquer les systèmes du siècle précédent, ne se contente pas de souligner leur diversité. Il met en lumière une opposition bien plus significative : celle que l'on peut découvrir entre les exigences de la conscience de l'homme et la constatation d'un monde dont la religion nous enseigne qu'il est l'œuvre de Dieu. Voici le début de ce que l'on pourrait appeler la révolte philosophique de l'homme contre le monde, révolte qui se développe au XVIIIe siècle, et dont la révolte contre la société ne sera qu'un aspect.

Dans les philosophies du XVIIe siècle, et cela est vrai de celles de Descartes, de Leibniz, de Malebranche ou de Spinoza, l'opposition des exigences morales des hommes et de l'ordre de la Nature était masquée, ou anéantie, par la théorie selon laquelle le mal n'est qu'apparent. Pour les penseurs du XVIIe siècle, le mal n'est rien, il est un néant. Au XVIIIe siècle, au contraire, la positivité du mal, et donc son irréductibilité, est sans cesse soulignée. C'est le sujet du *Candide* de Voltaire, où la doctrine de Leibniz, présentée par le docteur Pangloss, est ridiculisée. Ce sera l'objet, en 1763, de l'ouvrage de Kant : *Essai pour introduire en philosophie le concept de grandeurs négatives*. Le mal, la souffrance, l'erreur, qui sont le lot de tous les hommes, constituent des réalités. Si Dieu est cause de toute réalité, il est donc leur cause. Comment parler alors de son infinie bonté ? Cette objection conduit le XVIIIe siècle au rejet du Dieu chrétien. Ce rejet se trouve, évidemment, chez les athées, tels le baron d'Holbach ou Diderot, qui nient tout Dieu. Mais il se rencontre aussi chez les déistes. Ainsi Voltaire, maintenant fermement l'existence d'un Dieu, nécessaire à ses yeux pour expliquer l'ordre du monde et les lois physiques, estime que Dieu ignore les hommes, êtres infimes par rapport à lui, et ne se soucie pas de leur bonheur ou de leur salut.

Peut-on dire alors que, dès cette époque, la mort de Dieu soit consommée ? Non point, car le XIXe siècle ira plus loin encore. Les penseurs du XVIIIe siècle ont été conduits à rejeter les systèmes philosophiques fondés sur l'idée de Dieu. Du moins gardaient-ils le sens de la médiocrité, de la précarité de l'homme, et n'abandonnaient-ils pas un certain scepticisme. Nous allons voir maintenant comment la philosophie a été conduite, non seulement à rejeter Dieu, mais à mettre l'homme à sa place. Cette élévation de l'homme n'est pas seulement, comme on le dit souvent, le fruit de l'orgueil, ou de la fierté devant le succès des sciences et des techniques. Elle a des raisons intérieures au développement de la philosophie elle-même, raisons que je vais tenter de découvrir en considérant, un instant encore, le XVIIIᵉ siècle.

VI. À l'époque même que nous venons d'examiner, se développait en effet, particulièrement en Angleterre, un courant philosophique différent et nouveau, courant dont l'actuelle philosophie anglo-saxonne est en partie issue. Ici, la philosophie cesse de se préoccuper du fondement ontologique des choses, pour rechercher ce que nous avons réellement dans l'esprit quand nous énonçons telle ou telle proposition.

Ainsi, le souci essentiel de Berkeley, ennemi de ce qu'il nomme les idées abstraites, a été de démontrer que, lorsque nous prononçons le mot : « matière », nous ne pensons rien. Car nous entendons par matière ce qui est extérieur à l'esprit, et l'esprit ne saurait penser une chose qui lui serait étrangère puisque, du seul fait qu'elle est pensée, cette chose se réduit à un objet de l'esprit. La matière n'existe donc pas, il n'existe que des esprits, et le mot « être », « esse », ne peut avoir que deux sens. Il ne peut désigner que le « perçu », à savoir les idées de l'esprit, ou le « percevant », à savoir l'esprit lui-même. Cet argument sera, par la suite, souvent repris, et nous le verrons dans un instant invoqué par Merleau-Ponty pour nier l'existence de réalités étrangères à l'homme.

Mais, après Berkeley, est venu Hume. Il emploie semblable critique contre les notions de cause, d'âme, de moi, de Dieu, établissant que, dans tous ces cas encore, nous croyons penser quelque chose alors que nous ne pensons rien. Hume est le premier des grands philosophes athées. Mais il aboutit au scepticisme. La philosophie, en ses tentatives d'explication intégrale et de recherche du fondement, est-elle donc, avec Hume, morte, en même temps que disparaît en elle l'idée de Dieu ?

Je vous le disais tout à l'heure : on pouvait le croire en 1780. Mais, en 1781, paraît la *Critique de la raison pure*. Cet ouvrage dépend en partie du courant que nous venons d'étudier, et Kant déclare que c'est Hume qui l'a éveillé de son sommeil dogmatique. Mais Kant refuse le scepticisme de Hume et veut fonder la science tout en la maintenant en son plan. Ainsi s'ouvre une ère nouvelle pour la philosophie.

VII. À vrai dire, et selon la façon dont on l'interprète, Kant peut être considéré comme le dernier des philosophes classiques ou comme le premier des philosophes modernes, c'est-à-dire, pour revenir à notre sujet, comme le dernier des philosophes défenseurs de Dieu ou comme le principal responsable de sa mort.

Classique, Kant le demeure en ce qu'il maintient l'existence de la « chose en soi », c'est-à-dire d'un réel totalement extérieur à l'esprit, et, corrélativement, la possibilité de l'existence de Dieu. Mais, selon Kant, la chose en soi ne peut être connue, et l'existence de Dieu ne peut être prouvée : elle demeure objet de foi. La présence en nous de la loi morale permet d'affirmer cette existence, mais seulement à titre de postulat.

Moderne, Kant l'est dans la mesure où le fondement qu'il invoque n'est plus Dieu, mais l'esprit humain. La science est la construction, par notre entendement, et selon les lois de notre entendement, d'un monde de phénomènes. La morale repose sur les exigences de la raison, constitutive de notre esprit. Dès lors, la voie était ouverte pour ce que

Nietzsche appellera l'assassinat de Dieu – bien que l'intention de Kant fût tout autre.

Ce que voulait Kant, en effet, c'était établir, pour la religion, un infranchissable rempart, en montrant que la science, n'atteignant pas l'Être, ne saurait la réfuter. Mais les choses ont tourné autrement. Les successeurs de Kant ont nié la chose en soi, ont considéré que le kantisme, en obéissant à sa véritable inspiration, devait aboutir à la négation de tout ce qui est extérieur à l'esprit humain, y compris Dieu. L'homme devient alors l'absolu du problème. On dira – et je le pense pour ma part – qu'estimer que l'homme, être fini, souffrant et mortel, peut prendre la place de Dieu, est absurde. Réaliser cette substitution a pourtant été l'objet permanent de la philosophie post-kantienne.

VIII. Depuis Kant, en effet, ce qui était classiquement attribué à Dieu l'est à ce que, selon les cas, les philosophes ont appelé « esprit », « sujet », « moi », c'est-à-dire, finalement, et de façon plus ou moins avouée, à l'homme. Je me bornerai à quelques exemples.

Fichte proclame que le non-moi est posé par le moi, entendons le moi absolu : mais cela revient bien à mettre le sujet au fondement de toutes choses. Hegel déclare, lui aussi, que l'absolu est sujet, et sa *Phénoménologie de l'esprit* a pour but de montrer à la suite de quels événements, de quelles aventures l'esprit se recueille enfin en lui-même au sein du Savoir absolu. Or ces moments du devenir de l'esprit sont la rencontre de deux consciences, la guerre, le rapport maître-esclave, le Stoïcisme, et tout ce qui suit, c'est-à-dire les événements qui ont composé l'histoire des hommes. En sorte que le Savoir absolu, qui se découvre à la fin de cette histoire, est bien le propre d'un homme, à savoir de Hegel lui-même, et que, selon les termes mêmes de Hegel, « l'Absolu n'est vraiment qu'à la fin ce qu'il est en vérité », autrement dit qu'il est essentiellement « résultat ». L'absolu n'est donc pas un Dieu créateur situé à l'origine du monde. Il se situe à la fin de l'évolution de ce monde.

Pour changer de siècle et de nation, considérons à présent l'existentialisme français – français bien qu'il doive beaucoup à Hegel et à Heidegger – qui, récemment encore, dominait chez nous les esprits. Ici, le mot « homme » est directement employé. Sartre a écrit : « L'homme est l'être dont l'apparition fait que le monde existe »[1]. Merleau-Ponty oppose aux énonciations de la science parlant des époques qui ont précédé l'homme une théorie selon laquelle l'affirmation que le monde a existé avant l'homme présuppose notre expérience du monde. Et il écrit : « Rien ne me fera jamais comprendre ce que pourrait être une nébuleuse qui ne serait vue par personne. La nébuleuse de Laplace n'est pas derrière nous, à notre origine, elle est devant nous, dans le monde culturel. »[2]

De telles affirmations, mes chers confrères, doivent paraître, à ceux d'entre vous qui sont pénétrés par l'esprit scientifique, absurdes ou démentielles. Et il est clair qu'elles s'opposent aux affirmations de la science, et aussi à ce que, sous l'influence de la science, est devenu le sens commun. Je voudrais pourtant, avant de conclure, réfléchir encore aux raisons qui ont conduit la pensée contemporaine au point où elle en est actuellement.

IX. En vérité, tout penseur se trouve aujourd'hui devant un choix en ce qui concerne le point de départ qu'il adoptera comme fondement. Car il s'agit bien d'une option. Selon

1. J.-P. Sartre, *Situations I*, Paris, Gallimard, 1947, p. 334.
2. M. Merleau-Ponty, *Phénoménologie de la perception*, Paris, Gallimard, 1945, p. 494.

le terme choisi, l'homme apparaîtra comme situé dans le monde et résultant du monde ou, au contraire, le monde apparaîtra comme intérieur à l'esprit humain. Et le plus grave est que l'une et l'autre position sont fondées. Bien mieux, elles sont toutes deux nécessaires à la conscience humaine. Car si nous sommes, en général, convaincus par la science dans le domaine rationnel, expérimental et théorique, nous revenons à la primauté d'une conscience irréductible à la science en nos affirmations morales ou esthétiques : le Bien et le Beau ne sont pas définissables scientifiquement, et nous paraissent cependant vrais.

Que l'homme et son esprit soient les résultats du Monde considéré comme objet, c'est ce qu'admet toute science. Nous avons entendu, l'année dernière, au sein de cette Académie, de nombreux savants, et tous étaient d'accord sur ce point. Les astronomes nous ont parlé des milliards d'années qui s'étaient écoulées avant l'apparition de la vie, les biologistes des milliards d'années durant lesquelles la vie s'était développée avant l'apparition de l'homme, les neurologues nous ont décrit le cerveau humain, selon eux condition de sa pensée. Tel est le système objectif que nous propose la science.

Mais à tout cela la philosophie moderne objecte, depuis Kant, que ce monde, par lequel la science explique l'homme, n'est finalement que l'objet de la pensée de l'homme, et ne saurait être conçu sans elle, que ce cerveau, par lequel on explique la pensée, n'est lui-même qu'une image formée par cette pensée. Nous voici devant deux systèmes cohérents, et pourtant incompatibles. Entre eux, toute synthèse paraît impossible. Or ni l'un ni l'autre de ces systèmes ne suppose Dieu. L'un part de la matière, l'autre de l'esprit de l'homme.

Le conflit entre les deux systèmes apparaît comme particulièrement grave au niveau des sciences de l'homme.

La philosophie se réfère à la conscience humaine comme à un absolu, au-delà duquel on ne saurait remonter. Cette conscience ne saurait être objet de science puisque, de toute science, elle est nécessairement le sujet. Cela n'empêche pas les sciences de l'homme, psychologie, sociologie, neurologie, etc., de trouver, à la conscience, des causes, d'expliquer la conscience par ses conditionnements objectifs, sinon matériels.

Ainsi la pensée contemporaine est littéralement déchirée entre la science et la conscience, conscience paraissant à la science explicable à partir de l'objet, et pourtant condition de tout objet et de la science elle-même. On ne pourrait sortir de ce déchirement, et constituer une philosophie positive que par la découverte d'un être qui serait à la fois, je dis bien à la fois, l'origine de l'esprit humain et celle du monde. Un tel être est ce que l'on a toujours appelé Dieu. C'est par l'affirmation d'un tel être, c'est à partir de son concept que les philosophies d'Aristote, de Saint-Thomas, de Descartes, de Spinoza, de Malebranche, de Leibniz se sont constituées. Il était leur condition et leur soutien. C'est, nous venons de le voir, par l'abandon de l'idée d'un tel être que la philosophie a éprouvé de plus en plus de difficultés à nous proposer un système du réel qui puisse nous satisfaire, pour aboutir finalement à s'isoler, à se séparer de la science à situer sa vérité en un autre plan.

Mais il est bien difficile de professer ainsi une doctrine de la double vérité. Il est malaisé de penser en philosophe autrement que l'on pense en savant et en homme. Ainsi, chez les philosophes eux-mêmes, nul ne parvient plus à faire la synthèse de ses diverses certitudes. Il en résulte, comme nous l'avons dit au début de cet exposé, un abandon de la philosophie. Celle-ci, à l'époque de Leibniz et de Malebranche, expliquait toutes choses à partir de Dieu.

Puis, à l'époque de Kant et de ses successeurs, elle a tout expliqué à partir de l'homme : c'est alors que l'on peut dire que, pour la philosophie, Dieu est mort. Mais voici qu'aujourd'hui, sans recours à la transcendance, l'homme veut s'expliquer lui-même. Il veut rendre compte de sa propre connaissance. C'est l'époque du triomphe de la linguistique, de l'épistémologie, de la psychanalyse. À la suite de la mort de Dieu, nous assistons à la mort de la philosophie. La mort de Dieu a donc eu pour conséquence la mort de la philosophie. La seule fin de cette communication était de l'établir.

SUPPLÉMENTS

L'ÉVIDENCE PHILOSOPHIQUE [1]

Chacun peut retracer l'histoire de ses idées politiques, esthétiques, littéraires. De telles idées sont opinions, et toute opinion dérive de quelque évènement, de quelque expérience. Se détacher des pensées d'aujourd'hui, les opposer à celles d'hier, apercevoir, aussi, la source des changements survenus est donc tâche facile. Mais peut-on considérer de la sorte ses idées philosophiques, en rappeler l'évolution ? Assurément, si l'on s'en tient aux apparences. Ainsi je me souviens que, selon telle lecture, ou tel enseignement, j'ai pu me croire spinoziste, hégélien, kantien, cartésien. Mais, y réfléchissant davantage, je pense qu'ayant parfois changé d'idées je n'ai jamais changé de philosophie. N'est-ce pas une même vérité que, sous des jours différents, j'apercevais chez tous les philosophes ?

Cette vérité ne saurait être exprimée dans une série de propositions objectives. Elle ne se saisit qu'au niveau d'une démarche, d'un mouvement de l'esprit, de l'évidence d'un manque, de la critique d'un monde. Je ne puis dire que je l'ai, un jour, rencontrée. Je la découvre sans cesse, j'ai encore à la découvrir. Mais je l'aperçois comme faisant corps avec la conscience que, de tout temps, j'ai prise du

1. Paru dans G. Deledalle et D. Huisman, (éd.), *Les philosophes français d'aujourd'hui par eux-mêmes. Autobiographie de la philosophie française contemporaine*, Paris, Centre de Documentation Universitaire, 1963, p. 314-324.

réel. En ce sens elle ne m'a pas quitté, et mon souci est seulement de la maintenir contre tout ce qui tend à m'en distraire. La philosophie n'est pas création, mais retour à l'évidence fondamentale, et maintien obstiné de cette évidence, qui est celle de l'homme.

Je ne parle ici ni du talent, ni du génie philosophiques. Ils n'appartiennent qu'à quelques-uns. Mais l'évidence philosophique, sans laquelle le génie même ne trouverait pas l'occasion de s'exercer, est commune à tous ceux qui préfèrent l'authentique réflexion au divertissement et à la mystification. Elle nous permet d'entrer dans la société des grands philosophes, de découvrir, entre leur pensée et la nôtre, un élément commun. Le doute particulier de Descartes révèle, en sa généralité, la supériorité de l'esprit sur tout objet offert. Dans la critique précise de Kant, se retrouve la certitude que le problème ontologique ne peut être résolu par la physique. Et Hume n'a pu réduire à l'habitude ce que tant d'autres prenaient pour la raison qu'à la lumière d'une exigence spirituelle dissipant toute illusion d'intelligibilité.

Ainsi le philosophe est avant tout celui qui refuse de se laisser abuser par les prestiges d'un savoir prétendu. On peut déjà découvrir sa démarche dans les vaines et indestructibles questions dont l'enfant importune son entourage, et reconnaître sa déception dans l'insatisfaction que les réponses reçues ne peuvent manquer de causer à toute conscience sincère et lucide. Et sans doute l'éducation est-elle organisée pour transformer la conscience naïve, exigeante et déçue en une conscience renseignée, résignée, satisfaite. Que l'enfant manifeste l'étonnement d'être, et d'être celui-ci plutôt que celui-là, qu'il interroge sur son origine, on le persuade que son étonnement est mal fondé, sa curiosité sans objet, qu'il doit se hâter de devenir semblable aux grandes personnes : celles-ci, comme chacun sait, ne posent plus de questions insolubles ; elles sont parvenues au stade de la science positive, de la science qui permet d'agir sans comprendre. Pour amener ainsi l'enfant à oublier le sens de son interrogation, la famille dispose de bien des moyens, depuis le haussement d'épaules jusqu'aux contes de nourrice. La société n'aura qu'à les reprendre en les perfectionnant.

J'ai toujours, pour ma part, refusé d'avoir honte de ma curiosité, et, sans crainte de paraître sot, j'ai continué à déclarer obstinément que je ne comprenais pas ce qu'en réalité je ne comprenais pas. J'y fus fort aidé par mon père, physicien de métier, mais pénétré d'humanisme, et dont il était clair qu'il ne voyait pas le dernier mot de toutes choses dans la science qu'il enseignait, et enseignait fort bien. De chaque loi physique, il rappelait la source, la façon dont elle avait été découverte, et donc la relativité. En chaque énoncé scientifique, il faisait la part de la convention et celle de la constatation. Et, quand il ne savait pas répondre à une question, il la maintenait du moins comme telle, sans artifice et sans ruse. Je me souviens de lui avoir demandé un jour si la suppression de tout ce qui existe, à titre de matière, dans l'espace, entraînerait la disparition de l'espace lui-même. « La physique, me dit-il à peu près, a répondu de façons différentes à cette question, selon qu'elle a suivi Descartes, Newton ou Einstein. Mais je crois bien que ta question n'est pas de son ressort, et indique surtout que ce qui t'intéresse vraiment n'est pas la physique ».

Combien cela était exact ! Qu'est-ce qui, pourtant, m'intéressait ? Je ne le savais pas alors, et nul ne parvenait vraiment à me le dire. Un instant, je me crus la vocation

de l'astronomie. Mais je vis bien que l'astronomie sérieuse
était seulement mathématique, et ne pouvait me renseigner
sur ce que je désirais savoir : les livres qui m'avaient
d'abord enthousiasmé n'étaient que romans. Je fus ensuite
attiré par les sciences naturelles. Mais la lecture de traités
d'accouchement, trouvés dans la bibliothèque de mon
oncle médecin, m'apprit que la science, si elle donne de
la naissance une description objectivement plus exacte que
l'histoire de la cigogne, ne contient pas de réponse plus
satisfaisante à la question : « pourquoi suis-je au monde,
et suis-je moi ? » Demandant un jour à mon professeur
d'histoire naturelle si l'on avait quelque idée des forces
qui, dans chaque espèce vivante, construisent la matière
pour lui donner la forme de telle plante ou de tel animal,
je vis à son étonnement que je faisais fausse route en
cherchant, de ce côté, ma lumière.

Ainsi, peu à peu, de non-réponse en non-réponse, je
m'acheminais vers une certitude que je tiens à présent pour
essentielle. Chaque vérité objective est relative à une
question, à une attitude déterminée. Mais toute question
déterminée émane de cette interrogation fondamentale
qu'est la conscience, de même que toute réponse ne possède
de vérité que par rapport à l'être qui est au-delà de l'objet.
Nulle question ne peut donc recevoir de réponse parfaite,
puisqu'en sa formulation même elle trahit déjà « la
question ». Et toute science renvoie à un rapport plus
fondamental, celui de l'homme et de l'Être. Se limiter à
une science, c'est laisser perdre le sens de ce rapport, et
oublier l'homme. Selon le vocabulaire de Pascal, c'est se
divertir.

On se doute qu'à quatorze ans je ne raisonnais pas de
la sorte. Mais je trouvais plus de richesse révélatrice dans
les émois confus et violents de mon affectivité que dans

le programme de l'enseignement que je suivais, au lycée de Carcassonne. Mise à part la lumière qui traversa parfois, au sujet de Rousseau et de Pascal, les cours de MM. Cabanis et Richard, qui furent mes professeurs de français, ce que l'on m'enseignait ne m'intéressait guère. Non que je veuille céder ici au snobisme qui pousse tant de gens à se glorifier d'avoir été de mauvais élèves. Il n'en fut rien. Je réussissais en classe, mais mon esprit était ailleurs. Les thèmes latins m'ennuyaient, apprendre par cœur m'était presque impossible, et une invincible tendance à rêver me conduisait souvent loin du texte de Démosthène que l'on expliquait. On me dit qu'à présent les progrès de la pédagogie ont changé tout cela, et que de savantes méthodes permettent d'éveiller à coup sûr l'intérêt des élèves. Je me félicite d'avoir échappé aux conséquences de ce progrès, d'avoir fait mes études en une région notoirement soustraite à l'influence helvétique, et en un temps où le nécessaire ne se donnait pas le visage de l'agréable, où l'inessentiel ne pouvait se confondre avec l'essentiel.

Cet essentiel, qui ne peut être, pour l'homme, que le sens de sa vie, je le cherchais à tâtons, comme, il me semble il faut d'abord le faire, plus aidé en ceci par les conversations passionnées que j'avais avec mes camarades que par les cours de mes professeurs. Avec Jean-Paul Amiel, je discutais du sentiment de la nature, avec Albert Ratié de l'infini, avec René Nelli de la poésie et de l'amour. Il en fut de même plus tard dans la Khâgne de Louis-le-Grand, où j'achevai mes études secondaires. Assurément, je dois plus aux propos de mon camarade Paul Bénichou qu'aux leçons d'un professeur de littérature qui, apportant tous ses soins au projet de décevoir, commentait devant nous, selon les règles de ce qu'il nommait : « la mesure et le bon goût », *Émaux et Camées* de Théophile Gautier. Dehors, c'était

Paris, ses femmes, ses lumières. On voit que j'eus peu de
mérite à discerner et à choisir ce qui m'importait vraiment.

Un de mes professeurs, cependant, me sembla faire
entrer en sa classe la vie elle-même. Ce fut, à Carcassonne,
mon professeur de philosophie : Claude-Louis Estève. Il
était fait d'intelligence, de générosité. Je ne dirai jamais
assez ce que je dois à son enseignement, et à l'amitié qu'il
m'accorda par la suite. Bien que se disant bergsonien, il
organisait son cours autour d'une idée de la perception où
je reconnus plus tard l'influence de Lagneau, et celle
d'Alain, dont il avait été l'élève. Estève montrait comment
ce monde, que nous croyons apercevoir, est en réalité
construit par l'esprit. Au reste j'écoutais ses leçons selon
mon humeur propre, et concevais moins cet apport de
l'esprit comme un enrichissement positif que comme un
voile nous cachant la vraie réalité des choses. C'était déjà,
chez moi « la nostalgie de l'Être »[1], et j'eus toujours
tendance à percevoir en ce climat les démonstrations de
l'idéalisme. Plus tard, lorsque j'enseignai à mon tour la
philosophie, Dominique Parodi, ayant assisté, comme
inspecteur général, à une leçon consacrée à Kant, me dit :
« Il est curieux que vous sembliez plus sensible à la perte
de la chose en soi qu'à la constitution de l'objectivité ».
Et, en effet, ce que, chez Kant, je relis toujours avec
prédilection c'est la *Dialectique transcendantale*.

La métaphysique me fut révélée par Leibniz. J'étais
alors fort amoureux, comme l'on est à seize ans, et essayais,
de mon mieux, en tenant un journal intime, de comprendre
ce qui m'arrivait. Je ne parvenais pas à trouver de secours
dans les descriptions littéraires, que je lisais pourtant avec
avidité. Je me souviens, en particulier, de la déception que
me causa le *Werther* de Goethe. Or un jour je vis dans

1. Voir F. Alquié, *La Nostalgie de l'Être*, Paris, P.U.F., 1950.

Leibniz que les monades ne peuvent agir l'une sur l'autre, mais que chacune n'est ce qu'elle est qu'en fonction de ce que sont les autres, puisqu'elles ont été pensées toutes ensemble par Dieu. Cette explication de la séparation radicale d'êtres qui ne parviennent pas à se comprendre, et, dans un autre plan de l'union essentielle de ces êtres, dont chacun a la certitude qu'il n'est ce qu'il est que parce que l'autre est ce qu'il est, me procura un véritable ravissement et me sembla, mieux que toute description romancée, rendre compte de mon expérience.

Une option, cependant, restait encore à accomplir. Je faisais de la musique, je composais des vers, je remplissais des cahiers d'« écriture automatique », selon les conseils d'André Breton, et tout cela me ravissait aussi. Dès Carcassonne, en effet, j'avais connu la littérature que l'on nommait alors d'« avant-garde ». Je fréquentais, avec Nelli, la chambre de Joë Bousquet, je lisais les surréalistes qu'un peu plus tard je devais rencontrer à Paris. Et les textes que je composais à vingt ans, et dont certains furent publiés dans la revue *Chantiers* et dans les *Cahiers de l'Étoile*, étaient un mélange de philosophie et de poésie, de réflexion et d'émotion. Ce furent, je pense, mes maîtres de la Sorbonne qui m'aidèrent à choisir. Je ne saurais séparer leur souvenir de celui des grands philosophes dont ils m'ont transmis le message. J'entendrai toujours Gilson me parler de Descartes, Bréhier de Kant, Laporte de Hume. Tout cela était lumineux et parfait. Et je compris que, si la poésie est en un sens le seul langage authentique, et qui ne trahisse pas l'Être, je lui préférais encore la réflexion sur ce langage même et sur l'expérience qu'il s'efforce d'exprimer.

Dès lors, ma décision fut prise. Je choisis d'être professeur de philosophie, métier dont Gaston Bachelard disait un jour qu'il est le plus beau de tous. Je le pense avec lui, et, si je le répète ici, c'est parce qu'à notre époque il est de mode de préférer, à l'enseignement, la « recherche ». Or cette séparation, fort claire s'il s'agit de l'industrie du goudron ou de fouilles archéologiques, est, en philosophie, simplement impensable. Un chercheur qui refuse d'enseigner n'est pas un philosophe. Un professeur qui ne cherche pas, sans cesse et inlassablement, la vérité, n'est pas un professeur de philosophie. La vérité philosophique est toujours à découvrir et à transmettre. Elle est celle de la cité des hommes. Ainsi pensaient tous ceux qui furent mes maîtres, et que je n'en finirais pas de nommer, car beaucoup dont je ne suivis pas les cours, et dont je devins plus tard le collègue, furent aussi pour moi des maîtres. De ceux que, déjà, j'ai cités, je ne sépare pas André Lalande, qui m'enseigna la rigueur de l'analyse conceptuelle, André Darbon qui, à Bordeaux, me révéla Spinoza, Jean Wahl, dont les propos et les écrits furent toujours pour moi des sources de lumière, Georges Davy, qui m'apprit tant de vérités, et me guida toujours, de façon précieuse, en un métier dont il se faisait l'idée la plus exigeante.

Ce métier singulier, qui est de chercher et de transmettre la vérité par le dialogue, je l'exerçai d'abord (à Saintes, à Châlons-sur-Marne, et, après mon agrégation, à Mont-de-Marsan, à Carcassonne et à Paris) en des classes de l'enseignement secondaire dont j'ai gardé la nostalgie. Ce n'est qu'à ce niveau, en effet, que la philosophie, s'adressant, non à des spécialistes, mais à de futurs médecins, avocats, ingénieurs, retrouve son sens et accomplit sa mission. Le professeur a devant lui de très jeunes hommes ; ils vont avoir l'unique chance de découvrir cette dimension métaphysique qui, s'ils veulent bien la reconnaître, leur permettra, non certes de tout savoir, mais de n'être plus les esclaves d'aucun dogmatisme politique, scientifique ou objectif. L'idée que cette chance unique passait par moi, dépendait de moi, m'angoissait et me stimulait à la fois. Au début, je sus mal me garder de mêler mes opinions aux certitudes que j'avais à établir. Mais je compris bientôt que seules importaient ces dernières, et qu'il faut éviter aussi de croire que les élèves puissent tout tirer d'eux-mêmes. Pour alléger mon cours, et supprimer toute dictée, je mis donc en forme l'essentiel de ce qui, selon moi, devait être su : j'écrivis ainsi quelques fascicules, dont, plus tard, sont nées mes *Leçons de philosophie*[1]. Puis je me mis à expliquer Descartes, insistant sur le primat du *cogito*, qui permet toujours de sortir de l'aliénation, de découvrir que l'objet de nos pensées ne saurait être préféré à notre pensée même, pensée dont la liberté seule donne un sens à toute chose. Et, là encore, je rédigeai des *Notes sur les principes de la philosophie de Descartes*[2], s'efforçant de retenir l'essentiel. Quant à la réfutation des grands philosophes, où certains veulent voir une marque d'indépendance d'esprit, je la tins toujours pour sottise pure.

Je n'avais pas renoncé pour autant aux révélations esthétiques, dont le rapport avec la vérité philosophique demeurait pour moi un problème. M'interrogeant sur leur valeur, j'entrepris, en 1936, une étude sur la connaissance irrationnelle de l'objet, étude que je ne parvins pas à terminer. De 1939 à 1947 en effet, je fus chargé d'enseigner la philosophie dans les classes de première supérieure, d'abord à Caen, puis au lycée Condorcet, enfin à Henri IV et à Louis-le-Grand. Les exigences de mon auditoire me

1. F. Alquié, *Leçons de philosophie*, 2 volumes, Paris, Didier, 1939. Une édition remaniée en a été publiée en 1952 ; rééd. en 1 volume, Paris, La Table Ronde, 2009.
2. F. Alquié, *Notes sur les principes de la philosophie de Descartes*, Carcassonne, Éditions Chantiers, 1933.

laissaient peu de loisir. En outre, l'urgence politique m'imposait d'autres devoirs que celui de réfléchir à mes propres difficultés. Revenant donc à un objectif plus précis, j'entrepris de déterminer d'abord ce que pouvait être, par rapport à l'attitude esthétique, l'attitude morale, et je me remis à l'étude de Kant. Ainsi fut écrite mon *Introduction à la lecture de la Critique de la Raison Pratique*[1]. Puis, apercevant que chaque attitude de conscience permet à l'homme d'atteindre une expérience spécifique, je m'efforçai de déterminer la relation de nos diverses expériences, et de comprendre pourquoi elles ne peuvent être systématisées. Ces réflexions furent la source d'un petit livre que je n'ai rédigé que beaucoup plus tard, et qui doit paraître cette année même[2].

Cependant, mon désir d'étudier « la connaissance irrationnelle de l'objet » avait laissé place à celui, moins ambitieux, d'écrire un ouvrage sur la « conscience affective », dont j'espérais parvenir à déterminer les rapports avec la conscience intellectuelle. Ce désir ne m'a pas abandonné et j'espère le réaliser un jour[3]. Je suis, en particulier, convaincu que la psychanalyse nous a fourni, pour comprendre le rapport de la conscience humaine avec l'Être et la Vérité, des méthodes dont on est loin d'avoir tiré tout le parti possible. Et je voudrais dire tout ce que je dois moi-même aux idées de Freud, et, de façon plus générale, aux conceptions psychanalytiques. Pour m'en tenir, cependant, aux choses faites, et laisser l'avenir à son incertitude, je dois convenir que mon premier projet était surtout critique : je me proposais d'envisager la conscience

1. Publiée dans l'édition de cet ouvrage, aux P.U.F., en 1943 : Kant, *Critique de la raison pratique*, réed. en « Quadrige », 1983.
2. F. Alquié, *L'Expérience*, Paris, P.U.F., 1957, réed. avec une bibliographie, Paris, La Table Ronde, 2019.
3. Voir F. Alquié, *La Conscience affective*, Paris, Vrin, 1979.

affective, non dans sa vérité, mais dans ses erreurs. J'étudiai donc l'état de passion, et crus en découvrir la source essentielle dans le refus du temps. Un article des *Cahiers du Sud*, consacré à ce sujet, attira l'attention d'Émile Bréhier, qui m'engagea à développer mes idées en un livre. Ce livre fut le *Désir d'éternité*[1], où je tente de distinguer, selon des critères précis, l'éternité passionnelle et l'éternité vraie que suppose toute raison.

En ceci, ma méthode était fort éloignée de celle de l'existentialisme, dont le succès allait grandissant. De 1943 à 1947, je pris un contact plus étroit avec la philosophie nouvelle, et consacrai plusieurs articles à Sartre, à Heidegger, à Merleau-Ponty, dans les *Cahiers du Sud*, *Fontaine*, la *Revue Internationale*, la *Revue de métaphysique et de morale*[2]. Je me remis aussi à l'étude de Hegel, dont mon collègue Hyppolite venait de traduire la *Phénoménologie de l'esprit*. Tout cela m'enrichit beaucoup, sans toutefois me persuader. Toujours, en effet, je revenais aux classiques. Je ne sais pourquoi, eux seuls parvenaient à me convaincre. Et le dualisme foncier de Descartes et de Kant me semblait mieux expliquer l'homme que l'« humanisme » contemporain. Jean Wahl me donna l'occasion d'exposer ces idées en sa revue Deucalion, et dans une conférence du Collège philosophique : *Humanisme surréaliste et humanisme existentialiste*[3].

Cependant, je m'étais remis à l'étude de Descartes. Depuis longtemps j'avais été frappé par les apparentes contradictions que contient sa philosophie : ainsi Descartes

1. F. Alquié, *Le Désir d'éternité*, Paris, P.U.F., 1943, rééd. en « Quadrige », 1983.
2. Textes repris pour l'essentiel dans *Solitude de la Raison*, Paris, Le Terrain vague, 1996, rééd. Paris, La Table Ronde, 2018.
3. Cahiers du Collège philosophique, Arthaud, 1948. Une version abrégée figure dans *Solitude de la Raison*.

conçoit à la fois la liberté comme option et comme détermination de la décision par une fin clairement aperçue, il accorde le primat à la pensée et tient pourtant l'Être pour premier par rapport à elle. Les commentateurs qui lui reprochaient ces contradictions me semblaient injustes, ceux qui résolvaient la difficulté par quelque artifice logique me paraissaient infidèles. Je décidai donc de relire tous les textes et toutes les lettres de Descartes en leur ordre strictement chronologique. Je m'aperçus qu'une telle lecture permettait d'éliminer certaines contradictions par la distinction des thèmes selon leurs dates, chaque époque laissant apparaître un type déterminé de problèmes, auquel convient un type défini de réponses : ainsi les affirmations des *Regulae*, celles du *Discours*, celles des *Méditations* me parurent se situer en des plans différents. Après cette analyse demeuraient, il est vrai, des oppositions irréductibles : elles me parurent propres au seul plan métaphysique, et je compris que leur maintien, par Descartes, loin d'être lacune ou faiblesse, traduit la spécificité d'une expérience ontologique où rien de ce qui constitue l'homme et sa situation par rapport au monde et à la science ne se trouve sacrifié. Cette expérience, ce sens cartésien de l'homme échappent à tous les commentateurs qui s'efforcent d'étaler le cartésianisme sur le plan unique d'un système de l'objet. Ils se révèlent, au contraire, à qui veut bien considérer l'œuvre philosophique selon une méthode que j'ai souvent essayé de définir par la suite, ainsi dans : *Structures logiques et structures mentales en histoire de la philosophie*[1] et dont je m'efforce tous les jours de mieux déterminer les présupposés et les concepts.

1. *Bulletin de la Société française de philosophie*, Paris, Armand Colin, 1953.

Dans *La Découverte métaphysique de l'homme chez Descartes*[1], je me suis en effet attaché à interpréter Descartes non par des structures logiques, mais par des structures mentales (ce qui ne veut pas dire psychologiques), structures se révélant elles-mêmes dans l'identité de sens de démarches successives ; ainsi le *cogito* reprend, sous une autre forme, le dépassement qui soutient l'affirmation de la création des vérités éternelles : celui de l'objet vers l'infini divin. Cette étude de la philosophie de Descartes constitua ma thèse principale de doctorat. Je travaille pour l'instant à une étude analogue, mais révélant un processus opposé, sur le système de Spinoza[2]. Car s'il est vrai que certains philosophes, tel Descartes, semblent, au cours de leur vie, de plus en plus soucieux de révéler le rapport ontologique qui constitue la conscience de l'homme, et de détruire, à la lumière de ce rapport, toute illusion objectiviste, d'autres, par la construction d'un système, masquent plutôt ce rapport fondamental pour satisfaire à l'irréalisable désir de retrouver l'Être au niveau de la totalité.

On voit que ma réflexion sur l'histoire de la philosophie ne se sépare pas de la recherche de la vérité philosophique. Et il m'apparaît de plus en plus que les philosophes malgré les différences de leurs systèmes, s'efforcent de traduire une même expérience, celle du rapport fondamental de la conscience et de l'Être. Dans *La Nostalgie de l'Être*[3] j'ai voulu déterminer et mettre en lumière ce rapport, fait à la fois de présence et de séparation, et distinguer, selon l'attitude adoptée, ontologie et métaphysique. J'ai terminé

1. F. Alquié, *La Découverte métaphysique de l'homme chez Descartes*, Paris, P.U.F., 1950, 2ᵉ éd. corrigée, 1966, rééd. « Épiméthée », 1987.
2. F. Alquié, *Le Rationalisme de Spinoza*, « Épiméthée », Paris, P.U.F., 1981.
3. F. Alquié, *La Nostalgie de l'Être*, Paris, P.U.F., 1950.

ce livre, ainsi que mon travail sur Descartes, à Montpellier
et à Canet-Hérault. L'Hérault est le pays de ma famille
paternelle, c'est à Canet que j'ai passé une partie de mon
enfance, la présence des choses m'y semble toujours plus
émouvante et plus vraie. Et, à la Faculté de Montpellier,
où je fus nommé en 1947, je trouvai le climat le plus
favorable à mes réflexions. J'y rencontrai bien des amis
et, parmi eux, un philosophe : Aimé Forest.

Depuis 1952, j'enseigne à la Sorbonne. Dans les lieux
où je fis mes études, j'ai le difficile devoir de succéder à
mes maîtres. Et je connais à nouveau l'agitation de Paris,
ses discussions, ses polémiques, sa tendance à mêler, à
toutes choses, la politique. Ici, la tâche du philosophe est
assurément plus malaisée. Mais elle est plus nécessaire,
et, me semble-t-il, tout à fait inséparable des exigences de
l'enseignement. En un monde qui tend de plus en plus à
prendre l'histoire, c'est-à-dire la force et le crime, pour
mesure de ses valeurs, il faut continuer, inlassablement, à
dire ce que, dans l'histoire, mais aussi au-dessus de
l'histoire, est et demeure l'esprit humain. Il faut maintenir
intacte, en son universelle solitude, cette évidence unique,
qui est celle de la philosophie. Cette évidence, je la retrouve,
pour ma part, en tout ce que j'ai su, en tout ce que j'ai
aimé. Et c'est pourquoi j'ai pu, l'année dernière, la
reconnaître à la fois dans l'œuvre d'André Breton et dans
celle de Descartes en publiant *Philosophie du surréalisme*[1]
et *Descartes, l'homme et l'œuvre*[2]. Car, selon moi, le souci
d'interpréter avec lucidité leur propre expérience a amené
les surréalistes à retrouver, à leur façon, les vérités de la

    1. F. Alquié, *Philosophie du surréalisme*, Paris, Flammarion, 1956,
rééd. en Champs-Flammarion, 1977.
    2. F. Alquié, *Descartes, l'homme et l'œuvre*, Paris, Hatier, 1956,
rééd. avec une bibliographie mise à jour, Paris, La Table Ronde, 2017.

métaphysique. Comment pourrait-il en être autrement, si la poésie véritable et l'authentique philosophie ne sont que témoignages sur le principe éternel de toute vérité : la conscience de l'homme.

SOURCES CARTÉSIENNES DE MALEBRANCHE
DE L'INFLUENCE, SUR MALEBRANCHE,
DE LA CONCEPTION SUBSTANTIALISTE
DU SUJET PENSANT[1]

Cette communication est consacrée à l'examen de l'influence qu'a exercée, sur Malebranche, la conception cartésienne du sujet, connaissant et pensant, considéré comme substance. Cette influence, implicite mais profonde, est étudiée à propos de trois conceptions malebranchistes : celle de la connaissance de l'âme par elle-même, celle de la science des corps, celle de l'amour.

I. – Lorsque André Robinet, organisant cette journée consacrée à Malebranche, m'a demandé d'y faire un exposé, j'ai d'abord hésité entre plusieurs sujets. Mais, apprenant que mes collègues avaient tous choisi de traiter des sources de la philosophie de Malebranche, sources scolastiques, jansénistes et scientifiques, j'ai pensé devoir parler moi-même des sources cartésiennes de cette philosophie. De telles sources ne pouvaient être passées sous silence, et, en décidant de vous en entretenir, j'espérais contribuer à

1. Paru dans *Les Études philosophiques*, « Malebranche/Condorcet », Dossier Malebranche : « Journée *Recherche de la vérité*, 1674-1974 », Paris, P.U.F., oct.-déc. 1974, n° 4, p. 437-448.

donner, à toutes les études présentées en ce jour, une véritable unité.

Une difficulté, pourtant, demeurait. Les idées, les thèmes empruntés à Descartes sont, chez Malebranche, si nombreux et si divers que, pour traiter mon sujet de façon complète, il m'aurait fallu sans doute, non une heure, mais plusieurs semaines. En outre, vous le savez, je viens de consacrer, au cartésianisme de Malebranche, un volume entier[1], et je ne saurais, de ce volume, vous infliger le résumé. Je dois, par conséquent, me limiter et choisir. Je ne vous parlerai donc pas de toutes les sources cartésiennes du malebranchisme et, par exemple, de celles qui, dans cette philosophie, sont l'origine de la méthode, de la science, de la théorie de la causalité, des preuves de l'existence de Dieu. Je me bornerai à un problème précis : celui du cartésianisme implicite de Malebranche, et même, à l'intérieur de ce problème, à l'examen de l'influence qu'a exercée, sur Malebranche, la seule conception cartésienne du sujet, connaissant et pensant, considéré comme substance. Au reste, après avoir entendu le bel exposé de M. Connell[2], je pense qu'en certaines des questions que je vais envisager, d'autres influences que celles de Descartes ont pu jouer, et cela par une sorte de surdétermination. M. Connell a signalé, par exemple, la tendance de Malebranche à réduire les problèmes relatifs à la connaissance à des problèmes d'ontologie, et il a expliqué cette tendance par la scolastique. Pour ma part, j'y découvre l'effet de la doctrine de Descartes. En vérité, les deux influences ont pu s'exercer dans le même sens. En tout cas, nul texte ne pourrait nous départager,

1. F. Alquié, *Le Cartésianisme de Malebranche*, Paris, Vrin, 1974.
2. D. Connell, « Malebranche et la scolastique », *Les Études philosophiques*, Paris, P.U.F., oct.-déc. 1974, n° 4, p. 449-464.

puisque, en admettant qu'il s'agisse de cartésianisme, je déclare moi-même que, sur ce point, le cartésianisme demeure, chez Malebranche, implicite.

II. – En ce domaine, Malebranche semble en effet n'avoir pas clairement aperçu ce qu'il devait à Descartes, et l'on pourrait même opposer les formules explicites des deux philosophes. Descartes déclare que nous avons une idée claire du moi pensant, ou de l'âme. Malebranche le nie. Descartes estime que nos idées sont représentatives, et les tient cependant pour des modalités innées de notre esprit. La théorie de la vision en Dieu s'oppose à cette conception. Malebranche peut donc être considéré comme l'auteur d'une théorie de la connaissance tout à fait nouvelle, différant de celle de Descartes, et s'affranchissant du substantialisme.

Mais on peut remarquer aussi que, cette théorie de la connaissance, Malebranche ne l'a pas intégralement formulée : du moins n'a-t-il pas réussi à la rendre tout à fait cohérente et n'a-t-il pas tiré toutes les conséquences de ses principes. Or, ce qui l'a retenu, ce qui l'a arrêté en chemin, c'est précisément — du moins est-ce mon avis, et la thèse que je voudrais établir — ce que j'appelle ici son cartésianisme implicite, cartésianisme qui le ramène sans cesse à une conception substantialiste du sujet.

Commençons donc par rappeler ce qui est le propre de la révolution qu'a opérée Descartes en établissant l'âme comme sujet et substance de toute possible pensée. On n'a souvent retenu de la démarche cartésienne qu'un seul aspect : elle rompt avec la conception, héritée d'Aristote, selon laquelle l'âme serait la forme du corps, et cela pour faire de l'esprit le point de départ et le principe de la connaissance. L'esprit n'est-il pas affirmé comme premier par rapport à tout objet, et donc comme la condition de tout savoir ? Mais on ne saurait oublier que le but des *Méditations* est aussi, sinon surtout, d'établir que l'âme est une substance, distincte du corps, et que le mot *mens* signifie âme plus qu'il ne signifie esprit connaissant. Ayant mis en doute toute affirmation relative à l'extériorité, et transformé, de la sorte, le monde entier en une représentation du sujet, Descartes continue à raisonner dans la perspective d'une philosophie de l'être, et considère sa propre découverte comme ontologique : il fait alors, de tous les objets de sa connaissance, des modes de son moi. Sensations et idées sont pour lui de tels modes. Ce sont des pensées, *cogitationes*, ce sont mes pensées.

Faut-il alors voir en Descartes le fondateur des théories modernes de la connaissance ? Bien au contraire, il semble que, de son analyse, Descartes aurait dû conclure que l'esprit ne peut rien connaître, en dehors de lui-même. Comment, en effet, si toute idée est un mode de l'âme, ma pensée pourrait-elle avoir pour objet et, dirions-nous, pour contenu une réalité lui demeurant extérieure ? Comment un esprit, défini comme substance, pourrait-il atteindre autre chose que ses propres états, que ses propres modalités ? Comment une substance, par nature distincte, autonome et donc fermée sur soi, pourrait-elle sortir de soi pour atteindre une autre substance ?

Il est à remarquer que Descartes n'a pas véritablement répondu à de telles questions : la doctrine de la véracité divine, grâce à laquelle il échappe au doute, garantit la vérité des idées sans révéler comment, en son essence, une idée peut être vraie. Jamais Descartes ne se demande vraiment comment une modalité, par nature subjective, peut contenir et enfermer une réalité objective, c'est-à-dire extérieure à elle. Car Descartes définit l'idée comme mode de la pensée, et l'objectivité par l'existence de la chose hors de la pensée.

Et c'est pourquoi Leibniz et Spinoza, selon la logique propre au cartésianisme, professeront, l'un et l'autre, que la pensée ne peut sortir de soi. L'accord de la pensée avec l'extériorité sera chez eux le fruit de l'harmonie préétablie ou du parallélisme des attributs divins, et non d'un contact direct de l'esprit avec un être qui ne serait pas le sien, d'une ouverture de cet esprit sur le monde. En tout cela, nous n'abordons pas vraiment la problématique qui sera plus tard celle des théories de la connaissance. Nous demeurons à l'intérieur d'ontologies.

Or, parmi les cartésiens, Malebranche seul semble d'abord se soustraire aux conséquences de cette position du problème. Seul, il nie que le rapport de l'esprit et de ses idées soit un rapport modal, un rapport de substance à mode. Seul il définit l'entendement comme « la faculté qu'a l'esprit de connaître les objets de dehors »[1]. Il aperçoit fort bien que l'affirmation cartésienne selon laquelle l'âme n'est en face que de soi devrait, au sens strict, rendre toute connaissance impossible. Connaître est, en effet, saisir ce qui n'est pas soi. Si l'esprit connaît, c'est que, dans le cas privilégié du savoir, il atteint une réalité qui, sans doute, lui est immédiatement proche, mais qui cependant lui demeure étrangère. L'idée n'est plus intérieure à l'âme, elle n'est plus sa modalité.

Et tel est bien le thème que Malebranche développe tout au long de sa polémique avec Arnauld. Il faut, dit-il, renoncer tout à fait à l'obscure et contradictoire notion de modalités représentatives, et, pour cela, il convient de

---

1. N. Malebranche, *Œuvres complètes*, A. Robinet (dir.), t. I : *De la Recherche de la vérité*, livres I-III, Paris, Vrin, 1962, p. 381.

distinguer sensations et idées. Les sensations sont des modalités de l'âme : mais, de ce fait, elles ne renseignent l'âme que sur ses propres états, et ne lui représentent, on dirait mieux ne lui présentent, rien d'extérieur. Elles ne permettent pas à l'esprit de sortir de soi. En revanche, les caractères propres aux idées, leur universalité, leur structure, la résistance qu'elles opposent à la pensée, prouvent qu'elles sont des réalités extérieures à l'esprit. En les atteignant, l'âme atteint ce qui est en dehors d'elle. Et Malebranche établira par la suite que les idées sont en Dieu, où nous les apercevons.

Voilà donc Malebranche sur la voie d'une conception toute nouvelle de la connaissance. On peut y voir le germe du kantisme et, par-delà le kantisme, des théories modernes de l'intentionnalité. Avant Hume, Malebranche tend à substituer, en philosophie, le problème du savoir à celui de l'être. Or Malebranche n'aboutira ni au kantisme, ni à une doctrine de l'intentionnalité. Pourquoi ? Précisément, parce qu'il n'abandonnera pas, malgré l'apparence, une conception substantialiste de l'esprit, conception qui s'oppose pourtant à l'inspiration profonde de ses analyses, conception qui suscitera, au sein de sa philosophie, bien des problèmes et des difficultés, conception qui, en tout cas, lui interdira de réformer véritablement la notion cartésienne de sujet pensant. C'est ce que je vais maintenant essayer d'établir en étudiant trois conceptions malebranchistes : celle de la connaissance de l'âme par elle-même, celle de la science des corps, celle de l'amour.

III. – En ce qui concerne la première de ces conceptions, on a l'habitude d'opposer Malebranche à Descartes. Selon Descartes, l'évidence du « je pense » nous révèle, en même temps que l'existence de notre âme, son essence, laquelle

est objet d'idée claire. Pour Malebranche, au contraire,
« on ne connaît la pensée que par sentiment intérieur »,
on n'en a pas « d'idée claire »[1]. Alors donc que Descartes,
tout en privilégiant la connaissance de l'âme, tenait
cependant cette connaissance pour analogue à celle que
nous avons des corps, ces deux connaissances s'opérant
par idées, Malebranche les sépare totalement, et estime
qu'au sens propre nous ne connaissons pas l'âme par idée.

On n'a pas manqué de voir en cela un progrès
considérable, et d'estimer que, sur la voie d'une
détermination correcte de la nature propre du sujet
connaissant, Malebranche avait, en critiquant Descartes,
fait un pas décisif. Tel est, par exemple, le sens des
remarquables analyses présentées par Michel Henry, dans
son ouvrage consacré à *L'Essence de la manifestation*[2],
analyses auxquelles Aimé Forest rend à son tour hommage
dans son *Cours sur l'âme*, cours dont bien des thèmes ont
été repris dans son livre : *L'Avènement de l'âme*[3], préfacé
par Henri Gouhier.

Pour Michel Henry, l'affirmation malebranchiste « selon
laquelle l'âme ne peut être connue… ne signifie en aucune
façon… que la substance de l'âme nous demeure inconnue,
se trouve située au-delà de toute manifestation possible ».
Tout au contraire, le sentiment qui nous révèle l'âme est
« la manifestation effective d'une sphère d'existence définie
et constituée par cette manifestation, l'essence originelle
de la connaissance phénoménologique »[4]. « Ce que
Malebranche reproche à Descartes », continue Michel

---

1. N. Malebranche, *Œuvres complètes*, t. I, livres I-III, *op. cit.*, p. 382.
2. M. Henry, *L'Essence de la manifestation*, « Épiméthée », Paris,
P.U.F., 1963, p. 524 *sq.*
3. A. Forest, *L'Avènement de l'âme*, Paris, Beauchesne, 1973.
4. M. Henry, *L'Essence de la manifestation*, *op. cit.*, p. 528.

Henry[1], « c'est… de confondre la phénoménalité qui, dans le *cogito*, se révèle originellement fondatrice de l'existence, comme lui étant identique, avec celle qui constitue le substrat de toute connaissance, avec la phénoménalité de l'extériorité comme telle ». Aux yeux de Michel Henry, Malebranche aurait donc renoncé à concevoir l'âme comme substance, et serait déjà parvenu à une conception phénoménologique du sujet.

Or cette analyse, quel que soit son intérêt philosophique, semble historiquement inexacte. Certes, Michel Henry, étant donné la nature de sa recherche, est en droit de faire, à Malebranche, l'hommage des richesses que lui apporte sa lecture. Mais l'âme demeure bien, chez Malebranche, une substance dont l'idée, comme celle des corps, se trouve dans le Verbe. Et, si cette idée nous demeure, pour l'instant, inaccessible, nous la découvrirons un jour, dans l'autre vie. Son absence n'est donc qu'absence de fait. Le Verbe refuse de nous découvrir, dès à présent, l'idée de notre âme, et cela pour des raisons bien précises, que Malebranche indique clairement. Car l'idée de notre âme nous détournerait du soin que nous devons prendre de notre corps, elle nous inspirerait un déplorable orgueil. Dans l'autre monde, ces dangers seront écartés. Nous pourrons donc apercevoir cette idée.

Quand donc il déclare que l'âme nous est connue par sentiment, et non par idée, Malebranche ne prétend en rien faire un pas en avant dans la détermination exacte de la notion de sujet, et corriger Descartes sur ce point. Il croirait bien plutôt faire un pas en arrière, en déclarant, avec plus d'humilité, que cette âme, dont Descartes prétendait atteindre l'essence, nous demeure en fait inconnue. Mais,

1. *Ibid.*, p. 529.

aux yeux de Malebranche, l'âme est bien une substance, elle a une essence, et son idée est en Dieu.

Cela dit, et malgré l'opposition des formules, les théories de Descartes et de Malebranche relativement à la connaissance de l'âme par elle-même sont à peu près identiques, et ne diffèrent guère que par le vocabulaire employé. Car, ce que Malebranche appelle sentiment, c'est précisément ce que Descartes appelle idée. L'idée de l'âme, pour Descartes, c'est la conscience même que nous prenons de notre esprit. Pour Malebranche, l'idée est archétype. Lorsque donc Malebranche déclare, par exemple, que nous éprouvons la douleur sans la connaître, il veut rappeler que nous ne savons pas ce qui, dans l'archétype de notre âme, lequel se trouve en Dieu, répond à la douleur sentie. Mais, selon Descartes, nous n'atteignons pas non plus un tel archétype, puisqu'il n'existe pas. Connaître la douleur c'est, purement et simplement, l'éprouver. Sa sensation est son idée.

Au reste, comme Descartes, Malebranche estime que l'existence de notre esprit est plus certaine que celle des corps. Et, à cette existence, il confère le minimum d'essence nécessaire à son affirmation, cette essence étant la pensée. « L'essence de l'esprit, écrit en effet Malebranche, ne consiste que dans la pensée, de même que l'essence de la matière ne consiste que dans l'étendue. »[1] Et la pensée est à la fois définie comme conscience et comme entendement : c'était aussi le cas chez Descartes.

Non content de déclarer que nous pouvons savoir ce qu'est l'essence de l'âme, Malebranche estime que nous pouvons raisonner sur elle, conclure à sa spiritualité, à sa

---

1. N. Malebranche, *Œuvres complètes*, t. I : *De la Recherche de la vérité*, livres I-III, *op. cit.*, p. 381.

distinction d'avec le corps, à son immortalité : en ce sens, il parle même de démonstrations[1]. Pourquoi dit-il alors que nous n'avons point l'idée de notre âme ? C'est que nous ne pouvons déduire les propriétés de l'âme comme, en géométrie, nous déduisons celles du triangle ou du cercle. Plaisirs, douleurs, sensations ne nous sont connus qu'en étant constatés. « Nous ne savons de notre âme que ce que nous sentons se passer en nous »[2]. Mais Descartes pensait-il autrement ? La connaissance de l'âme n'est jamais chez lui que connaissance de fait, bornée au présent. Aucune déduction de type mathématique n'y trouve place.

Ainsi, malgré l'opposition de leurs formules, Descartes et Malebranche disent à peu près la même chose lorsque le premier appelle claire l'idée que l'esprit peut prendre de lui-même, et lorsque le second confesse que nous ne sommes pour nous-mêmes que ténèbres. Idée cartésienne et sentiment malebranchiste sont pensées de l'âme. Dans les deux cas, l'âme se connaît par la prise de conscience de l'un de ses modes, et de son attribut essentiel révélé par ce mode. Nous voyons dès lors que Malebranche a conservé, en ce qui concerne l'âme, les schémas du substantialisme cartésien. Et nous apercevons que ce substantialisme est bien ce qui l'a empêché d'aller plus avant sur la voie où Michel Henry le croit profondément engagé.

Cela, du reste, ne veut pas dire que l'affirmation de Malebranche selon laquelle nous n'avons pas, à proprement parler, d'idée de l'âme, soit sans importance ou sans effet. Elle montre que saisie de l'essence et saisie de l'existence peuvent être séparées. Elle dissipe mainte équivoque. Ainsi, chez Descartes, l'assertion : « Je pense donc je suis », est

1. *Ibid.*, p. 453.
2. *Ibid.*, p. 451.

une proposition permettant d'affirmer une existence personnelle ; mais elle est, en même temps, le critère, le modèle de toute évidence. Cette ambiguïté, et plusieurs autres, disparaissent chez Malebranche. Pourtant, s'il nous paraît incontestable que, sur bien des points, Malebranche pousse ainsi plus loin l'analyse, il nous semble, en revanche, qu'il ne modifie en rien la structure fondamentale selon laquelle la pensée est l'attribut d'une chose pensante, ou d'une âme. Pour Malebranche comme pour Descartes, l'esprit, considéré en lui-même, et dans son être, est donc substance et non, au sens moderne, sujet. Et le fait que l'essence d'une telle substance nous demeure inaccessible est interprété ; non point comme la preuve que la réalité de l'esprit est irréductible à toute nature objectivement connaissable, mais comme une faiblesse, une incapacité de notre entendement à se saisir lui-même à titre d'objet. Cette nostalgie se retrouvera chez Kant. Pour ce qui est de Malebranche, il se détourne bientôt d'une telle recherche et se soucie de constituer une science des corps.

IV. – Cette fois, cependant, n'allons-nous pas découvrir chez lui une théorie vraiment renouvelée ? Et, ce que Malebranche n'a pas dit en traitant de la connaissance de l'âme par elle-même, ne va-t-il pas l'affirmer en ce qui concerne les idées que nous avons des corps ? Car, en ce domaine, l'âme est tenue pour capable d'apercevoir, en dehors d'elle, et dans leur vérité, de telles idées. Grâce à l'étendue intelligible, les corps nous sont connus en leur essence. Et cette étendue, présente en Dieu comme idée incréée, est bien saisie directement, à titre de réalité extérieure à notre esprit.

À bien des égards, cependant, la théorie malebranchiste de l'étendue intelligible et, plus généralement, des idées, semble n'être pas autre chose que l'innéisme cartésien, extériorisé et, si l'on peut dire, autrement localisé. C'est dans un tel innéisme que cette théorie prend sa source et trouve son point de départ. Et l'on peut craindre que, dans ses prolongements derniers, elle n'y retourne.

Bien des formules de la *Recherche de la vérité* sont encore franchement innéistes. Ainsi, dit Malebranche, « il est nécessaire que nous ayons dans nous-mêmes les idées de toutes choses »[1]. Cette expression semble bien accorder à l'idée quelque intériorité. Pourtant, il est bientôt précisé que les idées n'appartiennent pas à notre âme. Elles sont en Dieu. Mais, bien que Dieu ne puisse avoir de modes, ne pourrait-on prétendre que les idées entretiennent avec lui un rapport analogue à un rapport modal ? Elles paraissent bien être rattachées au Verbe comme à leur substance. Et, malgré les objections répétées d'Arnauld, Malebranche, étendant à Dieu un schéma cartésien, prétend que Dieu ne peut savoir que lui-même, ne peut connaître qu'au-dedans de lui-même. C'est la raison pour laquelle Malebranche, craignant d'introduire en Dieu quelque finitude, refuse de situer en lui les idées particulières, et affirme que toutes les idées divines sont infinies.

Mais, du moins au premier abord, il semble, cette fois, n'en être plus de même en ce qui concerne l'entendement humain. Celui-ci connaît bien les idées hors de soi. Comment, cependant, connaît-il et peut-il connaître ainsi ? Comment l'âme peut-elle atteindre des idées qui, tout en lui étant proches, lui demeurent extérieures ? Malebranche, dès qu'il se pose la question, semble renoncer à ce qui, chez lui, semblait d'abord annoncer une doctrine de l'intentionnalité, et admet bientôt que la connaissance de

---

1. N. Malebranche, *Œuvres complètes*, t. I, livres I-III, *op. cit.*, p. 452.

l'idée implique, à titre de condition nécessaire, quelque modification, cette fois intérieure, de l'âme elle-même. Il déclare que nous sommes affectés et modifiés par les idées. André Robinet a montré que cette thèse apparaît surtout après 1695. Mais elle était appelée par le substantialisme que Malebranche tient de Descartes, et auquel il n'a jamais renoncé. Ce substantialisme devait nécessairement conduire, tôt ou tard, à substituer, à la conception qui accordait à l'esprit une sorte de pouvoir d'accès à l'extériorité, une théorie considérant l'âme comme affectée par la causalité de l'idée ou par celle de Dieu lui-même.

Notons au passage que le schéma employé est ici fidèlement cartésien. Dans un autre domaine, et en ce qui concerne une autre causalité, le traité cartésien des *Passions de l'âme* n'est-il pas construit selon un double principe : l'âme peut être affectée par ce qui lui est extérieur, mais les états qui en résultent lui demeurent intérieurs ? Ainsi les passions sont causées par le corps, mais, substantiellement considérées, elles demeurent des états, et donc des modes, de l'âme.

S'il en est ainsi, nous revenons à une sorte d'équivalent de la théorie, pourtant formellement condamnée par Malebranche, selon laquelle il existe des modalités représentatives. Si en effet, au sens strict, Malebranche refuse de telles modalités, il admet que nous découvrons en nous des modifications, causées par les idées, et grâce auxquelles nous connaissons les idées elles-mêmes. Selon son étrange formule, il accorde qu'il y a des « impressions d'idées »[1].

Ce n'est pas tout. Si on la considère de notre point de vue, l'idée semble exister en Dieu à titre de réalité et de

---

1. N. Malebranche, *Œuvres complètes*, t. XII : *Entretiens sur la métaphysique et la religion*, Paris, Vrin-CNRS, 1965, p. 57.

chose. Mais, en Dieu même, elle conserve son caractère représentatif, et nous trouvons en cela une nouvelle raison de l'assimiler à ce que Descartes appelait un mode de la pensée : l'idée garde, chez Malebranche, la nature d'un mode appartenant à un sujet et, comme tel, étranger à l'extériorité que, dans ce sujet, il représente. On a parlé, chez Malebranche, d'une déchéance du *cogito*. On pourrait parler également d'une élévation du *cogito* puisque, d'une certaine façon, le *cogito*, avec toutes les difficultés qu'il contient, se trouve transposé en Dieu.

Et sans doute la question est-elle complexe. M. Gueroult a pu, sur ce point, signaler l'ambiguïté que présente la notion d'étendue intelligible. L'étendue intelligible semble parfois se situer du côté de la chose : elle apparaît alors comme l'essence des corps eux-mêmes. Mais elle se trouve souvent placée du côté de l'esprit : elle est alors représentation, elle est ce par quoi la pensée de Dieu se réfère à ce qui lui est extérieur, à savoir les corps créés. Malebranche maintient fermement cette seconde conception de l'étendue intelligible, comme pensée de Dieu : sans elle, en effet, l'étendue apparaîtrait comme un attribut divin, et l'on tomberait dans le spinozisme.

Or, dire que l'idée divine renvoie à un *ideatum* qui lui demeure extérieur, considérer qu'elle se réfère à la réalité matérielle des corps, c'est bien introduire en Dieu l'équivalent du *cogito*. Et c'est, par voie de conséquence, retrouver, au niveau de l'homme, les difficultés mêmes que l'on voulait éviter. Car, en apercevant les idées en Dieu, l'homme voit, non les choses elles-mêmes, mais, une fois encore, ce qui les représente. Aussi Malebranche se trouve-t-il conduit à professer la doctrine de l'invisibilité des corps.

Mieux que tout autre peut-être, cet exemple montre combien il reste cartésien au moment même où il semble s'éloigner de Descartes. Celui-ci ne dit pas que les corps sont invisibles. Mais il tient l'étendue pour l'attribut de la substance étendue, et considère, au début de sa méditation, l'existence de cette substance comme problématique. Malebranche semble d'abord éviter ce doute, puisqu'il déclare que l'étendue est l'être même des corps, et précise : « L'étendue n'est pas la manière d'un être, mais c'est véritablement un être »[1]. Mais il renonce à cette conception, rebelle à la structure cartésienne, lorsqu'il déclare les corps invisibles. Si les corps se réduisaient à l'étendue, et si l'étendue était un être, comment pourrions-nous prétendre à la fois que nous apercevons clairement l'étendue et que les corps sont invisibles? Mieux encore, comment pourrions-nous déclarer, avec Malebranche, que nulle démonstration rigoureuse de l'existence des corps ne saurait être fournie?

C'est là qu'apparaît clairement que l'étendue aperçue n'est autre chose qu'une idée, et que cette idée, comme toute idée, est distincte de ce qu'elle représente. Cela est vrai en Dieu, cela est vrai pour nous. Du fait que Dieu a l'idée de l'étendue, située en son Verbe, on ne peut conclure qu'il ait, par sa volonté, créé effectivement des corps matériels. Du fait que nous apercevons nous-mêmes l'idée de l'étendue, on ne peut conclure que les corps existent. Et, bien entendu, on ne peut le conclure davantage, du moins selon la rigueur, de nos sensations. Tout cela, si l'on y réfléchit, n'est que la reprise et l'approfondissement du doute de Descartes : ce doute porte bien sur l'existence extérieure des corps que nous représentent nos idées, il

---

1. N. Malebranche, *Œuvres complètes*, t. I : *De la Recherche de la vérité*, livres I-III, *op. cit.*, p. 462.

témoigne donc, par sa possibilité même, du fait que l'être des corps ne nous est pas immédiatement offert. Ce qui revient à dire que tout ce qui ne fait pas partie de notre substance pensante est, en fait, inaccessible. Notre connaissance porte sur nos états. L'âme ne connaît que ses propres modes. Tout être extérieur nous est invisible et demeure indémontrable. Et tel est bien le cas des corps.

V. – Je voudrais parler enfin de l'influence du substantialisme cartésien sur la conception malebranchiste de la volonté et de l'amour.

Sur ce point encore, l'opposition de Descartes et de Malebranche doit d'abord être marquée. Descartes assimile la volonté et la liberté, et y voit le principe de notre initiative. Malebranche distingue liberté et volonté, et fait de la volonté un sentiment, résultant de l'impression de Dieu sur notre âme. Quant à l'amour, Descartes le fait dépendre du « consentement par lequel on se considère, dès à présent, comme joint avec ce qu'on aime, en sorte qu'on imagine un tout duquel on pense être seulement une partie, et que la chose aimée en est une autre »[1]. La dévotion à Dieu résulte alors, tout naturellement, du fait que, dans le tout composé de Dieu et de notre personne, nous estimons l'autre partie du tout plus que nous-mêmes[2]. Malebranche, au contraire, fait dériver l'amour du désir d'être heureux, et nous conduit à la dévotion en nous révélant que Dieu seul est la cause de nos plaisirs.

Mais, ce qu'il faut bien apercevoir, c'est que, sur ces deux points, Malebranche ne s'oppose à Descartes qu'en

1. R. Descartes, *Les Passions de l'âme*, art. 80, A.T., t. XI, p. 387 ; *Œuvres philosophiques*, t. III, éd. Alquié, p. 1013-1014.

2. *Les Passions de l'âme*, art. 83. A.T., t. XI, p. 390 ; *Œuvres philosophiques*, t. III, éd. Alquié, p. 1016-1017.

demeurant plus strictement fidèle aux principes cartésiens que Descartes lui-même. Descartes tient la volonté pour infinie, et la considère cependant comme un mode de mon âme, laquelle est finie. Comment, cependant, un moi fini pourrait-il avoir comme mode une réalité infinie? Cela devient plus clair chez Malebranche : la volonté est sentiment, et ne se révèle infinie que par l'action de Dieu sur nous.

D'autre part, Descartes explique mal comment, dans l'amour, le moi, défini comme substance, peut sortir de lui-même, se décentrer, se tenir pour la partie d'un tout. Ici encore, Malebranche est plus clair : pour aimer le plaisir, notre âme n'a pas à sortir d'elle-même. Mais la solution malebranchiste, réduisant l'affectivité à un ensemble de modes, entraîne, on peut le craindre, la négation de tout véritable amour.

On voit ainsi que le substantialisme cartésien, si l'on applique avec rigueur ses principes, conduit à nier la volonté comme libre, et l'amour comme *ek-stase* et charité. Si la volonté est mode, elle est passion plus qu'elle n'est action, et c'est bien, en effet, ce qu'elle devient chez Malebranche. Et l'amour considéré comme sortie de soi est également impossible : seul peut se concevoir le désir du plaisir, le plaisir étant modalité de l'âme.

Ces conséquences se font sentir dans les conceptions malebranchistes relatives à Dieu et à l'homme. Pour expliquer la création du monde, le christianisme invoquait, traditionnellement, la bonté, la charité de Dieu, l'*ek-stase*, la diffusion. Dieu, dit saint Bonaventure, ne serait pas souveraine bonté s'il ne se diffusait souverainement[1]. Pour

---

1. Saint Bonaventure, *Opera omnia*, t. V, *Opuscula varia theologica : Itinerarium mentis in Deum*, Quaracchi, Collegium S. Bonaventurae, 1901, p. 311a; trad. fr. A. Ménard : *Itinéraire de l'esprit jusqu'en Dieu*, VI, 2, Paris, Vrin, 2019, p. 130 (latin) / p. 131 (français).

saint Thomas, le Bien est *diffusivum sui*[1]. Malebranche, pour expliquer la création que, du reste, il semble par instants tenir pour regrettable, invoque le seul amour que Dieu a pour lui-même. Dieu n'aime que soi, n'agit que pour sa gloire. « Dieu, écrit Malebranche, ne peut rien aimer que par la complaisance qu'il prend en lui-même »[2]. La gloire est le motif de la création.

L'homme, de son côté, peut-il aimer Dieu ? Il le peut, puisqu'il le doit. Et Dieu demeure la fin de son amour. Mais le motif de cet amour n'est et ne peut être autre chose que le désir du bonheur, et même du plaisir. On voit comment s'exerce en cela la logique propre au substantialisme. Sans doute, pour établir que nous ne désirons que le plaisir, Malebranche s'appuie-t-il sur l'expérience intérieure. Mais le schéma cartésien domine implicitement sa pensée. Entre un mouvement nous portant vers une fin extérieure et le désir d'une modification qui ne nous fait pas sortir de nous, il faut en effet choisir. Et Malebranche, raisonnant selon les exigences du substantialisme, choisit le désir de plaisir comme unique mobile possible de l'amour : par-là, à l'idée augustinienne de l'inséparabilité de l'amour de Dieu et de l'aspiration au bonheur, il donne un sens nouveau, où s'annoncent les morales hédonistes du siècle suivant.

De telles analyses sont reprises en ce qui concerne l'amour même que nous portons à notre corps. Cet amour pourrait paraître premier, et se confondre avec l'amour de nous-mêmes. Et le plaisir pourrait sembler en dériver. Pour Descartes, pour Spinoza, plaisirs et douleurs résultent du succès ou de l'échec des tendances liées à l'attachement

---

1. Saint Thomas d'Aquin, *Somme théologique*, I, 1, qu. V, art. 4.
2. N. Malebranche, *Œuvres complètes*, t. XIV : *Traité de l'amour de Dieu*, Paris, Vrin-CNRS, 1963, p. 7.

spontané que nous avons pour un corps que nous ne distinguons pas de nous-mêmes.

Or, aux yeux de Malebranche, l'amour de l'âme pour le corps supposerait, une fois encore, qu'une substance puisse sortir de soi pour en chérir une autre. Pour demeurer en elle-même, elle ne doit aimer que son propre plaisir. Et telle est bien la doctrine de Malebranche. « Éraste », dit Théodore dans les *Conversations chrétiennes*, n'aime pas son corps « à proprement parler »[1]. « Il aime le plaisir… Comme donc il sent du plaisir lorsque son corps est bien disposé, cela l'oblige à penser à son corps et à le défendre lorsqu'on le blesse. » Malebranche va même jusqu'à croire que, si nous percevions sans souffrance la destruction de notre organisme, nous pourrions, « par fantaisie ou par caprice, y prendre quelque satisfaction »[2]. En apparence, nous voici bien loin de Descartes voyant l'origine de l'amour dans le fait que, dès l'état fœtal, nous nous sommes attachés au sang, ou à tout « autre suc qui entrait dans le cœur », parce que nous y trouvions « un aliment plus convenable que l'ordinaire pour y entretenir la chaleur, qui est le principe de la vie »[3]. Mais, raisonnant ainsi, Descartes prend pour principe l'union. Il considère le composé, et non l'âme, substance distincte. Malebranche raisonne en demeurant au sein de l'esprit, tenu pour substance distincte et complète. Notre âme ne peut aimer le corps, mais seulement ses propres plaisirs.

Il n'y a pas, répète Malebranche, de volonté transcendante. « Concevez-vous, demande-t-il, que la

1. N. Malebranche, *Œuvres complètes*, t. IV : *Conversations chrétiennes*, Paris, Vrin-CNRS, 1959, p. 20.
2. N. Malebranche, *Œuvres complètes*, t. I : *De la Recherche de la vérité*, livres I-III, *op. cit.*, p. 117, 118.
3. R. Descartes, *Les Passions de l'âme*, art. 107, A.T., t. XI, p. 407 ; *Œuvres philosophiques*, t. III, éd. Alquié, p. 1032.

volonté soit une faculté transcendante ? »[1]. Toute volonté
est désir de plaisir, c'est-à-dire désir d'une modification
intérieure à la substance de notre âme, tout comme la
connaissance est d'abord savoir d'une telle modification.
Et, en conséquence, tous les plaisirs doivent être considérés
comme de même nature. « Les inspirations secrètes des
passions, écrit Malebranche, sont de même nature que le
sentiment de l'ordre »[2]. Et la grâce de Jésus-Christ n'est-
elle même conçue que comme une modalité agréable,
imprimée à notre âme, et susceptible de faire contrepoids
à la concupiscence.

VI. – On voit avec quelle force s'impose à l'esprit de
Malebranche le schéma substantialiste issu du *cogito*
cartésien, né du fait que Descartes appelle pensées
(*cogitationes*) idées, sensations, volitions, sentiments et
passions, et tient toutes les pensées pour des modes du
sujet pensant. En toutes les questions que nous avons
étudiées, nous avons vu cette structure empêcher
Malebranche d'aller jusqu'au bout de ses déductions.
L'absence de l'idée de l'âme, au lieu d'être interprétée
comme le signe que la réalité de l'esprit est irréductible à
tout objet connaissable, est tenue pour le fruit d'une
ignorance, au reste provisoire. La théorie de la vision des
idées comme réalités étrangères au sujet connaissant laisse
place à la théorie d'une prise de conscience, par l'âme, de
ses propres modalités, causées par l'idée. Et ni en Dieu,
ni en l'homme, Malebranche ne parvient à définir l'amour
comme charité ou faculté de sortir de soi-même, comme
semblait l'exiger, cependant, la tradition chrétienne dont

1. N. Malebranche, *Œuvres complètes*, t. XIV : *Traité de l'amour
de Dieu, op. cit.*, p. 102.
2. N. Malebranche, *Œuvres complètes*, t. XI : *Traité de morale*, Paris,
Vrin-CNRS, 1966, p. 68.

il se réclame. Pour justifier tout cela, Malebranche invoque, en fait, bien d'autres considérations. Il ne fait pas explicitement appel à Descartes. Mais la convergence même des directions qu'il se voit contraint de prendre semble témoigner qu'il s'agit d'une même influence, celle de ce que j'appelle son cartésianisme implicite.

Au reste, les tensions entre le cartésianisme implicite et l'inspiration originale de Malebranche seront, dans la suite de l'histoire, la source de bien des problèmes, de bien des transformations. En cette évolution se prépareront et s'annonceront des philosophies nouvelles, en particulier le kantisme. Mais c'est là une autre question, qui demanderait un autre exposé. Aujourd'hui, j'ai seulement voulu signaler l'influence d'une conception issue de Descartes, influence d'autant plus forte qu'elle demeure inaperçue. Car, le plus souvent, Malebranche oublie de formuler le principe selon lequel il raisonne. À ce principe cartésien, il se montre, cependant, en bien des cas, plus fidèle que Descartes lui-même.

ENTRETIEN AVEC FERDINAND ALQUIÉ [1]

> « Toutes les grandes philosophies
> sont une critique de l'objet au nom
> de l'être. »

*Ferdinand Alquié a une œuvre extrêmement riche,
portant aussi bien sur les philosophes du XVIIe siècle que
sur la métaphysique, la poésie et le surréalisme. Il a aussi
édité les œuvres de Descartes, et celles de Kant qui sont
en cours de publication. Sa réflexion s'attache en particulier
à la dualité entre la conscience intellectuelle et la conscience
affective.*

— *À côté de votre intérêt pour les grands systèmes
philosophiques, vous avez toujours laissé une large place
à la connaissance affective.*

Dès la classe de seconde, j'ai été séduit par Leibniz.
Comme tous les adolescents, j'étais amoureux et je cherchais
dans les auteurs romantiques quelque chose qui répondît
à ce que je sentais. J'éprouvais une séparation radicale
d'avec l'être aimé, mais d'un autre côté, j'avais le sentiment
profond que je n'existais qu'en fonction de l'autre. J'avais

1. Entretien avec Christian Descamps, paru dans *Le Monde*,
28 mars 1983. Repris dans *Entretiens avec Le Monde, 1. Philosophies*,
Paris, La Découverte-*Le Monde*, 1984, p. 53-61.

lu *Werther*, cependant, je ne me satisfaisais pas de ces déclarations pathétiques. En lisant Leibniz, j'ai découvert que les monades étaient sans fenêtres, qu'elles n'avaient aucune communication les unes avec les autres. Pourtant, tout ce qui se passait en l'une était fonction de ce qui se passait dans l'autre, parce que Dieu les avait pensées par un seul et même acte. Il y avait là séparation radicale et union profonde…

— *À l'époque, Léon Brunschvicg était l'une des gloires de la Sorbonne.*

Je l'ai, en effet, eu comme professeur, mais je me suis très tôt attaché aux grands philosophes classiques. Brunschvicg les aimait beaucoup, pourtant il les modifiait selon sa propre philosophie. Il allait jusqu'à déclarer : « Rien ne serait moins cartésien que de dire : "Je pense donc je suis ! " » J'ai plus été influencé par des gens qui enseignaient l'histoire de la philosophie, comme Bréhier, Gilson ou Laporte.

— *Vous croyez, en un sens, en une philosophie éternelle. Vous avancez que tous les grands philosophes ont, malgré leurs différences notoires, tous dit un peu la même chose.*

J'ai passé toute ma vie à enseigner les différences, et je ne vais pas dire que Descartes est semblable à Kant. Mais, en fait, je crois que si l'on considère la démarche philosophique dans ce qu'elle a d'essentiel, on voit que toutes les grandes philosophies sont une critique de l'objet au nom de l'être. J'entends par là qu'elles critiquent ce qui apparaît au nom de ce qui est en soi. Certes, chaque philosophe présente cela à sa façon…

— Vous avez consacré d'importants travaux à Descartes. Vous lire, c'est, en un sens, suivre un grand western métaphysique. Vous dégagez une pensée qui n'est aucunement entrée dans les mœurs. On peut, pour pénétrer Descartes, choisir la voie métaphysique, physique ou mathématique...

À l'époque de la grande édition d'Adam et Tannery, on s'intéressait plus au Descartes savant ; le Descartes métaphysicien semblait secondaire. Cela tenait en partie au scientisme de l'époque. Or je crois que la métaphysique de Descartes est toujours valable, ce qui ne veut pas dire vraie. Or sa science – si l'on met à part sa loi des sinus et la géométrie analytique – est en bonne partie périmée. Certes il a trouvé, en même temps que Harvey, la circulation du sang ; mais c'est parce qu'il pensait que le cœur était plus chaud que le reste des organes que le sang y bouillait. Par ailleurs, il avançait que la pesanteur venait de ce que la matière subtile, tournant à toute vitesse autour de la Terre, repoussait les différents corps. Cela ne retire rien à son génie. Pourtant sa métaphysique est, elle, complètement irréfutée. Je puis encore dire que le monde extérieur n'est absolument pas certain, que je puis en douter.

— Sa métaphysique serait donc absolument actuelle. Mais, en France, nous sommes très historiens. Nous situons les auteurs par rapport à leur temps.

Quand j'ai fait des cours sur Descartes aux États-Unis, je me suis trouvé devant des étudiants totalement ignorants du XVIIe siècle. Ils discutaient des différentes *Méditations* comme s'il s'était agi d'un livre qui venait de paraître. Choqué au début, j'ai ensuite été séduit par cette sorte de fraîcheur qui n'avait pas besoin de se débarrasser d'une culture qu'elle n'avait pas.

— Pour être tout de même un peu historien, il semble aujourd'hui étrange que certains hommes d'Église – je pense au cardinal de Bérulle – aient été de fervents soutiens du mécanisme.

La totalité de l'Église n'était pas favorable au mécanisme. Descartes a été mis à l'index et condamné par la Sorbonne, mais il est vrai qu'il avait aussi de fervents soutiens au sein de la Compagnie de Jésus. D'ailleurs, Descartes, s'il adhère au mécanisme, n'en est pas le fondateur.

— En fait, le mécanisme milite contre une Renaissance qui plaçait des forces naturelles et mystérieuses un peu partout.

L'Église voyait là un retour au paganisme, aux dieux des sources. Or le père Mersenne, ou Malebranche par la suite, estimaient que pour établir entre l'homme et Dieu un rapport véritable, il fallait débarrasser la nature de toutes les forces surnaturelles. Mais personne autant que Descartes n'a voulu dédiviniser la nature. Il ne cesse de répéter qu'elle n'est pas une déesse. Quand il écrit *Les Météores*, il signale que notre admiration se porte spontanément sur la nature ; mais il s'agit de réduire tout cela à de simples mouvements de matière. Ce qui est vraiment admirable c'est la liberté. Or avec une nature mécanique, fabriquée par Dieu, il n'y a que Dieu et l'homme libre.

— Le courant cartésien ainsi conçu est rigoureusement anti-thomiste. Il dit que le Moyen Âge a eu une philosophie païenne.

Bien sûr. Malebranche, plus tard, séparera de façon stricte les vérités révélées ; tout ce que la scolastique y avait ajouté sera tenu pour païen. Descartes affirme, lui, le primat du sujet sur la connaissance ; c'est son idée essentielle. Il est le père spirituel de Leibniz, de Berkeley…

Quand Hegel déclare que l'absolu est sujet, il est encore dans cette lignée. Husserl a intitulé l'un de ses ouvrages : *Méditations cartésiennes*. Historiquement les *Méditations* affirment le primat du sujet pour revenir ensuite à une ontologie humano-déiste.

— *Descartes valorise le doute ; mais, chez lui, c'est un moment que l'on dépasse.*

Descartes doute de tout : du monde, des vérités mathématiques. Dans la première *Méditation* il déclare que « je ne suis pas sûr de ne pas rêver ». Il commence par dire que des gens pensent avoir un corps en verre, que ce sont des fous ; « mais je suis moi-même fou toutes les nuits puisque je crois être dans une forêt alors que je suis nu dans mon lit ». Bref, il recherche une vérité qui résiste à tout.

— *Descartes avance que Dieu peut même être trompeur. À ce point de doute total, il veut vivre le doute et il suppose un Malin Génie.*

C'est une hypothèse volontaire ; ce procédé permet de douter. Ce Génie s'attache à me tromper. Il faut alors distinguer le Dieu qui peut être trompeur et le Malin Génie qui est un procédé méthodologique pour douter.

— *Je puis donc douter de tout ; mais il y a quelque chose qui est un roc, c'est le : « Je pense donc je suis. » La certitude du sujet pensant est alors supérieure à celle de l'objet pensé. Cette assertion n'a pas pris une ride. On pourrait vous demander ce qui dans le « je pense », le « je suis » ou dans le « pour penser il faut être », vous intéresse le plus ?*

Soulignons d'abord que cette phrase se trouve dans le *Discours de la méthode*, qu'elle se retrouve dans les

Principes, mais qu'elle n'est pas dans les *Méditations*. En fait, il s'agit de se demander ce qu'on dit quand on dit : je suis. Dans les *Méditations*, Descartes s'intéresse au je suis ; mais dans le *Discours*, il privilégie le fait qu'on ne peut penser sans être…

— *Le* Discours de la méthode – *ce texte en français – est un livre étrangement composé.*

Descartes le dit lui-même ; il souligne qu'il l'a construit « pour que les femmes mêmes puissent y comprendre quelque chose ».

— *Pourtant il dialoguera beaucoup avec la princesse Élisabeth, l'une des femmes de la philosophie occidentale.*

Il est parfois un peu flatteur ; ainsi il déclare que quand il l'a aperçue, il a cru voir des anges. Mais quand elle lui pose des questions il y répond avec soin. Élisabeth, qui est tout à fait intelligente, remarque que la théorie de Descartes, qui sépare l'âme du corps, laisse leur rapport en partie inexpliqué. Si le corps est pure étendue et si l'âme est pure pensée, on ne peut comprendre pourquoi j'éprouve une douleur quand je m'enfonce une épingle dans le doigt. Pour lui répondre, Descartes la renvoie à l'expérience. Il avoue, là, que la raison a ses limites.

— *Lire Descartes avec soin, c'est donc être bien loin du rationalisme banal.*

Descartes a, comme la plupart des grands philosophes, été trahi et simplifié. Mais ce n'est pas le seul ! Malebranche a été, lui, la source de la pensée athée ; et regardez ce que l'on a fait dire à Marx ! Et puis, comment résumer un philosophe en quelques lignes dans un dictionnaire… Aujourd'hui, tous les Français qui n'ont jamais lu une ligne de Descartes se croient cartésiens !

— *Vous soulignez que Descartes invente, avec la création des vérités éternelles, une pensée tout à fait unique.*

Il est le seul philosophe à avoir dit cela, on ne l'avait jamais dit et l'on ne l'a plus jamais redit sous cette forme. Or avancer que Dieu a librement créé les vérités éternelles, qu'il a construit ce qui nous apparaît évident logiquement et mathématiquement, c'est donner au rationalisme les limites les plus nettes. Car une fois admis que Dieu a créé ces vérités – qu'il a mis notre raison d'accord avec elles – le rationalisme fonctionne pleinement. Mais à la racine, Dieu aurait pu faire quelque chose de tout à fait différent. Il aurait pu faire que 2 et 2 fissent 5, que la somme des angles d'un triangle ne soit pas égale à deux droits. Donc ce qui nous apparaît comme logiquement nécessaire est métaphysiquement contingent.

— *On est, ici, tout proche de la théorie des mondes possibles.*

Absolument, même notre mathématique ou notre structure mentale sont l'effet d'un libre choix divin. Mais l'Être est au-delà de cela.

— *L'homme Descartes, à qui vous avez consacré bien des pages, s'avance souvent masqué. Il est fort jaloux de sa sécurité.*

Il aime, en effet, ne pas être dérangé. Il date souvent des lettres d'une ville où il ne se trouve pas. Il déménage sans cesse. En Hollande, le nombre des maisons de Descartes est immense ! On lui a parfois reproché d'avoir manqué de courage dans l'affaire Galilée. Pourtant, en Hollande, il ne risquait rien puisque l'Inquisition n'y régnait pas. Je crois, plus profondément, qu'il a été soucieux de ne rien dire qui fût condamné par l'Église.

— À côté de l'intérêt que vous avez marqué aux grands philosophes classiques, vous avez aussi consacré un ouvrage à la philosophie du surréalisme.

J'ai été séduit par les écrits de Breton ; très jeune, j'ai pratiqué l'écriture automatique ; dès 1924, j'ai rencontré les surréalistes. J'étais l'ami de Breton, d'Éluard, de Tanguy. Bien sûr, j'interprétais le surréalisme autrement que les surréalistes eux-mêmes. Par exemple, ils se disaient hégéliens ; mais je n'ai jamais cru qu'ils le fussent. J'ai cherché dans le surréalisme aussi une différence entre l'objet et l'être. Breton dit que le surréalisme repose sur la conviction qu'il y a quelque chose de caché derrière tout objet visible. Je crois qu'il est là tout près de ce que Descartes appelle la substance ou de ce que Kant appelle la chose en soi. Dans cette volonté d'aller au-delà de l'objet pour trouver quelque chose qui fasse signe, on retrouve ce qui est pour moi le centre de la démarche philosophique.

— Philosophe, vous attachez un grand prix à la connaissance poétique.

Je lis constamment les poètes et je ne vois là nulle contradiction avec mon amour de la philosophie. Si vous êtes convaincu que l'ensemble des objets du monde n'est pas l'Être, vous pouvez argumenter cela en termes philosophiques. Mais vous pouvez également le faire de façon poétique. Je pense que la poésie aussi dit des vérités. Quand Éluard écrit : « Nous sommes réunis par-delà le passé », il est proche du Leibniz qui affirme que « les monades ont des rapports mutuels parce qu'elles ont été pensées à l'origine par un acte unique ».

DESCARTES ET LA CHALEUR CARDIAQUE [1]

Descartes, on le sait, refuse de voir dans la contraction du cœur la cause et le moteur de la circulation sanguine. Il tient pour chimère scolastique la *facultas pulsifica* dont parle Harvey, et fait appel à une sorte d'ébullition du sang « se raréfiant et s'étendant tout d'un coup dans un espace plus grand » quand il arrive dans le cœur[2], ce qui lui donne la force de passer dans les artères. Cette explication suppose qu'il y ait « toujours plus de chaleur dans le cœur qu'en aucun autre endroit du corps »[3].

Descartes est donc convaincu que le cœur est le plus chaud des organes du corps. D'où lui vient cette certitude ? « En fait, déclare Gilson, c'est une survivance médiévale dans la pensée de Descartes »[4]. Gilson renvoie ensuite à Aristote et à Galien[5]. Pourtant, Descartes invoque toujours,

---

1. Paru dans le *Bulletin cartésien*, n° XIII, dans *Archives de philosophie*, vol. 47, 1984, n° 3, juillet-sept. 1984, p. 1-2. Nous remercions le *Bulletin cartésien* pour l'autorisation de reproduire ce texte.

2. R. Descartes, *L'Homme*, A.T., t. XI, p. 125 ; *Œuvres philosophiques*, t. I, éd. Alquié, p. 383.

3. R. Descartes, *Discours de la méthode*, A.T., t. VI, p. 48 ; *Œuvres philosophiques*, t. I, éd. Alquié, p. 621 ; *Œuvres complètes*, t. III, éd. BK, p. 113.

4. R. Descartes, *Discours de la méthode*, texte et commentaire par É. Gilson, Paris, Vrin, 1925, 6ᵉ éd., 1987, p. 401.

5. *Ibid.*

en faveur de son affirmation, des preuves expérimentales. Dans le *Discours*, il parle de la chaleur que l'on peut sentir dans le cœur « avec les doigts »[1], et, écrivant à Plempius, il fait mention d'expériences opérées par lui-même, « surtout sur les poissons » : « *respondeo me fecisse olim hoc experimentum satis accurate, praesertim in piscibus* »[2]. Dans la même lettre, il affirme que « chez les poissons », la chaleur est « beaucoup plus grande dans le cœur que dans leurs autres organes : *in ullis aliis membris* »[3].

En éditant ce texte, j'ai mis en note : « On se demande sur quelle expérience s'appuie Descartes pour fonder son affirmation »[4]. J'estimais, en effet, qu'il invoquait ici, en faveur de sa thèse, une expérience qu'il n'avait pas faite.

Je me trompais (ainsi, du reste, que bien d'autres). Parlant récemment de cette question avec le Professeur Jérôme Lejeune, j'appris en effet de lui, non sans surprise, que de récents travaux de savants danois avaient établi que chez certains poissons, ainsi les thons et les requins, la température de la région cardiaque pouvait dépasser de dix degrés celle du reste du corps (cette dernière température étant identique à celle du milieu ambiant, à savoir celle de l'eau où nagent les poissons). Bien entendu, je ne puis exposer ici les raisons physiologiques de ce fait. Je me

---

1. R. Descartes, *Discours de la méthode*, A.T., t. VI, p. 50 ; *Œuvres philosophiques*, t. I, éd. Alquié, p. 623 ; *Œuvres complètes*, t. III, éd. BK, p. 114.

2. *Lettre à Plempius* du 15 février 1638, A.T., t. I, p. 523 ; *Œuvres philosophiques*, t. II, éd. Alquié, p. 21 : « Je réponds que j'ai fait jadis cette expérience avec assez de soin, surtout sur des poissons » ; *Œuvres complètes*, t. VIII-2, éd. BK, p. 407.

3. *Lettre à Plempius* du 15 février 1638, A.T., t. I, p. 529 ; *Œuvres philosophiques*, t. II, éd. Alquié, p. 23 ; *Œuvres complètes*, t. VIII-2, éd. BK, p. 413.

4. *Œuvres philosophiques*, t. II, éd. Alquié, p. 23, note 2.

borne à citer les lignes que voulut bien m'adresser le Professeur Lejeune, en réponse à mes questions. Chez certains poissons, m'a écrit le Professeur Lejeune, « la région cardiaque est plus chaude que le reste du corps… La différence de dix degrés, observée expérimentalement, est très sensible au toucher. La main décèle aisément un écart d'un ou deux degrés, comme le fait une mère tâtant le front de son enfant fiévreux… Descartes n'avait pas besoin d'un thermomètre pour faire une observation juste, s'il a seulement disséqué un thon encore palpitant ».

Il faut donc croire que Descartes, comme il le dit, a tiré de l'observation, ou du moins confirmé par l'observation, sa théorie selon laquelle le cœur contient plus de chaleur que les autres organes. Son tort n'a point été d'invoquer une prétendue expérience, qui n'aurait pas été effectuée. Il a été de généraliser hâtivement les résultats d'une authentique expérience, et d'en conclure que la chaleur cardiaque était la cause du mouvement du sang. Comme me l'a écrit encore le Professeur Lejeune : « une observation correcte n'est pas nécessairement la preuve de l'exactitude d'une théorie ».

LA « QUERELLE SUR LA FOLIE » :
UNE SUGGESTION DE FERDINAND ALQUIÉ[1]

Jean-Marie BEYSSADE

J'ai choisi de présenter un texte inédit de Ferdinand
Alquié, un article qui n'a encore eu même en France presque
aucun lecteur. Cet article a été écrit il y a vingt ans, en
1973 ou en 1974. Il vient d'être retrouvé.

Je voudrais ordonner cette brève présentation autour
de trois points principaux : la chronologie de la querelle,
d'abord ; ensuite les conditions de l'intervention de
Ferdinand Alquié ; et pour finir une analyse succincte de
son contenu.

La chronologie
de la « querelle » (ou de 1961 à 1972)

La chronologie de ces douze années montre comment
un débat entre deux auteurs, Michel Foucault et Jacques
Derrida, qui ni l'un ni l'autre n'étaient des historiens de
la philosophie dans le sens professionnel du terme, s'est
pour un temps concentrée autour d'un point d'histoire de
la philosophie cartésienne : la signification exacte de
quelques lignes au début de la *Meditatio I*, du bref passage
où Descartes méditant envisage de se comparer aux fous

1. Paru dans J.-R. Armogathe et G. Belgioioso (éd.), *Descartes
metafisico. Interpretazioni del novecento*, Seminario di studi cartesiani,
Roma, 21 e 22 gennaio 1993, Istituto della Enciclopedia Italiana, Roma,
1994, p. 99-105.

(« *nisi me forte comparem* »[1]), et puis rejette avec brusquerie et sans aucune espèce de justification ou d'explication cette comparaison (« Mais quoi? ce sont des fous »[2]) en refusant de prendre modèle sur les fous (« et je ne serois pas moins extravagant, si je me réglois sur leurs exemples » ; « *si quod ab iis exemplum ad me transferrem* »[3]), avant de se tourner vers l'exemple du rêve.

Trois dates éclaireront ici suffisamment la discussion, trois dates qui correspondent aux trois épisodes principaux. En 1961, Michel Foucault publie chez Plon, sous le titre *Folie et déraison, histoire de la folie à l'âge classique* la thèse soutenue le 20 mai devant un jury présidé par Henri Gouhier. Le passage de la *Meditatio I* y est interprété comme caractéristique d'une nouvelle attitude envers la folie, de ce qui va être appelé « le grand renfermement ». Descartes refuserait avec une brutalité exemplaire toute prise en compte de la folie par la raison, tout dialogue avec la déraison qui risquerait de subvertir l'assurance de la raison en elle-même. Par cette exclusion arbitraire et définitive, par son refus d'envisager la possibilité d'être lui-même un fou, Descartes aurait mis au principe de l'ordre des raisons une première vérité brutale et fragile, « je ne suis pas fou ».

En mars 1963, dans une conférence au Collège philosophique de Jean Wahl, Jacques Derrida discute la

---

1. R. Descartes, *Première Méditation*, A.T., VII, p. 18 (latin) / A.T., t. IX-1, p. 14 (français) ; *Œuvres philosophiques*, t. II, éd. Alquié, p. 178 (latin) / p. 406 (français) ; *Œuvres complètes*, t. IV-1, éd. BK, p. 106 (latin) / p. 107 (français).

2. *Première Méditation*, A.T., t. VII, p. 18-19 (latin) / A.T., t. IX-1, p. 14 (français) ; *Œuvres philosophiques*, t. II, éd. Alquié, p. 178 (latin) / p. 406 (français) ; *Œuvres complètes*, t. IV-1, éd. BK, p. 106 (latin) / p. 107 (français).

3. *Ibid.*

lecture de M. Foucault. Il entreprend de montrer comment, loin d'exclure définitivement de son horizon philosophique la possibilité de la folie, Descartes va évoquer dans la suite de sa méditation d'autres raisons de douter qui finissent par conduire le sujet méditant au moins aussi loin dans l'extravagance. Et il conclut que le refus de toute comparaison avec le fou, dans le passage discuté de la *Meditatio I*, n'est pas le fait de Descartes-philosophe, qui y poserait subrepticement sa première vérité. C'est un interlocuteur ou un objecteur étranger à l'inquiétude philosophique qui reculerait devant les risques d'un doute extravagant. Descartes lui donnerait provisoirement la parole avant de le ramener là même où il voulait dès le début le conduire, c'est-à-dire au doute hyperbolique, mais de l'y ramener par d'autres raisons. Publiée dans la *Revue de métaphysique et de morale*, cette conférence sera rééditée son recueil *L'Écriture et la Différence* en 1967[1].

Le dernier épisode date de 1972, quand M. Foucault publie une nouvelle édition de son *Histoire de la folie à l'âge classique* chez Gallimard. Cette édition au titre raccourci est enrichie notamment par un long appendice (*Mon corps, ce papier, ce feu*[2]) qui reprend en la développant et en la nuançant la thèse initiale. Pour l'essentiel c'est

1. J. Derrida, « Cogito et histoire de la folie », *Revue de Métaphysique et de Morale*, n° 3 et 4, 1964, p. 460-494. Repris dans *L'Écriture et la Différence*, Paris, Seuil, 1967, rééd. en « Points-Seuil », 1979, p. 51-97.

2. Cet appendice II (tout comme le premier, « La folie, l'absence d'œuvre ») ne figure plus dans la reprise en « Tel » (1976) de l'*Histoire de la folie à l'âge classique*. Mais il est repris dans Michel Foucault, *Dits et écrits*, Paris, Gallimard, 1994, t. II (1970-1975), année 1972, texte n° 102 : « Mon corps, ce papier, ce feu », p. 245-268 (rééd. en « Quarto », t. I, 2001, p. 1112-1136), accompagné du texte n° 104 : « Réponse à Derrida », p. 281-295. Il est repris également dans M. Foucault, *Œuvres*, t. I, F. Gros (dir.), « Bibliothèque de la Pléiade », Paris, Gallimard, 2015, p. 624-650, qui rétablit les deux appendices de 1972. [N.D.É.]

une réponse à l'objection de Derrida. La réponse est un peu brutale et dure : d'où le terme retenu ici de « querelle ». M. Foucault montre d'abord pourquoi il n'est pas possible de séparer dans la *Meditatio I* la voix du philosophe et la voix de l'homme ordinaire qui lui résisterait et de l'extérieur lui adresserait des objections : en réalité, le sujet méditant prend à son compte tous les énoncés de la méditation, c'est donc bien lui qui aura refusé la comparaison avec le fou. Ensuite, M. Foucault maintient que ce refus est définitif et qu'il n'y aura pas dans la suite du texte cartésien de résurgence de la folie. La folie comme possibilité et comme risque a été définitivement conjurée : le sujet méditant, à travers toute la suite de ses doutes et de ses affirmations, va garder et affirmer une totale maîtrise sur ses pensées et sur son argumentation.

Avec cet admirable texte, la querelle est close entre les deux philosophes. Car J. Derrida ne répondra pas à cette réponse[1]. La question qui s'était ainsi portée sur le terrain de l'histoire de la philosophie va être désormais délaissée par ses initiateurs. Et c'est l'historien de la philosophie qui va la retrouver avec l'article de Ferdinand Alquié.

La « note » de Ferdinand Alquié : sur un article écrit et non publié, perdu et retrouvé (1973-1992)

Le second point de ma présentation va concerner Ferdinand Alquié. Nous sommes ici plusieurs à avoir travaillé avec lui, en particulier Jean-Luc Marion et moi-

---

1. J. Derrida, dans « Être juste avec Freud. L'histoire de la philosophie à l'âge de la psychanalyse », *Penser la folie. Essais sur Michel Foucault*, Paris, Galilée, 1992, p. 139-195, y explique sa réticence à « revenir sur la discussion qui commença il y a vingt-huit ans », p. 142. [Repris dans *Résistances. De la psychanalyse*, Paris, Galilée, 1996, p. 94. N.D.É.]

même qui avons été l'un après l'autre ses assistants en Sorbonne. À ce titre j'ai pu disposer de certaines informations qu'il convient aujourd'hui de rassembler.

J'avais moi-même publié en 1973 une étude d'une vingtaine de pages sur la querelle entre Foucault et Derrida, dont j'avais envoyé un tiré-à-part à F. Alquié en même temps qu'à quelques autres[1]. Le 31 janvier 1974, il me répondait par une lettre dont j'extrais deux brefs passages. « J'ai lu avec grand intérêt votre article *Mais quoi, ce sont des fous*. Et je rédige moi-même, pour la *Revue de Métaphysique et de Morale*, une note sur cette polémique […]. Plus exactement – car je ne prends pas parti – je signale qu'une autre lecture est possible ». Et à la fin de sa lettre, après deux pages d'une analyse où il résumait son argumentation : « Ma note étant terminée (elle comprend divers arguments en faveur de l'une et de l'autre thèse, et ne conclut qu'à l'incertitude du sens) je vous serais obligé, si vous avez ici une remarque à faire, de me l'écrire sans tarder – avant que je n'envoie mon texte à la revue ». Le 31 janvier 1974, la note était donc terminée, prête à être envoyée.

Mais quelques jours plus tard, le 12 février 1974, F. Alquié avait changé d'avis. Dans une lettre plus brève que la précédente, il m'écrivait : « J'ai, du reste, renoncé à publier mon texte. À la réflexion, j'ai trouvé qu'il faisait un peu trop professeur, et, d'autre part, trop de choses me séparent actuellement de Foucault pour que je discute avec lui. Mais ceci est une autre histoire. Jusqu'à nouvel ordre,

1. J.-M. Beyssade, « "Mais quoi, ce sont des fous". Sur un passage controversé de la *Première Méditation* », *Revue de Métaphysique et de Morale*, 1973/3, p. 273-294. [Repris dans *Descartes au fil de l'ordre*, « Épiméthée », Paris, P.U.F., 2001, p. 13-38, suivi d'un *Dossier* comprenant des lettres de Michel Foucault et Martial Gueroult relatives au débat sur la folie, p. 39-48. N.D.É.]

ma note sera donc réservée à mes amis cartésiens, dont vous. Je vous la soumettrai à votre passage à Paris ». Ainsi, sans doute pour les raisons indiquées, cette étude n'a pas été publiée. Dès que j'ai eu le privilège de la lire en 1974, sa qualité m'a paru exceptionnelle. Si d'autres que moi sans doute l'auront vue, ils ont été peu nombreux : Jean-Luc Marion, qui est nommé à la page 6, ne se souvient pas d'en avoir eu connaissance. Mais il est sûr que le contenu de cet article est passé dans des cours, puisque certains étudiants de F. Alquié s'en sont fait l'écho[1].

Après la mort de F. Alquié en 1985, on pouvait craindre que cet article n'ait définitivement disparu. Il subsistait pourtant. Avec d'autres textes, cours, conférences et correspondances conservés et soigneusement classés, il se trouve désormais disponible à la Bibliothèque de Carcassonne, dans le Fonds Alquié constitué des livres et des papiers que Madame Alquié y a fait déposer. Il y a été retrouvé en mai 1992 par Guy Le Gaufey, un psychanalyste français passionné de ces questions devant qui j'avais eu occasion d'en évoquer l'existence en novembre 1987[2]. Je me permets de lire le début d'une lettre qu'il m'adressait le 11 mai 1992 : « Comme je vous l'annonçais dans ma dernière lettre, je me suis rendu samedi dernier à Carcassonne pour étudier le fonds Alquié. Il m'aura fallu à peine une heure pour mettre la main sur *Le philosophe et le fou*, texte

---

1. *Cf.* par exemple L. Ferry et A. Renaut, « Derrida contre Foucault : raison et déraison », dans *La Pensée 68. Essai sur l'antihumanisme contemporain*, Paris, Gallimard, 1985, chap. III, p. 120-129, notamment la note de la p. 126. [Voir également depuis L. Ferry, « La controverse sur la folie », dans *Sagesses d'hier et d'aujourd'hui*, Paris, Flammarion, 2014, p. 218-222. N.D.É.]

2. *Cf.* les actes de ce colloque où la « querelle sur la folie » fut présentée par B. Casanova, *Mais quoi, ce sont des fous*, dans *Littoral*, XXV, 1988, p. 27-35. On rappellera l'intérêt de J. Lacan pour Descartes, et l'étroite amitié qui l'unit longtemps à F. Alquié.

en parfait état pour une publication (avec notes de bas de pages, corrections, etc.). L'original (la première frappe) semble avoir été donné à un certain 'Henri' ; restaient deux doubles (deuxième et troisième frappe), eux-mêmes corrigés par endroits de la main d'Alquié. La photocopieuse de la bibliothèque de Carcassonne présentant de très nets signes de fatigue, j'ai ressaisi ce texte entièrement et vous envoie aujourd'hui même une copie (si vous y trouvez d'apparentes fautes de frappe, je vous ferai parvenir la photocopie défectueuse, mais d'origine) ».

Vous avez donc une copie de la saisie opérée par G. Le Gaufey[1]. Elle restitue la note, terminée en janvier 1974, que j'avais pu avec quelques autres lire dès cette époque, mais que l'auteur n'avait pas voulu publier alors pour des raisons qui ont maintenant disparu. Ce texte fait assurément un peu professeur, mais au sens le plus élevé du mot. Je me réjouis qu'il puisse trouver à Rome, grâce à vous, le public de spécialistes qu'il m'a toujours semblé mériter.

Analyse sommaire du contenu :
l'originalité de la lecture de Ferdinand Alquié

Avec sa vigueur habituelle et son art de concentrer toute la lumière sur les points essentiels, F. Alquié oppose deux lectures possibles de notre bref passage sur la folie, qu'il appelle « lecture A » et « lecture B ».

On relèvera d'abord qu'il ne s'agit pas, sous ces noms de code, des deux lectures de Derrida et de Foucault. Car l'opposition entre les lectures A et B concerne quelque

1. G. Le Gaufey ayant eu l'obligeance de m'envoyer la photocopie d'origine, j'ai corrigé quelques erreurs mineures de transcription. [Après la conférence prononcée à Rome en 1993, Jean-Marie Beyssade a pu consulter lui-même en 2000 à la Bibliothèque de Carcassonne le texte original de F. Alquié, vérifier la transcription de G. Le Gaufey et y intégrer quelques corrections. N.D.É.]

chose de plus profond que le rejet de la comparaison avec le fou, rejet définitif et dogmatique selon Foucault, rejet provisoire et simplement pédagogique selon Derrida. Entre la lecture A et la lecture B, l'opposition porte sur la comparaison elle-même, sur les termes qui y sont comparés, et non pas sur les conditions de son rejet. Aussi, avant même de songer à trancher entre Foucault et Derrida, il faut selon Alquié choisir entre la lecture A et la lecture B.

On relèvera ensuite que, selon Alquié, Foucault a clairement choisi comme point de départ la lecture A, mais que Derrida n'aurait pas su vraiment trancher entre les deux et flotterait de l'une à l'autre, ce qui expliquerait son incapacité à mieux résister qu'il ne l'a fait à son interlocuteur. Alquié entend donc restituer toute sa force à la seconde lecture, seulement entr'aperçue par l'un des deux protagonistes de la querelle.

Ajoutons pour finir que, si Alquié affirme l'impossibilité de trancher en toute certitude entre les deux lectures A et B, il avoue nettement préférer la seconde :

> Aucune des remarques précédentes ne permet de conclure avec certitude en faveur de la lecture A ou de la lecture B. Je ne saurais, cependant, taire ma préférence pour la seconde. Mais je dois reconnaître que ce choix est lié à ma conception du doute cartésien, conception sur laquelle je voudrais brièvement revenir[1].

Cette formule explicite ce qui a été annoncé dès le début : « je doute du reste qu'on y puisse parvenir avec une entière certitude »[2]. Dans sa lettre du 31 janvier 1974, il m'écrivait : « Plus exactement – car je ne prends pas parti – je reviens au texte même de la Méditation, et je signale qu'*une autre lecture* en est possible (lecture que

---

1. *Infra*, p. 136.
2. *Infra*, p. 131.

ni Foucault ni vous ne semblez admettre, et à laquelle, sans cohérence, Derrida paraît parfois se référer). Bref j'oppose, sans *conclure*, deux lectures possibles ». Peut-être parce qu'en cette lettre il s'adressait à moi, qui avais pris parti pour la lecture A et qui continue à penser que c'est la bonne, il déclarait ne pas prendre parti et ne pas conclure. Mais dans son article tel que nous l'avons, il conclut et, comme il est tout à fait légitime, il conclut malgré l'absence de certitude. Il conclut parce qu'il prend parti, ce qui est la définition même d'une préférence. On rejoint ainsi l'impression ressentie par certains auditeurs de ses cours (*cf.* note 1, p. 309).

On peut résumer en une formule le contraste entre la « lecture A », qu'avec Foucault je crois la seule correcte, et la « lecture B », que préférait Alquié et dont il retrouvait quelques traces chez Derrida. Dans les deux lectures, il s'agit bien sûr de comparer Descartes et le fou, de comparer le sujet méditant avec le fou. Mais ce n'est pas le même fou qui est convoqué dans les deux lectures A et B ; et ce n'est pas le même Descartes qui lui est comparé, qui est mis en parallèle ou à égalité (*comparem*) avec lui. Dans la « lecture A » le fou est un halluciné et dans la « lecture B » il est un délirant ; c'est dans la « lecture A » la croyance naturelle de l'homme Descartes en la vérité du sensible qui est compromise par la comparaison avec le fou, et dans la « lecture B » c'est le rejet hyperbolique du sensible par le philosophe Descartes. Expliquons.

Dans la « lecture A », celle qu'Alquié veut au moins ébranler et au fond renverser, le fou est un halluciné. Il est prisonnier et comme englué dans ses fantasmes, il ne peut pas prendre de distance avec ces images. Il ne sait pas douter. Il est trop sûr : sûr d'être roi alors qu'il est très pauvre, sûr d'être vêtu de pourpre alors qu'il est tout nu, sûr d'avoir un corps de verre alors qu'il a un corps de chair.

Le fou est l'homme d'une seule image qu'il prend pour une évidence, et qu'il affirme avec force, alors que nous autres spectateurs nous voyons bien qu'elle est fausse, trompeuse, que c'est une illusion. À ce fou qu'on peut bien appeler si l'on veut un halluciné, la « lecture A » compare l'adhésion au sensible proche, le refus qu'un homme normal oppose au doute sur le sensible. Philosophe qui médite, Descartes est d'abord un homme : sûr d'être ici, auprès du feu, vêtu d'une robe de chambre, tenant un papier entre ses mains de chair.

Selon cette lecture, l'argument consiste à essayer de mettre sur le même plan l'imagination de l'halluciné et la sensation de l'homme normal, toutes deux s'opposant identiquement à l'évidence de la raison. Le fou n'y est pas utilisé comme modèle pour apprécier l'homme qui doute, le philosophe, mais pour déprécier l'homme qui ne doute pas, le non-philosophe, l'homme de la perception qui se fie à ses sens comme l'halluciné à ses fantasmes. S'il était retenu comme valide, l'argument de la folie serait donc une raison de douter puisqu'il consisterait à dire : il est fou de croire.

Dans la « lecture B », celle que préfère Alquié, le fou devient un délirant. Il garde les mêmes sensations que l'homme normal, mais il s'en libère et s'en détache par le délire. Il réussit grâce à son imagination à douter de ses sensations, de son corps propre, il peut même pousser ce doute jusqu'à la négation. Bref il sert de modèle parce qu'il réussit à nier qu'il ait des mains ou un corps de chair, en affirmant qu'il est une cruche ou qu'il a un corps de verre. À ce fou qui est un délirant et non plus un halluciné, la « lecture B » comparera donc, non plus l'homme qui croit au sensible, qui y reste enfermé ou englué, mais le philosophe qui s'en libère par le doute hyperbolique, qui pousse le doute jusqu'à la négation et finit par parler comme le fou : supposons donc que je n'ai pas de corps. Il ne faut plus dans cette lecture confondre la sensation et l'imagination, il faut les opposer et rapprocher raison et imagination. Le délirant de la « lecture B » se détache de la sensation grâce aux extravagances de l'imagination, un peu comme le philosophe cartésien s'en détache grâce à la méditation métaphysique et à ses extravagances.

D'où le titre choisi par Alquié, *Le philosophe et le fou*, titre qui les rapproche l'un de l'autre. Ils font en commun un premier pas qui les éloigne de l'homme ordinaire, il y a quelque chose de fou dans le doute philosophique comme il y a dans le délire quelque chose de philosophique, ou de préparatoire à la philosophie :

> Je ne pense assurément pas que la philosophie soit folie. Mais je crois que nul ne deviendrait philosophe s'il n'était d'abord un peu fou, j'entends s'il n'était conduit par quelque sentiment d'irréalité éprouvé devant les choses, à se poser des questions que les gens raisonnables ne se posent pas[1].

L'argument de la folie, s'il en est un, consisterait maintenant à dire : il est fou ou un peu fou de douter.

Conclusion

Il est un peu superflu de conclure. Je rappellerai seulement le septième énoncé d'Italo Calvino dans *Perché leggere i classici*[2] : « *I classici sono quei libri che ci arrivano portando su di sé la traccia delle letture che*

---

1. *Infra*, p. 137.

2. I. Calvino, *Perché leggere i classici*, Milano, Mondadori, 1991, p. 13-14 (repris de *L'Espresso*, 28.06.1981). [Voir *Pourquoi lire les classiques*, trad. fr. J.-P. Manganaro, Paris, Folio-Gallimard, 2018, p. 10 : « Les classiques sont des livres qui, quand ils nous parviennent, portent en eux la trace des lectures qui ont précédé la nôtre… ». N.D.É.]

hanno preceduto la nostra ». Avec la lecture de F. Alquié notre passage garde la trace de querelles d'idées, de débats philosophiques qui se sont cristallisés sur lui. Foucault, attaché à l'archéologie du savoir et aux décisions historiques ou culturelles qui débordent l'explicite des textes théoriques, contre Derrida, ami des marques textuelles qui permettent un commentaire interne à l'infini sans ouverture sur l'extérieur : l'histoire du structuralisme français dans les années 1970 aura ainsi croisé l'existentialisme des années 1950 auquel Ferdinand Alquié est resté fidèle, comme au surréalisme de sa jeunesse, dans un effort pour enraciner dans une même liberté de l'existence délire imaginatif et extravagance méditative. « Folie et pensée raisonnable s'enracinent ainsi en cette *cogitatio* qui, selon Descartes, est l'essence de l'âme humaine, et dont le fond est liberté »[1].

Mais un texte classique a la force de résister à ces lectures. « Je reviens au texte même de la Méditation », écrivait Alquié. Il en appelait ainsi par avance au huitième énoncé d'Italo Calvino : « *un classico è un'opera che provoca incessantemente un pulviscolo di discorsi critici su di sé, ma continuamente se li scrolla di dosso* »[2].

---

1. *Infra*, p. 137.
2. I. Calvino, *Pourquoi lire les classiques*, *op. cit.*, p. 11 : « Un classique est une œuvre qui provoque sans cesse un nuage de discours critiques, dont elle se débarrasse continuellement. ». [N.D.É.]

LE PHILOSOPHE ET LE FOU*

Les quelques lignes consacrées à la folie, dans la *Méditation première*[1], ont récemment suscité de vives discussions. Alors que, jusque-là, les interprètes de Descartes les avaient négligées, MM. Foucault, Derrida, Beyssade leur consacrent de longues pages, où s'affirment de nettes divergences[2]. L'historien de la philosophie doit s'en féliciter : voici que lui sont proposées des remarques nouvelles, nées de lectures différentes, mais toutes trois fécondes, d'un même texte.

En intervenant à mon tour dans ce débat, je ne prétends pas juger les arguments des adversaires, ni apporter une réponse que je croirais définitive aux interrogations

---

* Texte de Ferdinand Alquié, conservé à la Bibliothèque de Carcassonne, cote 60817. ALQ Ms 17. Paru dans J.-R. Armogathe et G. Belgioioso (éd.), *DESCARTES METAFISICO. Interpretazioni del novecento*, Istituto della Enciclopedia Italiana, Roma, 1994, p. 107-116.

1. R. Descartes, *Première Méditation*, dans *Œuvres*, A.T., t. VII, p. 18-19 (latin) / t. IX-1, p. 14 (français) ; *Œuvres philosophiques*, t. II, éd. Alquié, p. 178 (latin) / p. 406 (français) ; *Œuvres complètes*, t. IV-1, éd. BK, p. 106 (latin) / p. 107 (français).

2. M. Foucault, *Histoire de la folie à l'âge classique*, Paris, Gallimard, 2e éd. 1972, p. 56-59 (pages qui reprennent le texte de l'édition Plon de 1961), et p. 583 à 603 (pages qui contiennent la réponse à Derrida). J. Derrida, *L'Écriture et la Différence*, Paris, Seuil, 1967, rééd. en « Points-Seuil », 1979, p. 51 à 97. J.-M. Beyssade, « *Mais quoi, ce sont des fous* », article publié dans la *Revue de Métaphysique et de Morale*, numéro de juillet-septembre 1973, p. 273-294, [repris dans *Descartes au fil de l'ordre*, « Épiméthée », Paris, P.U.F., 2001, p. 13-38].

soulevées au cours de cette polémique, au premier rang desquelles figure la question de savoir si, comme le veut M. Foucault, Descartes exclut la folie et la réduit au silence, ou si, comme le pense M. Derrida, il en retient quelque leçon. Je me propose seulement d'attirer l'attention sur une difficulté qui semble échapper aux trois interprètes, ou que, du moins, ils ne signalent pas, difficulté relative à la signification littérale des lignes considérées.

À ces lignes, MM. Foucault et Beyssade donnent, sans indiquer la possibilité d'une lecture différente, un sens qui, selon moi, n'est pas le seul à pouvoir être accepté. M. Derrida semble s'inspirer successivement de deux explications opposées. Il faudrait pourtant, selon sa juste formule, qu'avant toute recherche d'un sens latent, « on s'assure d'abord en toute rigueur du sens patent[1] ». Je doute, du reste, qu'on y puisse parvenir avec une entière certitude. Encore convient-il de poser le problème avec clarté. La vérité, l'erreur de l'interprétation dépendent d'un choix qui doit s'opérer dans la pleine conscience de l'alternative offerte. Si ce choix n'est pas explicite, nous restons dans la confusion.

*

Descartes vient d'avertir qu'il se propose de ruiner les fondements et les « principes sur lesquels toutes » ses « opinions étaient appuyées ». Il veut, en conséquence, douter du sensible, et même de ce qui, dans le sensible, paraît le plus incontestable. Mais un tel projet est-il réalisable ? « Comment est-ce que je pourrais nier que ces mains et ce corps-ci soient à moi ? Si ce n'est peut-être que je me compare à ces insensés, de qui le cerveau est tellement troublé et offusqué par les noires vapeurs de la

1. J. Derrida, *L'Écriture et la Différence, op. cit.*, p. 53.

bile, qu'ils assurent constamment qu'ils sont des rois,
lorsqu'ils sont très pauvres, qu'ils sont vêtus d'or et de
pourpre, lorsqu'ils sont tous nus, ou s'imaginent être des
cruches, ou avoir un corps de verre. Mais quoi ? Ce sont
des fous, et je ne serais pas moins extravagant, si je me
réglais sur leurs exemples ».

Tel est le texte. Ses commentateurs disputent du sens
à donner à la phrase finale, qui rejette ou semble rejeter la
folie. Mais ce sens dépend à son tour de celui que l'on
accorde à la phrase où Descartes se compare aux insensés.
Or, que signifie cette phrase ? Elle affirme clairement que
je ne puis douter de l'apparente évidence du sensible que
si peut-être je me compare (*nisi me forte comparem*, dit le
latin) aux fous. Mais elle laisse mal apercevoir ce que
Descartes appelle « se comparer aux fous », et ce que sont
les fous auxquels il se compare. Deux interprétations en
sont possibles, que, pour simplifier, je nommerai lecture A
et lecture B.

Selon la lecture A, Descartes estimerait ne pouvoir
s'arracher à la pseudo-évidence sensible, qui le persuade
qu'il a un corps et des mains, qu'en songeant que, selon
une semblable pseudo-évidence, certains fous sont
convaincus d'être des cruches, ou des courges (*esse
cucurbitas*, dit en effet le latin). Son raisonnement serait
alors le suivant : il me semble certain que ce corps et ces
mains sont à moi. Mais le fou est également assuré d'avoir
pour corps une cruche. Or le fou se trompe. Donc je puis
me tromper. En ce cas, l'argument se juxtaposerait à celui
du rêve, qui lui fait suite, ou même l'annoncerait.

Selon la lecture B, le fou dont parle Descartes ne serait
pas celui qui se fie à ses sensations mais, tout au contraire,
celui qui juge à leur encontre. Le texte signifierait : comment
pourrais-je nier que ce corps et ces mains soient à moi,

chose qui, à ma conviction spontanée, paraît manifeste, à moins que je ne me compare aux fous, que je ne prenne pour modèle les fous qui, eux aussi, nient avoir un corps humain en croyant être des cruches ? Descartes tiendrait alors le fou, non pour l'homme qui demeure victime du sensible, mais pour celui qui parvient à le refuser par le délire, tout comme il le refuse lui-même par le doute. Il avouerait l'analogie de la démarche du philosophe et de celle du fou : tous deux ne mettent-ils pas en question ce que les hommes sensés tiennent pour indubitable ?

*

Pour tenter de choisir entre ces deux lectures, je ferai successivement appel à la conception cartésienne de la folie, à d'autres textes de Descartes, à l'examen du vocabulaire et au critère de la cohérence.

Et, tout d'abord, comment Descartes conçoit-il le fou ? Le tient-il pour un pur halluciné, et considère-t-il l'hallucination elle-même comme subjectivement indiscernable de la perception ? De telles conceptions sont erronées, nous le savons aujourd'hui, mais peut-être Descartes les partage-t-il. En ce cas, la lecture A serait la bonne. Si, au contraire, Descartes tenait le fou, non pour un halluciné, mais pour un délirant qui, à la perception sensible de ses mains, oppose, en cédant à l'attrait d'une image, l'affirmation qu'il est une cruche, la lecture B devrait être préférée[1].

---

1. Le fait que les ouvrages médicaux de l'époque de Descartes distinguent mal hallucination et délire ne supprime pas le problème ; il ne s'agit pas de savoir si Descartes a distingué divers genres de folie (ce qu'au demeurant il ne semble pas avoir fait), mais de savoir comment il conçoit la folie.

Descartes considère que la sensation et l'image dépendent toutes deux du corps. Et il estime que la source de la folie (qu'il nomme ailleurs mélancolie[1]) est également dans le corps, ce pourquoi il parle des « noires vapeurs de la bile », qui troublent et offusquent le cerveau. Mais on n'en saurait conclure que la perturbation apportée par ces vapeurs se situe au niveau de la sensation elle-même, et élimine toute possibilité de perception correcte. Cette conception sera celle de Malebranche, déclarant, dans les *Entretiens sur la métaphysique* : « Quand un homme se croit transformé en coq, en lièvre, en loup ou en bœuf... il sent en lui, au lieu de ses jambes, les pieds du coq, au lieu de ses bras, les jarrets du bœuf, et, au lieu de ses cheveux, une crête ou des cornes[2] ». « Il sent », dit Malebranche : cette fois, la doctrine est claire. Mais en aucun texte Descartes n'affirme que le fou sente, à la place de son corps, une cruche, ou qu'en prétendant être en verre il cesse d'apercevoir ses mains.

Les *Règles pour la direction de l'esprit* font, de la mélancolie, une maladie de l'imagination[3]. La *Recherche de la vérité* déclare que les mélancoliques « pensent être des cruches », et ajoute : « Ils jureront qu'ils le voient et qu'ils le touchent ainsi qu'ils imaginent[4] ». Le texte français

1. Voir les textes cités plus loin.
2. N. Malebranche, *Œuvres complètes*, t. XII : *Entretiens sur la métaphysique et sur la religion*, Paris, Vrin-CNRS, 1965, p. 41.
3. R. Descartes, *Œuvres*, A.T., t. X, Règle XII, p. 423 : « *Si denique laesa imaginatione, ut melancholicis accidit, turbata ejus phantasmata res veras repraesentare arbitremur* ». *Œuvres philosophiques*, t. I, éd. Alquié, p. 150 : « ainsi enfin lorsque, sous l'effet d'une maladie de l'imagination (c'est ce qui arrive aux mélancoliques), nous croyons que les images désordonnées qui s'y forment représentent des réalités véritables » (trad. fr. J. Brunschwig) ; *Œuvres complètes*, t. I, éd. BK, p. 106 (latin) / p. 107 (français).
4. R. Descartes, *La Recherche de la vérité*, dans *Œuvres*, A.T., t. X, p. 511 ; *Œuvres philosophiques*, t. II, éd. Alquié, p. 1119.

des *Méditations* dit que les insensés « assurent » ou
« s'imaginent », le texte latin porte : « *ut constanter
asseverent* ». Imaginer, s'imaginer, penser, juger, assurer,
asseverare, aucun de ces verbes ne signifie sentir, aucun
ne permet d'affirmer que Descartes tienne le fou pour un
halluciné[1]. Et le premier des exemples proposés : « ils
assurent constamment qu'ils sont des rois, lorsqu'ils sont
très pauvres », incline plutôt à penser que l'insensé est un
délirant. On ne se « voit » pas roi, on croit être roi, et le
dément est bien celui qui maintient cette croyance malgré
l'expérience quotidienne de sa pauvreté. Sa conviction
n'est pas le fruit d'une donnée immédiate, de l'ordre du
sensible.

*

Je ferai à présent appel aux textes cartésiens autres que
celui de la *Méditation première*. Malheureusement, les
conclusions qu'on en pourra tirer seront, selon l'ouvrage
considéré, fort différentes.

J'ai déjà dit un mot du passage de la *Recherche de la
vérité* consacré à la démence. M. Beyssade, qui adopte ce

1. Les textes des auteurs de l'époque ne sont pas plus éclairants.
Thomas Bartholin cite le cas d'un poète qui, croyant avoir des fesses de
verre, n'osait s'asseoir de peur de les briser, et celui d'un médecin qui
se prenait pour un vase de terre cuite. « *Insignis... poeta nates credidit
sibi esse vitreas, timuitque rupturam si consideret* ». « *Medicus...
metuebat... ne frangeretur... cum vas testaceum se crederet* ». (*Thomae
Bartholini historiarum anatomicorum Centuriae*, Amsterdam, 1654 ;
voir A.T., sup. 27). On voit que les verbes employés (*credere, timere,
metuere*) ne permettent pas de trancher la question. Au reste, Michel
Foucault reconnaît que l'activité classificatrice des formes de folie paraît,
à cette époque, avoir « fonctionné à vide, se déployant pour un résultat
nul, se reprenant et se corrigeant sans cesse pour ne parvenir à rien »
(*op. cit.*, p. 212). Notons cependant que les descriptions alors données
de la mélancolie (terme repris par Descartes pour désigner le genre de
folie dont il traite) semblent concerner le délire plus que l'hallucination.

que j'ai appelé la lecture A, cite ce texte, qui la confirme en effet. Pour amener son interlocuteur au doute, Eudoxe y prend l'exemple « de ces mélancoliques, qui pensent être des cruches ou bien avoir quelque partie du corps d'une grandeur énorme ». Il craint seulement d'offenser l'« honnête homme » auquel il s'adresse en lui disant « qu'il ne peut avoir plus de raison » que les fous « pour assurer sa créance, puisqu'il s'en rapporte, comme eux, à ce que les sens ou son imagination lui représentent[1] ». Ici l'argument est sans équivoque. Le fou est celui qui ignore le doute, et s'en tient à l'immédiat. Mais, dans le *Discours de la méthode*, c'est le fait de douter qui rapproche un instant le philosophe de l'extravagant, avant d'être tenu pour métaphysiquement raisonnable : « s'il y a... des hommes qui ne soient pas assez persuadés de l'existence de Dieu et de leur âme par les raisons que j'ai apportées, je veux bien qu'ils sachent que toutes les autres choses dont ils se pensent peut-être plus assurés, comme d'avoir un corps, et qu'il y a des astres et une terre, et choses semblables, sont moins certaines. Car, encore qu'on ait une assurance morale de ces choses, qui est telle qu'il semble qu'à moins d'être extravagant (*nisi deliret*, dira la traduction latine) on n'en peut douter, toutefois aussi, à moins que d'être déraisonnable, lorsqu'il est question d'une certitude métaphysique, on ne peut nier que ce ne soit assez de sujet, pour n'en être pas assez assuré, que d'avoir pris garde qu'on peut, en même façon, s'imaginer, étant endormi, qu'on a un autre corps » ... etc.[2].

---

1. R. Descartes, *La Recherche de la vérité*, dans *Œuvres*, A.T., t. X, p. 511 ; *Œuvres philosophiques*, t. II, éd. Alquié, p. 1119.
2. R. Descartes, *Discours de la méthode*, *Œuvres*, A.T., t. VI, p. 37, 38 ; *Œuvres philosophiques*, t. I, éd. Alquié, p. 610 ; *Œuvres complètes*, t. III, éd. BK, p. 106.

Ce texte me semble avoir, relativement à notre problème, la plus grande importance. Il figure dans la quatrième partie du *Discours*, dont les *Méditations* sont le développement. Il n'est pas donné au moment de l'exposé du doute, mais plus tard, et comme s'il traduisait un remords, remords qui peut trouver, en 1641, une expression plus complète. On sait que Descartes craignait que le doute, proposé à des esprits faibles, ne les troublât : les *Réponses* à Arnauld en témoignent[1]. Il lui semble donc nécessaire de montrer que le doute, apparemment extravagant, peut, finalement, prendre place en un projet rationnel. Pour cela, il le rapproche d'abord de la folie, pour l'en distinguer ensuite, sans toutefois l'en séparer tout à fait. C'est exactement ce que fait la *Méditation première*, si l'on adopte la lecture B.

Comment, en effet, Descartes relie-t-il l'examen de la folie à celui du sommeil ? Et comment détermine-t-il le rapport exact entre folie et raison, si la folie est tantôt invoquée par la raison, et tantôt rejetée par elle ? Il a d'abord annoncé qu'il allait douter des choses « desquelles on ne peut pas raisonnablement douter », ce qui est bien compter le doute au nombre des actes déraisonnables. Puis il a fait appel à l'exemple des fous. Il a ensuite rejeté cet exemple. Comment passe-t-il alors à l'étude du rêve ?

Selon la lecture A, ce passage peut traduire une opposition ou un rapprochement. Le rêveur est, comme le fou, victime de ses sens. On peut donc penser soit, avec M. Foucault, que la folie est rencontrée « à côté du rêve et de toutes les formes d'erreur[2] », pour en être ensuite

---

1. R. Descartes, *Réponses aux choses qui peuvent arrêter les théologiens, Œuvres*, A.T., t. VII, p. 247 (latin) / t. IX-1, p. 191 (français); *Œuvres philosophiques*, t. II, éd. Alquié, p. 691 ; *Œuvres complètes*, t. IV-1, éd. BK, p. 419.

2. M. Foucault, *Histoire de la folie à l'âge classique, op. cit.*, p. 56.

disjointe, soit, avec M. Derrida, que la référence au songe est « l'exaspération hyperbolique de l'hypothèse de la folie[1] ».

Or, dans la lecture B, la transition, bien que différente, est également facile à comprendre. En doutant, vient de dire Descartes, je serais extravagant. Mais, en ne doutant pas, c'est-à-dire en acceptant la certitude sensible, je risquerais de tomber en des illusions encore plus éloignées de la vérité. Car « j'ai coutume de dormir, et de me représenter en mes songes les mêmes choses, et quelquefois de moins vraisemblables, que ces insensés lorsqu'ils veillent ».

Ainsi, selon la lecture B, Descartes, ayant craint un instant d'entreprendre un doute assimilable à la folie, se rassurerait en disant : je dois mettre en question l'apparente évidence du sensible, et je puis le faire sans risquer de passer pour fou, car, en ne la mettant pas en question, j'accepterais des convictions plus démentes encore. Gardons-nous donc d'imiter les fous en affirmant ce qu'ils affirment (à savoir, par exemple, qu'ils sont des cruches), mais acceptons de les suivre en niant ce qu'ils nient (à savoir la présence du corps). Car c'est bien cela qu'il faut nier au risque de passer pour fou, c'est bien cela que je ne puis nier qu'en suivant l'exemple de fous. « *Qua ratione posset negari ? Nisi me... comparem... insanis* ». Le texte des *Méditations* serait alors le strict développement de celui du *Discours de la méthode*.

*

Le mot qui, si je puis dire, se trouve au centre du débat, est le mot comparer ou, en latin, *comparare*. Comparare signifie confronter, rapprocher, mettre en parallèle. Mais quel est son usage proprement cartésien ? Il faudra, pour

---

1. J. Derrida, *L'Écriture et la Différence*, *op. cit.*, p. 79.

le déterminer avec une entière précision, attendre l'achèvement et la publication des travaux de l'« équipe Descartes » qui, on le sait, travaille à la constitution d'un index cartésien complet[1]. Dès maintenant, Jean-Luc Marion a pu remarquer que, dans ses ouvrages scientifiques, en particulier dans la *Dioptrique* et la *Géométrie*[2], Descartes emploie le mot comparaison pour désigner une opération effectuée sur deux termes dont l'un ne devient intelligible qu'en tant qu'il est assimilé à l'autre. Il s'agit donc, « non d'une figure rhétorique, mais d'un procédé épistémologique ». C'est bien le cas ici. Mais cette remarque n'autorise pas à choisir, en toute certitude, l'une des deux lectures, puisque l'exemple du fou peut éclairer, par modèle et comparaison, aussi bien le cas de l'homme prisonnier du sensible que celui du philosophe qui doute.

Le texte latin : « *si quod ab iis exemplum ad me transferem* » ne permet pas de décider davantage. Il en est autrement de sa traduction française (qui a reçu, rappelons-le, la pleine approbation de Descartes) : « si je me réglais sur leurs exemples ». Cette formule paraît favoriser la lecture B. Car, dans l'hypothèse de la lecture A, en quoi Descartes pourrait-il redouter de paraître se régler sur l'exemple des fous ? En affirmant qu'il est une cruche ? Mais jamais il n'a prétendu être tel. En admettant qu'il a des mains ? Mais comment taxer d'extravagance une

---

1. Voir depuis A. Robinet (dir.), *Cogito 75, Index des* Méditations métaphysiques, Paris, Vrin, 1975 et J.-L. Marion (en coll. avec J.-Ph. Massonié, P. Monat, L. Ucciani), *Index des* Meditationes de prima philosophia *de R. Descartes*, Besançon, Annales littéraires de l'Université de Franche-Comté, 1996. [N.D.É.]

2. R. Descartes, *Œuvres*, A.T., t. VI, *Dioptrique* p. 83, 84, 86, 89, 93, 104, 114, etc., et aussi *Géométrie*, p. 373, 419, 423, etc.; *Œuvres philosophiques*, t. I, éd. Alquié, *Dioptrique*, p. 653, 654, 656, 659, 664, 677, 686; *Œuvres complètes*, t. III, éd. BK, *Dioptrique*, p. 149, 150, 151, 153, 156, 164, 170 et *Géométrie*, p. 418, 454, 457.

conviction si naturelle? C'est donc bien, semble-t-il, en niant que ces mains et ce corps soient à lui, et non en l'affirmant, que Descartes semble se régler sur l'exemple des fous.

Il nous paraît ainsi que la lecture la plus naïve et la plus simple est la lecture B. Si on la refuse, on doit convenir que Descartes s'exprime de façon fort elliptique, disant: si je ne me compare aux fous, là où il devrait dire: à moins que je n'évoque, pour seconder mon projet, l'exemple des fous; écrivant: « si je me réglais sur leurs exemples » là où il devrait écrire: si, en affirmant que je possède un corps et des mains, j'acceptais les principes au nom desquels les fous se considèrent comme des cruches.

*

Quelle cohérence les deux lectures donnent-elles au texte? S'il s'agissait de l'ensemble du cartésianisme, il faudrait confesser, une fois encore, qu'elles sont toutes deux possibles puisque, on l'a remarqué, l'une rejoint la *Recherche de la vérité*, l'autre le *Discours de la méthode*. Mais je m'en tiens à la *Méditation première*.

La lecture A pose bien des problèmes, dont témoignent les divergences de MM. Foucault, Derrida et Beyssade. Le rejet de la folie est-il définitif? S'il ne l'est pas, comme le pense M. Derrida, pourquoi Descartes feint-il de l'opérer? S'il l'est, comme le croit M. Foucault, comment Descartes s'estime-t-il en droit de l'effectuer? Avant même de savoir s'il pense ou s'il existe (vérités auxquelles il ne parviendra qu'en la *Seconde Méditation*), croit-il pouvoir établir qu'en tout cas il n'est pas fou? Et l'affirmation: je ne suis pas fou, précède-t-elle celle du *cogito* lui-même? Sensible à cette apparente inconséquence, et soucieux de la dissiper, M. Beyssade est conduit à opposer, à l'ordre des raisons tel que l'a défini M. Gueroult, « une règle inverse, où ce qui précède dépend, dans son sens et dans son intention, de ce qui vient ensuite ». Il invoque une « cohérence… plus forte que l'ordre des raisons, qui n'en constitue qu'une formule partielle et subordonnée[1] ».

La lecture B dissipe ces difficultés et évite ces problèmes[2]. Si c'est au philosophe, et non à l'homme prisonnier du sensible, que Descartes compare le fou, il est clair que la folie ne sera jamais tout à fait rejetée, et que quelque élément en demeurera, au moins jusqu'à la découverte de vérités certaines. Mais comment comprendre alors l'apparente exclusion de la folie, qui figure dans le texte ?

Incident passager, dira-t-on, objection du dehors qui n'empêche pas le philosophe de passer outre, autrement dit de continuer à douter. Ce n'est pas assez expliquer les choses. En vérité, si l'on accepte la lecture B, il faut admettre que Descartes procède, en ce qui concerne la démence, à une analyse implicite. Car, d'un côté, le fou met en question le sensible, d'un autre il affirme l'imaginaire. Descartes lui donne raison en sa première opération, tort dans la seconde. En sorte que le philosophe n'a pas à se séparer des insensés, comme il se sépare des hommes prisonniers du sensible, dès l'abord et au début de sa démarche, mais à un certain point de son itinéraire. Il doit s'en distinguer, bien que ceux-ci contestent, comme lui, la certitude sensible.

La réalisation d'un tel projet suppose une analyse permettant de disjoindre ce que confond le fou. Car, ce que le philosophe emprunte à la folie, c'est un élément

---

1. J.-M. Beyssade, « Mais quoi, ce sont des fous », *op. cit.*, p. 293, [repris dans *Descartes au fil de l'ordre, op. cit.*, p. 38].
2. Du moins en ce qui concerne notre texte. Car M. Beyssade élargit le débat en prenant d'autres exemples, que je n'ai pas à examiner ici.

dont le dément n'a pas distinctement conscience, et qu'on ne peut isoler que par abstraction. La mise en question du sensible ne s'opère pas, chez le fou, par un jugement explicite, elle n'est découverte, dans la pensée du fou, que par la réflexion du philosophe, à titre de condition préalable du délire. C'est donc le seul philosophe, et non l'insensé, qui peut séparer les deux moments psychologiquement indiscernables, mais logiquement distincts de la démence : le moment négatif, qu'il faut retenir (je ne suis pas certain d'avoir tel corps), le moment affirmatif (je suis une cruche) que, bien entendu, il faut exclure.

C'est en affirmant qu'il est une cruche que le fou se trompe, non en doutant que son corps soit à lui. Mais il a seulement conscience de son affirmation erronée, non du doute qui la fonde. On peut donc le congédier, après avoir retenu la leçon qu'il nous a donnée malgré lui. Douter de son propre corps, comme le fait Descartes, c'est emprunter à la folie tout ce qu'elle a de bon. Quant à ce qu'elle a de mauvais, le doute suffira à nous en préserver, puisqu'il suspend toute affirmation, et donc, avec les jugements du bon sens, ceux qu'inspire le délire.

Trouvera-t-on trop subtile cette façon de distinguer, dans la croyance du fou, l'élément délirant et la mise en question qui le rend possible, et constitue sa condition préalable ? Je crois au contraire qu'un tel procédé est constant chez Descartes, qui l'emploie souvent sans se donner la peine de l'expliciter.

J'en prendrai pour exemple le texte bien connu de la *Méditation seconde*. Descartes regarde « d'une fenêtre des hommes qui passent dans la rue » et « ne manque pas de dire » qu'il voit des hommes. « Et cependant, ajoute-t-il, que vois-je de cette fenêtre, sinon des chapeaux et des manteaux, qui peuvent couvrir des spectres et des hommes feints, qui ne se remuent que par ressorts (*automata*, dit plus brièvement le latin). Mais je juge que ce sont de vrais hommes, et ainsi je comprends, par la seule puissance de juger qui réside en mon esprit, ce que je croyais voir de mes yeux[1] ».

Il est clair, cependant, qu'en voyant des hommes passer dans la rue je n'ai pas conscience de juger que ce sont des hommes. Mais la seule possibilité d'une erreur perceptive prouve qu'à la racine même de ma perception se trouve un jugement. De la perception, ce jugement apparaît comme la condition nécessaire. L'exemple du fou présente, à mon avis, même structure, et implique semblable analyse. Affirmer que l'on est une cruche ne demande assurément pas là prise de conscience préalable et distincte d'un doute portant sur le sensible. Mais un tel doute est bien la condition nécessaire d'une telle assertion.

*

Aucune des remarques précédentes ne permet de conclure avec certitude en faveur de la lecture A ou de la lecture B. Je ne saurais, cependant, taire ma préférence pour la seconde. Mais je dois reconnaître que ce choix est lié à ma conception du doute cartésien, conception sur laquelle je voudrais brièvement revenir.

Il m'a toujours semblé possible d'établir, chez Descartes, une étroite correspondance entre les thèmes philosophiques qui trouvent place dans l'ordre des raisons et les expériences vécues relatées par les lettres. Dans les *Méditations*,

1. R. Descartes, *Méditation seconde*, *Œuvres*, A.T., t. VII, p. 32 (latin) / t. IX-1, p. 25 (français); *Œuvres philosophiques*, t. II, éd. Alquié, p. 188-189 (latin) / p. 427 (français); *Œuvres complètes*, t. IV-1, éd. BK, p. 130-132 (latin) / p. 131-133 (français).

Descartes refuse d'affirmer ce qui est incertain; en son ordinaire, il ne parle de son avenir qu'en ajoutant : « si je ne meurs[1] ». Il se demande, par méthode, s'il veille ou s'il dort; à Balzac, il avoue se poser tous les jours la même question[2]. Il professe que les corps vivants sont des machines, or, sa vision spontanée du monde traduit déjà quelque perte du sens vital, quelque trouble dans le rapport avec autrui[3]. Comment s'étonner si, reprenant son doute par volonté, il s'interroge sur son rapport avec un égarement déjà ressenti?

Faut-il alors reconnaître, en certains propos de Descartes, le signe de quelque psychasthénie? Cette assertion m'a été jadis reprochée. En la formulant, je ne voulais pourtant pas réduire à la névrose la philosophie de Descartes : du

1. R. Descartes, *Lettre à Mersenne* du 15 avril 1630 : « Je ne me mets jamais à écrire en mon traité que par contrainte, et pour m'acquitter de la résolution que j'ai prise qui est, si je ne meurs, de le mettre en état de vous l'envoyer au commencement de l'année 1633 », A.T., t. I, p. 137; *Œuvres philosophiques*, t. I, éd. Alquié, p. 255; *Œuvres complètes*, t. VIII-1, éd. BK, p. 68.

2. *Lettre à Balzac* du 15 avril 1631 : « … après que le sommeil a longtemps promené mon esprit dans des buis, des jardins et des palais enchantés où j'éprouve tous les plaisirs qui sont imaginés dans les fables, je mêle insensiblement mes rêveries du jour avec celles de la nuit, et, quand je m'aperçois d'être réveillé… » etc., A.T., t. I, p. 199; *Œuvres philosophiques*, t. I, éd. Alquié, p. 289; *Œuvres complètes*, t. VIII, éd. BK, p. 106. *Lettre à Balzac* du 5 mai 1631 : « J'ai porté ma main contre mes yeux pour voir si je ne dormais point », A.T., t. I, p. 202.; *Œuvres philosophiques*, t. I, éd. Alquié, p. 291; *Œuvres complètes*, t. VIII-2, éd. BK, (notée du 15 mai 1631), p. 351.

3. *Lettre à Balzac* du 5 mai 1631 : « Je vais me promener tous les jours parmi la confusion d'un grand peuple… et je n'y considère pas autrement les hommes que j'y vois que je ferais les arbres qui se rencontrent en vos forêts… etc. », A.T., t. I, p. 203; *Œuvres philosophiques*, t. I, éd. Alquié, p. 292; *Œuvres complètes*, t. VIII-2, éd. BK, (notée du 15 mai 1631), p. 352.

trouble initial qu'elle laisse apparaître, cette philosophie, bien au contraire, me paraissait le remède. Encore est-il que l'on ne cherche de remède qu'aux maux dont on est atteint. Je ne pense assurément pas que la philosophie soit folie. Mais je crois que nul ne deviendrait philosophe s'il n'était d'abord un peu fou, j'entends s'il n'était conduit, par quelque sentiment d'irréalité éprouvé devant les choses, à se poser des questions que les gens raisonnables ne se posent pas. Car les gens raisonnables ne sont pas les rationalistes, mais bien plutôt ceux qui, pour parvenir à vivre, et pour retrouver les certitudes quotidiennes, n'ont pas besoin, comme Descartes, de faire appel à la raison.

La philosophie de Descartes ne rejette pas la folie. Elle la surmonte et la guérit, et cela du dedans. Ce pourquoi, d'abord, elle l'utilise, et en emprunte l'incertitude : « mon étonnement (*stupor*, dit le latin) est tel qu'il est presque capable de me persuader que je dors[1] » … « et, comme si tout à coup j'étais tombé dans une eau très profonde, je suis tellement surpris (*turbatus sum*, dit le latin) que je ne puis assurer mes pieds dans le fond, ni nager pour me soutenir au-dessus[2] ». Ce ton, s'il n'est pas celui du délire, n'est pas non plus, on en conviendra, celui de la calme certitude d'un homme adapté aux réalités de chaque jour. Pour ma part, loin de penser que les *Méditations* exigent, pour être suivies, la preuve préalable que leur auteur n'est

1. *Méditation première*, *Œuvres*, A.T., t. VII, p. 19 (latin) / t. IX-1, p. 15 (français); *Œuvres philosophiques*, t. II, éd. Alquié, p. 178 (latin) / p. 406 (français); *Œuvres complètes*, t. IV-1, éd. BK, p. 108 (latin) / p. 109 (français).
2. *Méditation seconde*, *Œuvres*, A.T., t. VII, p. 24 (latin) / t. IX-1, p. 18 (français); *Œuvres philosophiques*, t. II, éd. Alquié, p. 182 (latin) / p. 414 (français); *Œuvres complètes*, t. IV-1, éd. BK, p. 116 (latin) / p. 117 (français).

pas fou, je n'hésiterais pas à dire que, tout au contraire, elles constituent l'ensemble des vérités que l'on peut atteindre, même si l'on est fou.

De cela témoignent les réponses de Descartes aux *Septièmes Objections*. Le P. Bourdin a fait, des *Méditations*, une lecture semblable à celle que j'ai appelée lecture A. Il pose donc à Descartes les questions que lui poseront plus tard ceux qui feront semblable lecture. La profondeur de ses objections a été injustement méconnue. Car Bourdin est le seul à formuler le problème de l'irréductibilité de la conviction délirante : s'il y a, dans la folie ou dans le rêve, une certitude de l'erreur, quel critère de vérité pourra être jugé suffisant pour sortir du doute hyperbolique ? Et faudra-t-il, pour échapper à ce doute, démontrer d'abord que l'on n'est pas fou, ou endormi ?

À ces objections, Descartes pourrait, s'il s'estimait compris, répondre par maint argument (tel celui que propose M. Beyssade en parlant de cohérence). Il n'en fait rien. Mais il déclare ne pas reconnaître pour siennes les opinions que lui attribue Bourdin, bien que, dit-il, « elles soient ici toutes conçues presque dans mes propres termes[1] ». N'est-ce pas déclarer que son critique a fait, des *Méditations*, une mauvaise lecture ? En revanche, ajoute Descartes, Bourdin aurait pu fort légitimement conclure « que tout ce qui est clairement et distinctement conçu par quelqu'un est vrai, encore que celui-là cependant puisse douter s'il dort ou s'il veille, ou même aussi, si l'on veut, encore qu'il dorme ou ne soit pas dans son bon sens (*quamvis sit delirus*, dit

---

1. « *Quae, meis fere verbis hic expressa, pro meis tamen non agnosco* ». *Septièmes objections et réponses*, dans *Œuvres*, A.T., t. VII, p. 459 ; *Œuvres philosophiques*, t. II, éd. Alquié, p. 957-958 ; *Œuvres complètes*, t. IV-2, éd. BK, p. 681.

le latin[1]) ». Descartes admet donc bien qu'il peut y avoir certitude et vérité dans la pensée d'un rêveur ou d'un fou, et qu'il suffit de réfléchir philosophiquement pour dégager cette vérité et parvenir à cette certitude. C'est pourquoi il n'a pas besoin de prouver qu'en suivant l'ordre de ses *Méditations* il n'est pas lui-même atteint de démence. La raison peut être folie surmontée.

Folie et pensée raisonnable s'enracinent ainsi en cette *cogitatio* qui, selon Descartes, est l'essence de l'âme humaine, et dont le fond est liberté. Ce qui, me semble-t-il, ne saurait entraîner le rejet de la folie au sens où l'entend M. Foucault. Ce qui, cependant, exclut la folie en un autre sens, plus radical peut être, en refusant toute vérité à l'affirmation délirante, et, à la démence elle-même, la dignité de maladie de l'esprit. Ici, la folie perd tout prestige, et ne saurait prétendre à la valeur que lui reconnaissent beaucoup de nos contemporains. Car, selon Descartes, elle ne peut provenir que d'un trouble corporel. Toute pensée, considérée en elle-même, et comme distincte du corps, est capable de vérité. Mieux encore, toute véritable pensée est une pensée vraie. L'esprit peut être trompé, il ne saurait être malade. C'est pourquoi, même en nous abandonnant un instant à la folie, nous ne perdons pas le moyen de retrouver la certitude.

1. *Septièmes objections et réponses*, *Œuvres*, A.T., t. VII, p. 461 ; *Œuvres philosophiques*, t. II, éd. Alquié, p. 960 ; *Œuvres complètes*, t. IV-2, éd. BK, p. 683.

À LA MÉMOIRE DE FERDINAND ALQUIÉ
(1906-1985)

Henri GOUHIER

Le 23 novembre 1983, sous le titre *La Passion de la raison* était remis à Ferdinand Alquié un volume d'« hommage » que lui offraient ses amis proches et lointains, collègues et anciens élèves notamment[2]. On nous rappelait alors qu'il était né à Carcassonne le 18 décembre 1906… Or voici qu'aujourd'hui il nous faut dire : il est mort à Montpellier le 28 février de la présente année.

Sa carrière universitaire a conduit Alquié des fonctions de maître d'internat à celles de professeur à la Sorbonne après avoir enseigné dans des collèges puis divers lycées, en province et à Paris. Rappelons simplement son séjour à Caen où, en 1939, il est pour la première fois professeur de Première supérieure et chargé d'un cours à la Faculté, où, aussi, il rencontre celle à laquelle il sera si intimement uni « pour le meilleur et pour le pire » au cours d'une vie qui va mettre sous le mot « pire » trop de douloureuses épreuves. Ferdinand Alquié était extrêmement discret sur

---

1. Paru dans la *Revue de Métaphysique et de Morale*, n° 2, avril-juin 1985, p. 147-148.
2. J.-L. Marion (dir.), *La Passion de la raison, Hommage à Ferdinand Alquié*, « Épiméthée », Paris, P.U.F., 1983.

ses activités de résistant : la Médaille du combattant volontaire et la Croix du combattant dispensent de longs discours sur ce sujet.

Ferdinand Alquié entre dans l'enseignement supérieur en 1947 comme maître de conférences à la Faculté des Lettres de Montpellier. Docteur ès lettres en 1950, il est, l'année suivante, professeur dans cette même Faculté qu'il quitte pour la Sorbonne en 1952. Il prend sa retraite à l'université de Paris-Sorbonne en 1976.

Ferdinand Alquié est Correspondant de l'Académie des Sciences et Lettres de Montpellier en 1972. Il occupe en 1975 le fauteuil de Gabriel Marcel à l'Académie des Sciences Morales et Politiques. L'Académie française lui décerne un de ses Grands Prix d'Académie en 1982 pour l'ensemble de son œuvre.

« De sa voix de rocaille au bel accent du Sud. Ferdinand Alquié a transporté des générations d'étudiants », écrit l'un de ces derniers[1]. Les qualités du professeur étaient aussi celles de l'homme, qui étaient elles-mêmes celles du philosophe puisqu'en lui l'homme et le philosophe ne faisaient qu'un. Si l'on devait chercher comme Taine « la faculté maîtresse » d'Alquié, nous répondrions : la sienne était d'exprimer toujours clairement et distinctement ce qu'il pensait ; il ne tournait pas autour de ce qu'il voulait dire. Aux soutenances de thèses et aux discussions qui suivent les communications dans les séances de l'Académie, il m'arrivait, en l'écoutant, d'évoquer la belle maxime d'Étienne Gilson : « un bon désaccord vaut mieux qu'un faux accord ». Mais précisons : l'honnêteté intellectuelle, pour Ferdinand Alquié, commençait par la volonté de ne pas se tromper soi-même, d'éviter les équivoques dans sa

1. Chr. Descamps, « Un passionné de la raison », *Le Monde*, 3-4 mars 1985.

propre pensée ; la sincérité, à ses yeux, était d'abord une exigence de la conscience de soi.

La *Revue de Métaphysique et de Morale* publiera sur l'œuvre d'Alquié l'étude que mérite l'importance d'un tel sujet. Rappelons seulement qu'au premier regard elle paraît orientée dans deux directions : l'une, proprement historique, l'autre, plus directement philosophique.

Dans la première direction, soulignons les titres des ouvrages fondamentaux : la thèse de doctorat, *La Découverte métaphysique de l'homme chez Descartes* (1950), *La Critique kantienne de la métaphysique* (1968), *Le Cartésianisme de Malebranche* (1974) *Le Rationalisme de Spinoza* (1981). Ces livres sont, dans la bibliographie de Ferdinand Alquié, escortés de nombreux articles, textes de conférences, cours publiés par le Centre de Documentation Universitaire. Remarquons pourtant un fait significatif : Alquié ne méprise nullement le travail artisanal de l'historien qui se fait à partir de textes soigneusement établis et annotés : son nom restera attaché aux trois volumes des *Œuvres philosophiques de Descartes* édités dans la collection Garnier (1963, 1967, 1973) et aux *Œuvres philosophiques de Kant* publiées sous sa direction dans la *Bibliothèque de la Pléiade*, dont le tome I parut en 1980 et dont il eut la satisfaction de recevoir le tome II quelques semaines avant sa mort.

Depuis 1978, Ferdinand Alquié dirige chez Vrin la collection *À la recherche de la vérité* : ce titre exprime sa préoccupation fondamentale, même en tant qu'historien. Il ne voyait pas comment on pourrait s'intéresser à Descartes en commençant par déclarer qu'il n'a plus rien à nous dire dans les sciences, en métaphysique, en morale. S'il consacre tant d'heures à étudier et à faire connaître Descartes,

Malebranche, Spinoza, Kant, c'est parce qu'il veut savoir
ce que nous pouvons trouver vrai dans leurs écrits.

Cette vérité, elle est dans les titres de ses livres : *Le
Désir d'éternité* (1943), *La Nostalgie de l'Être* (1950),
L'Expérience (1957), *Signification de la philosophie* (1971),
La Conscience affective (1976). Et j'ajouterai : *Philosophie
du surréalisme* (1955).

Autrement dit : l'intérêt constant de Ferdinand Alquié
pour le surréalisme ne représente pas une troisième direction
de sa pensée, c'est sa propre philosophie qu'il reconnaissait
dans l'expérience spirituelle et poétique dont son ami
André Breton avait tiré non une doctrine seulement littéraire
mais une vision du monde. Certes, Alquié savait parfaitement
que Breton ne pouvait contresigner toutes les pages de
Philosophie du surréalisme ; mais le *sur* de *surréalisme*
lui permettait de mettre sous ce mot la dimension
métaphysique que représente la transcendance de l'Être.

Et maintenant, voici que sous le nom de Ferdinand
Alquié, va commencer une nouvelle vie : celle de son
œuvre. A-t-elle été complètement connue ? N'y a-t-il pas
encore en elle beaucoup de choses à découvrir ? Elle n'a
pas fini de commenter pour nous le texte de Descartes que
M. Jean-Luc Marion a mis en tête du recueil « Hommage » :
Intellectio enim proprie mentis passio est.

FERDINAND ALQUIÉ
ET LE *BULLETIN CARTÉSIEN*

Jean-Luc MARION

Le 28 février 1985 disparaissait, après plusieurs mois d'une grave maladie contre laquelle il semblait avoir victorieusement lutté, Ferdinand Alquié.

D'autres diront, autrement, leur émotion. Mais l'Équipe Descartes, éditrice du *Bulletin cartésien* ici pour la quatorzième fois, salue Ferdinand Alquié d'une manière toute particulière. En effet il fut, c'est le plus aisé à constater, un collaborateur direct ou indirect de notre entreprise du premier début jusqu'à l'extrême fin. Le *Bulletin cartésien I* (paru dans les *Archives de philosophie*, 1972, n° 2) recensait les deux premiers volumes de la désormais classique édition des *Œuvres philosophiques* de Descartes publiées chez Garnier en 1963 et 1967 (le troisième volume, paru en 1973, fut recensé dans le *Bulletin cartésien IV*, *Archives de philosophie*, 1973, n° 2). Mais, en retour, le *Bulletin cartésien XIII*, s'ouvrait par une note consacrée à « Descartes et la chaleur cardiaque », où l'érudition scrupuleuse le disputait à l'humour. Cette note, Ferdinand Alquié ne la lut imprimée que sur son lit d'hôpital. De cette continuité nous retenons une double leçon.

1. Publié dans le *Bulletin cartésien*, n° XIV, dans les *Archives de philosophie*, 1985, n° 48, cahier 3, juillet-sept. 1985, p. 6-7.

Ferdinand Alquié fut, pour la plupart des rédacteurs du *Bulletin cartésien*, un maître et un inspirateur. Nous n'oublierons jamais sans doute que ce fut après l'un de ses séminaires de doctorat consacré à Malebranche, que J.-R. Armogathe suggéra pour la première fois l'idée de la présente entreprise : aussitôt Ferdinand Alquié confirma de son autorité ce projet encore hasardé. Jusqu'au bout, il suivit ainsi les développements du *Bulletin cartésien*, mais aussi les Journées d'études organisées par l'Équipe Descartes, dont il présida la seconde (en 1982).

Sa constante sympathie pour notre travail reflétait, en fait, une plus large et profonde constance : celle de l'historien de la philosophie, qui, jusqu'au bout, a travaillé. Ferdinand Alquié, qui se définissait parfois, *sub rosa*, comme « un paresseux contrarié », a publié après sa retraite deux de ses principaux livres – *Le Cartésianisme de Malebranche* en 1974 et *Le Rationalisme de Spinoza* en 1981 –, a mené à bien la direction, dans 'La Pléiade', des trois volumes d'une édition de Kant, dont il a pu voir les deux premiers (1980 et 1985) et rassemblé certains de ses meilleurs articles en *Études cartésiennes* (1982). L'ampleur de son œuvre d'historien de la philosophie classique apparaît d'ailleurs plus clairement à qui consultera la bibliographie presque exhaustive parue dans *La Passion de la raison. Hommage à Ferdinand Alquié* (1983, p. XVIII-XXII), mais surtout, dans le même volume, les ouvertures et prolongements que l'hommage de ses disciples et amis atteste, dans l'unité différenciée de leur multiforme reconnaissance. Les effets de cette œuvre conduite jusqu'au bout avec la même obstination n'ont pas fini de se faire sentir, et nous n'avons pas fini d'y revenir assurer nos plus personnelles tentatives.

Ferdinand Alquié s'est toujours proclamé « rationaliste ». Restait à définir de quelle raison. Ce fut l'objet d'entretiens longs, répétés, circulaires. Du moins, de cette raison, l'on peut assurer qu'il ne prétendait pas la régir ou la maîtriser ; au contraire, il ne cessait de s'en reconnaître le débiteur et le chercheur ; et il ne cessait d'envisager d'y avoir manqué ; n'a-t-il pas écrit l'une de ses toutes dernières pages pour avouer : « Je me trompais (ainsi, du reste, que bien d'autres) » (*Bulletin cartésien* XIII, *loc. cit.*, p. 2) ? Lui le reconnaissait, alors que les autres, le plus souvent, non. Un philosophe qui reconnaît pouvoir se tromper n'a du moins pas tort de le reconnaître : en bonne logique cartésienne (et socratique), c'est en ce point qu'il devient philosophe et même qu'il *est*. De cet exemple réalisé, nous avons, par-dessus tout, aujourd'hui, besoin.

Pour ces raisons, parmi d'autres motifs, nous redoublons la peine par la reconnaissance.

BIBLIOGRAPHIE DE FERDINAND ALQUIÉ

BIBLIOGRAPHIE PRIMAIRE

Ouvrages et direction d'ouvrages

Notes sur la première partie des Principes de la philosophie *de Descartes*, Carcassonne, éditions Chantiers, 1933.

Notions de morale générale, Carcassonne, éditions Chantiers, 1933, repris dans *Leçons de philosophie*, Paris, La Table Ronde, 2009.

Le Problème moral, Carcassonne, éditions Chantiers, 1933, repris dans *Leçons de philosophie*, Paris, La Table Ronde, 2009.

Les États représentatifs, Carcassonne, éditions Chantiers, 1934, repris dans *Leçons de philosophie*, Paris, La Table Ronde, 2009.

Les Mouvements et les Actes, Carcassonne, éditions Chantiers, 1934, repris dans *Leçons de philosophie*, Paris, La Table Ronde, 2009.

Plans de philosophie générale, Carcassonne, éditions Chantiers, 1934, rééd. dans « La Petite Vermillon », Paris, La Table Ronde, 2000, repris dans *Leçons de philosophie*, Paris, La Table Ronde, 2009.

La Science, Carcassonne, éditions Chantiers, 1934, repris dans *La Philosophie des sciences*, « La Petite Vermillon », Paris, La Table Ronde, 2002, et dans *Leçons de philosophie*, La Table Ronde, 2009.

Les Devoirs et la vie morale (plans de morale spéciale), Carcassonne, éditions Chantiers, 1935, repris dans *Leçons de philosophie*, Paris, La Table Ronde, 2009.

Notions de psychologie générale, Carcassonne, éditions Chantiers, 1935, repris dans *Leçons de philosophie*, Paris, La Table Ronde, 2009.

Les Tendances et la Raison, Carcassonne, éditions Chantiers, 1935, repris dans *Leçons de philosophie*, Paris, La Table Ronde, 2009.

Les Sciences mathématiques, les sciences de la matière et de la vie, Carcassonne, éditions Chantiers, 1936, repris dans *La Philosophie des sciences*, « La Petite Vermillon », Paris, La Table Ronde, 2002, et dans *Leçons de philosophie*, Paris, La Table Ronde, 2009.

Les Synthèses représentatives, Carcassonne, éditions Chantiers, 1936, repris dans *Leçons de philosophie*, Paris, La Table Ronde, 2009.

Les États affectifs, Carcassonne, éditions Chantiers, 1937, repris dans *Leçons de philosophie*, Paris, La Table Ronde, 2009.

Les Opérations intellectuelles, Carcassonne, éditions Chantiers, 1937, repris dans *Leçons de philosophie*, Paris, La Table Ronde, 2009.

Leçons de philosophie, 2 vols. (I. Psychologie, II. Méthodologie, morale, philosophie générale), Paris, Didier, 1939, nouvelle édition revue et augmentée 1951, rééd. en un volume, Paris, La Table Ronde, 2009.

Le Désir d'éternité, « Le Philosophe », Paris, P.U.F., 1943, rééd. « Quadrige », 1983.

La Découverte métaphysique de l'homme chez Descartes, « Bibliothèque de philosophie contemporaine », Paris, P.U.F., 1950, 2e éd. revue et augmentée avec une préface, 1966, 3e éd., « Épiméthée », 1987.

La Nostalgie de l'être, « Bibliothèque de philosophie contemporaine », Paris, P.U.F., 1950, 2e éd. 1973.

Science et métaphysique chez Descartes, Centre de Documentation Universitaire, « Les Cours de Sorbonne », 1955, rééd. sous le titre *Leçons sur Descartes, Science et métaphysique chez Descartes*, « La Petite Vermillon », Paris, La Table Ronde, 2005.

Philosophie du surréalisme, « Nouvelle bibliothèque scientifique », Paris, Flammarion, 1955, rééd. Champs-Flammarion, 1977.

Descartes, l'homme et l'œuvre, « Connaissance des Lettres », Paris, Hatier, 1956, rééd. avec un complément bibliographique par M. Goy, « La Petite Vermillon », Paris, La Table Ronde, 2017.

Qu'est-ce que comprendre un philosophe?, Centre de Documentation Universitaire, 1956, rééd. dans « La Petite Vermillon », Paris, La Table Ronde, 2005, réimpression avec le catalogue de cette collection, 2017.

L'Expérience, « Initiation philosophique », Paris, P.U.F., 1957, rééd. avec des notes mises à jour et une bibliographie par M. Goy, dans « La Petite Vermillon », Paris, La Table Ronde, 2019.

La Morale de Kant, Centre de Documentation Universitaire, « Les Cours de Sorbonne », 1957, rééd. sous le titre *Leçons sur Kant. La morale de Kant*, dans « La Petite Vermillon », Paris, La Table Ronde, 2005.

Nature et vérité dans la philosophie de Spinoza, Centre de Documentation Universitaire, « Les Cours de Sorbonne », 1958, repris dans *Leçons sur Spinoza*, « La Petite Vermillon », Paris, La Table Ronde, 2003.

Servitude et liberté selon Spinoza, Centre de Documentation Universitaire, « Les Cours de Sorbonne », 1959, repris dans *Leçons sur Spinoza*, « La Petite Vermillon », Paris, La Table Ronde, 2003.

SPINOZA, *Éthique*, textes choisis et présentés par F. Alquié, « Les grands textes », Paris, P.U.F., 1961.

DESCARTES, *Œuvres philosophiques*, t. I (1618-1637), textes établis, présentés et annotés par F. Alquié, « Classiques Garnier », Paris, Garnier, 1963, rééd. révisée par D. Moreau, Paris, Classiques Garnier, 2010.

Solitude de la Raison, Le Terrain Vague, 1966, rééd. avec des notes mises à jour par M. Goy, dans « La Petite Vermillon », Paris, La Table Ronde, 2018.

DESCARTES, *Œuvres philosophiques*, t. II (1638-1642), textes établis, présentés et annotés par F. Alquié, « Classiques Garnier », Paris, Garnier, 1967, rééd. révisée par D. Moreau, Paris, Classiques Garnier, 2010.

La Critique kantienne de la métaphysique, « Initiation philosophique », Paris, P.U.F, 1968.

Entretiens sur le Surréalisme, Actes du Colloque de Cerisy dirigé par F. Alquié du 10-18 juillet 1966, éd. Mouton & Co, 1968, rééd. sous le titre *Le Surréalisme*, « Cerisy Archives », Paris, Hermann, 2012.

Signification de la philosophie, « Le corps et l'esprit », Paris, Hachette, 1971.

DESCARTES, *Œuvres philosophiques*, t. III (1643-1650), textes établis, présentés et annotés par F. Alquié, « Classiques Garnier », Paris, Garnier, 1973, rééd. révisée par D. Moreau, Paris, Classiques Garnier, 2010.

Le Cartésianisme de Malebranche, avec en appendice « Science et métaphysique chez Malebranche et chez Kant », « Bibliothèque d'histoire de la philosophie », Paris, Vrin, 1974.

Malebranche et le rationalisme chrétien, « Philosophie », Paris, Seghers, 1977, rééd. avec un complément bibliographique par M. Goy, dans « La Petite Vermillon », Paris, La Table Ronde, 2017.

La Conscience affective, « À la recherche de la vérité », Paris, Vrin, 1979.

KANT, *Œuvres philosophiques*, t. I, *Des premiers écrits à la* Critique de la raison pure, édition publiée sous la direction de F. Alquié (traducteur de la *Dissertation de 1770*), « Bibliothèque de la Pléiade », Paris, Gallimard, 1980.

La Rationalisme de Spinoza, « Épiméthée », Paris, P.U.F., 1981.

Études cartésiennes, « Reprise », Paris, Vrin, 1982.

Kant, *Œuvres philosophiques*, t. II, *Des* Prolégomènes *aux écrits de 1791*, édition publiée sous la direction de F. Alquié, « Bibliothèque de la Pléiade », Paris, Gallimard, 1985.

Publications posthumes

Kant, *Œuvres philosophiques*, t. III, *Les derniers écrits*, édition publiée sous la direction de F. Alquié, « Bibliothèque de la Pléiade », Paris, Gallimard, 1986.

Cahiers de jeunesse, présentés par P. Plouvier, « Bibliothèque Mélusine », Lausanne, L'Âge d'homme, 2004.

Études cartésiennes, réédition augmentée et mise à jour par M. Goy et Th. Gress, « Bibliothèque d'histoire de la philosophie », Paris, Vrin, 2022.

Articles et contributions

« Note sur le désir », revue *Chantiers*, n° 6, 1928, repris dans *La Conscience affective*, Paris, Vrin, 1979, p. 241-248.

« Temps et objets », *Les Cahiers de l'Étoile*, n° 12, 1929.

« Lettre à André Breton, 7 mars 1933 », Paris, José Corti, *Le Surréalisme au service de la révolution*, n° 5, mai 1933, p. 43.

« Bergson et la *Revue de Métaphysique et de Morale* », Paris, Armand Colin, *Revue de Métaphysique et de Morale*, t. 48, n° 4, oct. 1941, « Controverses bergsoniennes », p. 315-328.

« Le refus du temps », *Cahiers du Sud*, n° 253, fév. 1943, repris in *La Conscience affective*, 1979, p. 249-265.

« Sur une phrase de Marcel Proust », *Domaine français*, Genève, Éditions des Trois-Collines, 1943, repris dans *L'Expérience*, Paris, La Table Ronde, 2019, p. 139-143.

« Introduction à la lecture de la *Critique de la raison pratique* », dans KANT, *Critique de la raison pratique*, trad. F. Picavet, « Bibliothèque de philosophie contemporaine », Paris, P.U.F., 1943, rééd. « Quadrige », 1983 p. v-xxxii.

« La *Phénoménologie de l'Esprit* de G.W.F. Hegel, trad. Jean Hyppolite », compte-rendu, *Revue philosophique de la France et de l'étranger*, Paris, P.U.F., t. 134, n° 1-3, janv.-mars 1944, p. 65-70, repris dans *Signification de la philosophie*, Paris, Hachette, 1971, p. 228-235.

« Études sur le comportement », *Cahiers du Sud*, n° 267, août-sept. 1944, p. 41-54.

« L'Être et le Néant selon Jean-Paul Sartre », *Cahiers du Sud*, n° 273-274, 1945, repris dans *Solitude de la Raison*, Paris, La Table Ronde, 2018, p. 117-174.

« Marxisme ou cartésianisme ? », Paris, Gallimard, *Les Temps Modernes*, n° 8, 1er mai, 1946.

« Existentialisme et Philosophie chez Heidegger », *Revue internationale*, n° 10, 1946, p. 224-252 et 333-342.

« Climat de Valéry », *Cahiers du Sud*, numéro spécial « Paul Valéry vivant », 1946.

« Solitude de la raison », *Deucalion*, Éditions de la Revue Fontaine, 1946, n° 1, repris dans *Solitude de la Raison*, Paris, La Table Ronde, 2018, p. 9-21.

« Conditions et limites de la connaissance de soi », Paris, Armand Colin, *Revue de métaphysique et de morale*, 52e année, n° 1, janv. 1947, p. 41-54.

« Désiré Roustan : *La Raison et la Vie* », Paris, P.U.F., compte-rendu, *Revue philosophique de la France et de l'Étranger*, 1947, t. 137, p. 456-458.

« Une philosophie de l'ambiguïté : l'existentialisme de Merleau-Ponty », *Fontaine*, n° 59, 1947, repris dans *Solitude de la Raison*, Paris, La Table Ronde, 2018, p. 175-209.

« Georges Friedmann et le machinisme industriel », revue *L'Éducation Nationale*, 1947, repris dans *Solitude de la Raison*, Paris, La Table Ronde, 2018, p. 65-73.

« L'homme et les valeurs », *Cahiers du Sud*, n° 286, 1947.

« Humanisme surréaliste et humanisme existentialiste », *L'homme, le monde, l'histoire, Cahiers du Collège philosophique*, Paris, Arthaud, 1948, p. 139-163, reprise condensée : « Surréalisme et existentialisme » (paru en hollandais dans *Apollo*, Amsterdam, 1948), in *Solitude de la Raison*, Paris, La Table Ronde, 2018, p. 97-116.

« Sur Joë Bousquet », Bruxelles, *Le Journal des Poètes*, 1948.

« Joë Bousquet et la morale du langage », *Cahiers du Sud*, n° 303, 1950, « Joë Bousquet », repris dans *Philosophie du surréalisme*, Paris, Flammarion, 1977, p. 179-182.

« Jean Hyppolite : *Genèse et structure de la* Phénoménologie de l'Esprit », compte-rendu, Paris, P.U.F., *Revue philosophique de la France et de l'Étranger*, 1950, t. 140, p. 191-196.

« Descartes et l'ontologie négative », *Revue internationale de philosophie*, vol. 4, n° 12, avril 1950, p. 153-160, repris dans *Études cartésiennes*, Paris, Vrin, 1983, p. 7-13, éd. augmentée, Paris, Vrin, 2022, p. 21-23.

« Descartes et l'immédiat », Paris, Armand Colin, *Revue de métaphysique et de morale*, 55ᵉ année, n° 4, oct.-déc. 1950, p. 370-375.

« L'Ordre cartésien », Paris, P.U.F., *Revue philosophique de la France et de l'Étranger*, t. 141, 1951, p. 161-167.

« La Démarche métaphysique de Descartes », *Revue des sciences humaines*, 1951.

« Études sur le temps humain », *Cahiers du Sud*, n° 308, 1951, repris dans *Solitude de la Raison*, Paris, La Table Ronde, 2018, p. 217-225.

« L'homme et le travail », Paris, Minuit, *Critique*, n° 54, 1951, repris dans *Solitude de la Raison*, Paris, La Table Ronde, 2018, p. 74-94.

« L'actualité de Descartes », *Cahiers du Sud*, n° 320, 1953.

« Structures logiques et structures mentales en histoire de la philosophie », (Séance du 28 fév. 1953), Paris, Armand Colin, *Bulletin de la Société française de Philosophie*, n° 2, 1953.

« Jean Wahl et la philosophie », Paris, Minuit, *Critique*, n° 85, 1954, repris dans *Solitude de la Raison*, Paris, La Table Ronde, 2018, p. 229-264.

« Révolte surréaliste et déréalisation », *Cahiers du Sud*, n° 327, fév. 1955.

« Athéisme surréaliste et poésie », Bruxelles, *Courrier du Centre international des Études poétiques*, n° 1, janv. 1955.

« Descartes : *Lettres, textes choisis*, par M. Alexandre », Paris, P.U.F., compte-rendu, *Les Études philosophiques*, n° 2, avril-juin 1955, p. 294-295.

« Kierkegaard et la philosophie », *Le Figaro littéraire*, 12 novembre 1955, repris dans *Solitude de la Raison*, Paris, La Table Ronde, 2018, p. 226-228.

« Descartes 1596-1650 », M. Merleau-Ponty (dir.), *Les Philosophes célèbres*, Mazenod, 1956, rééd. révisée et augmentée sous le titre *Les Philosophes de l'Antiquité au XXe siècle*, « La Pochothèque », Paris, LGF, 2006, p. 486-500.

« Malebranche 1638-1715 », M. Merleau-Ponty (dir.), *Les Philosophes célèbres*, Paris, Mazenod, 1956, rééd. révisée et augmentée sous le titre *Les Philosophes de l'Antiquité au XXe siècle*, « La Pochothèque », Paris, LGF, 2006, p. 534-543.

« Note sur l'interprétation de Descartes par l'ordre des raisons », Paris, Armand Colin, *Revue de métaphysique et de morale*, n° 3-4, juillet-déc. 1956, p. 403-418, repris dans *Études cartésiennes*, Paris, Vrin, 1983, p. 15-30, éd. augmentée, Paris, Vrin, 2022, p. 24-34.

« Psychanalyse et histoire de la philosophie », Paris, P.U.F., *Les Études philosophiques*, n° 4, oct.-déc. 1956, p. 594-604, repris dans *Signification de la philosophie*, Paris, Hachette, 1971, p. 236-251.

« Le surréalisme et la psychanalyse », revue *La Table Ronde*, n° 108, déc. 1956, « Destin de la psychanalyse », repris dans *Solitude de la Raison*, Paris, La Table Ronde, 2018, p. 39-49.

« Expérience ontologique et déduction systématique dans la constitution de la métaphysique de Descartes », Paris, Minuit, *Descartes*, Cahiers de Royaumont, 1957, p. 10-57, repris (avec la discussion) dans *Études cartésiennes*, Paris, Vrin, 1983, p. 31-78, éd. augmentée, Paris, Vrin, 2022, p. 35-62, et dans Th. Gress (dir.), *Cheminer avec Descartes*, Paris, Garnier, 2018, p. 25-84.

« Les philosophes devant l'histoire », *L'Action laïque*, janvier 1957, repris dans *Solitude de la Raison*, Paris, La Table Ronde, 2018, p. 59-64.

« Hans Bellmer et Gaston Bachelard, théoriciens de l'image », *Arts*, 19 juin 1957, repris dans *Solitude de la Raison*, Paris, La Table ronde, 2018, p. 50-58.

« Merleau-Ponty et les philosophes », *Arts*, 20 novembre 1957, repris dans *Solitude de la Raison*, Paris, La Table Ronde, 2018, p. 210-216.

« Jules Lagneau : *Célèbres leçons et fragments* », Paris, P.U.F., compte-rendu, *Revue philosophique de la France et de l'Étranger*, t. 147, 1957, p. 92-95.

« Pascal et la critique contemporaine », Paris, Minuit, *Critique*, n° 126, nov. 1957, repris dans *Signification de la philosophie*, Paris, Hachette, 1971, p. 203-221.

« La vie éternelle selon Spinoza », *Archivio di Filosofia*, Padoue, Cedam, « Tempo e Eternità », 1959, repris dans *Signification de la philosophie*, Paris, Hachette, 1971, p. 222-227.

« Préface » à Kant, *Qu'est-ce que s'orienter dans la pensée ?* trad. fr. A. Philonenko, « Bibliothèque des textes philosophiques », Paris, Vrin, 1959, rééd. « Textes et commentaires », Paris, Vrin, 2001.

« Conscience et signes dans la philosophie moderne et dans le cartésianisme », *Études carmélitaines*, « Polarité du symbole », Paris, Desclée de Brouwer, 1960, p. 221-226.

« Notes pour une publication de la correspondance de Joë Bousquet », *Cahiers du Sud*, n° 262-263, sept.-nov. 1961, « Joë Bousquet ou le recours au langage ».

« Note sur le temps », Paris, P.U.F., *Les Études philosophiques*, n° 1, janv.-mars 1962, p. 3-4, repris dans *La Conscience affective*, Paris, Vrin, 1979, p. 267-269.

« Descartes et la philosophie française », Londres, Canterbury Hall, Premier colloque de la Société britannique de langue française, 1962.

« Louis-Charles Eymar, l'homme et l'ami », préface au Catalogue de l'exposition rétrospective de Louis-Charles Eymar, Ville de Sète, Musée municipal Paul Valéry, 1962.

« Les Philosophes du XVIIe siècle devant l'homme », *XVIIe siècle*, numéro spécial, n° 54-55, 1962, p. 43-53, repris dans *Études cartésiennes*, Paris, Vrin, 1983, p. 79-89, éd. augmentée, Paris, Vrin, 2022, p. 63-69.

« Conscience et nature », (communication au XIe Congrès des Sociétés de philosophie de langue française), *Existence et Nature*, Paris, P.U.F., 1962, p. 37-49.

« Ne pas laisser mourir », *Cahiers du Sud*, nov.-déc. 1962, repris dans *La Conscience affective*, Paris, Vrin, 1979, p. 271-272.

« Le Problème philosophique de l'expérience » (communication à la XXIVe semaine de synthèse, 28 mai-1er juin 1962 : « L'expérience »), Paris, Albin Michel, Centre International de Synthèse, 1963.

« La Pensée méditerranéenne et la philosophie », *La Revue de Belles Lettres*, Genève, 1963.

« Humanisme et sciences humaines : la Philosophie », *La Revue des Deux Mondes*, 1er déc. 1963, p. 368-382.

« L'évidence philosophique », G. Deledalle et D. Huisman (éd.), *Les philosophes français d'aujourd'hui par eux-mêmes. Autobiographie de la philosophie française contemporaine*, Paris, Centre de Documentation Universitaire, 1963, p. 314-324. Repris dans *Études cartésiennes*, éd. augmentée, Paris, Vrin, 2022, p. 104-109.

« Esprit des Cahiers du Sud », *Cahiers du Sud*, n° 373-374, « Pour nos cinquante ans », 1963.

« Constantin Brunner », *Cahiers du Sud*, n° 375, « Constantin Brunner, un philosophe hors les murs (1862-1937) », déc. 1963-janv. 1964, p. 3-6.

« Le Neveu de Rameau », *L'Avant-scène*, n° 303, 1964.

« Le surréalisme et la beauté », *Archivio di Filosofia*, E. Castelli (dir.), *Surrealismo e Simbolismo*, Padoue, Cedam, 1965, p. 13-17.

« Préface » à A. Vergez et D. Huisman, *Histoire des philosophes illustrée par les textes*, Paris, Nathan, 1966.

« André Breton (1896-1966) », Paris, P.U.F., *Revue philosophique de la France et de l'Étranger*, t. 157, 1967, p. 143.

« Avis au lecteur », p. 7-9, « Introduction générale », p. 11-15, et participation à tous les entretiens, *Entretiens sur le Surréalisme*, 1968, rééd. sous le titre *Le Surréalisme*, Paris, Hermann, 2012.

« Préface » à B. Spinoza, *Abrégé de grammaire hébraïque*, trad. fr. J. et J. Askennazi, « Bibliothèque des textes philosophiques », Paris, Vrin, 1968.

« Descartes, René (1596-1650) », *Encyclopaedia Universalis*, 1968-1975, rééd. dans les éditions électroniques et dans *Dictionnaire des Philosophes*, Paris, Encyclopaedia Universalis-Albin Michel, 2006, p. 474-494.

« Hume, David (1711-1776), *Encyclopaedia Universalis*, 1968-1975, rééd. dans les éditions électroniques et dans *Dictionnaire des Philosophes*, Paris, Encyclopaedia Universalis-Albin Michel, 2006, p. 792-797.

« Métaphysique », *Encyclopaedia Universalis*, 1968-1975, rééd. dans les éditions électroniques et dans *Dictionnaire de la Philosophie*, Paris, Encyclopaedia Universalis-Albin Michel, 2006, p. 1233-1248.

« Réalité », *Encyclopaedia Universalis*, 1968-1975, rééd. dans les éditions électroniques et dans *Dictionnaire de la Philosophie*, Paris, Encyclopaedia Universalis-Albin Michel, 2006, p. 1764-1772.

« André Robinet : *Malebranche de l'Académie des sciences* », compte-rendu, *Les Études philosophiques*, n° 4, oct.-déc. 1971, p. 543-545.

« Science et métaphysique chez Malebranche et chez Kant », *Revue philosophique de Louvain*, t. 70, n° 5, fév. 1972, p. 5-42. Repris dans *Le Cartésianisme de Malebranche*, Paris, Vrin, 1974, p. 491-520.

« Malebranche », F. Châtelet (dir.), *Histoire de la philosophie, III, La Philosophie du monde nouveau*, Paris, Hachette, 1972, rééd. « Pluriel », 1999, p. 151-161.

« Berkeley », F. Châtelet (dir.), *Histoire de la philosophie, IV, Les Lumières*, Paris, Hachette, 1972, rééd. « Pluriel », 1999, p. 46-64.

« L'idée de causalité de Descartes à Kant », F. Châtelet (dir.), *Histoire de la philosophie, IV, Les Lumières*, Paris, Hachette, 1972, rééd. « Pluriel », 1999, p. 203-219.

« Le Dialogue », *Sud*, n° 9, mars 1973, Dossier « Ferdinand Alquié », repris (modifié) dans *La Conscience affective*, Paris, Vrin, 1979, p. 27-35.

« Intention et détermination dans la genèse de l'œuvre philosophique », *Revue de l'Université de Bruxelles*, n° 3-4, 1973, « Philosophie et méthode », p. 28-42, repris (sans les débats) dans *Études cartésiennes*, Paris, Vrin, 1983, p. 118-132, éd. augmentée, Paris, Vrin, 2022, p. 87-94.

« Sources cartésiennes de Malebranche. De l'influence, sur Malebranche, de la conception substantialiste du sujet pensant », Paris, P.U.F., *Les Études philosophiques*, n° 4, oct.-déc. 1974, « Malebranche, Condorcet », p. 437-448, repris dans *Études cartésiennes*, éd. augmentée, Paris, Vrin, 2022, p. 111-118.

« Jean Wahl », Paris, P.U.F., *Les Études philosophiques*, n° 1, janvier-mars 1975, p. 79-88.

« Le Surréalisme et l'art », Paris, P.U.F., *Les Études philosophiques*, n° 2, avril-juin 1975, p. 149-159.

« Une lecture cartésienne de la *Critique de la raison pure* est-elle possible ? », Pari, Armand Colin, *Revue de Métaphysique et de Morale*, n° 2, avril-juin 1975, p. 145-155, repris dans *Études cartésiennes*, Paris, Vrin, 1983, p. 107-117, éd. augmentée, Paris, Vrin, 2022, p. 79-86.

« Notice sur la vie et les travaux de Gabriel Marcel », Académie des sciences morales et politiques, séance du 24 novembre 1975, Institut de France, 1975.

« De la mort de Dieu à la mort de la philosophie », Académie des sciences morales et politiques, séance du 21 janvier 1980, Institut de France, p. 25-38, repris dans *Études cartésiennes*,

Paris, Vrin, 1983, p. 133-146, éd. augmentée, Paris, Vrin, 2021, p. 95-102.

« Philosophie et histoire de la philosophie chez Henri Gouhier », *Nouvelles de la République des Lettres*, Naples, 1982, n° I, p. 7-23.

« Le rapport de la science et de la religion selon Descartes, Malebranche et Spinoza », M. Fumaroli (éd.), *Le Statut de la littérature, Mélanges offerts à Paul Bénichou*, Genève, Droz, 1982, p. 187-202, repris dans *Études cartésiennes*, Paris, Vrin, 1983, p. 91-106, éd. augmentée, Paris, Vrin, 2022, p. 70-78.

« Entretien » avec Christian Delacampagne, *Le Monde*, 28 mars 1983, repris dans *Entretiens avec Le Monde, 1. Philosophies*, Paris, La Découverte-*Le Monde*, 1984, p. 53-61, repris dans *Études cartésiennes*, éd. augmentée, Paris, Vrin, 2022, p. 119-123.

« Bibliographie », J.-L. Marion (dir.), *La Passion de la raison, Hommage à Ferdinand Alquié*, « Épiméthée », Parsi, P.U.F., 1983, p. XXVII-XXII.

« Entretien avec le philosophe et académicien Carcassonnais Ferdinand Alquié », *L'Indépendant*, 22 avril 1984. Repris en ligne (le 15 déc. 2017) : http://musiqueetpatrimoinedecarcassonne.blogspirit.com/tag/ferdinand+alquié.

« Descartes et la chaleur cardiaque », *Bulletin cartésien*, n° XIII, dans *Archives de philosophie*, n° 47, 1984, p. 1-2. Repris dans *Études cartésiennes*, éd. augmentée, Paris, Vrin, 2022, p. 124-125.

« Préface » à D. Huisman (dir.), *Dictionnaire des Philosophes*, Paris, P.U.F., 1984, 2ᵉ éd. revue et augmentée, 1993, p. IX-XII.

« Le philosophe et le fou », J.-R. Armogathe et G. Belgioioso (éd.), *Descartes metafisico, Interpretazioni del novecento*, Istituto della Enciclopedia Italiana, Rome, 1994, p. 107-116, repris dans *Études cartésiennes*, éd. augmentée, Paris, Vrin, 2022, p. 131-137.

BIBLIOGRAPHIE SECONDAIRE

BENDA Julien, « Le désir d'éternité selon M. Ferdinand Alquié »,
Paris, Armand Colin, *Revue de métaphysique et de morale*,
n° 1, janvier 1946, p. 89-92.

WAELHENS Alphonse de, « Ferdinand Alquié, *Le Désir d'éternité* »,
compte-rendu, *Revue Philosophique de Louvain*, t. 44, mai
1946, p. 323-326.

– « Ferdinand Alquié, *La Découverte métaphysique de l'homme
chez Descartes*, *La Nostalgie de l'être* », compte-rendu,
Revue Philosophique de Louvain, t. 48, nov. 1950,
p. 576-580.

ANONYME, « Soutenance de thèses de F. Alquié », *Revue de
métaphysique et de morale*, n° 4, 1950, p. 434-436.

ROCHOT Bernard, « Ferdinand Alquié, *La Découverte métaphysique
de l'homme, La Nostalgie de l'être* », Paris, Armand Colin,
Revue d'histoire des sciences, t. 3, n° 3, juillet-sept. 1950,
p. 277-281.

PATRI Aimé, « Sur l'interprétation de Descartes par Ferdinand
Alquié », Paris, Armand Colin, *Revue de Métaphysique et
de Morale*, n° 2, avril-juin 1951, p. 208-222.

BRUN Annette, KLÉBER François, « Monsieur Ferdinand Alquié,
messager de la transcendance », *La Nouvelle Critique*, n° 69,
1955, p. 106-126.

FÉRAUD Claude, « Surréalisme et marxisme », *La Brêche*, n° 8,
1965.

PATRI Aimé, LEGRAND Gérard, « Le surréalisme est-il une
philosophie ? », *Le surréalisme, même*, n° 1, 1956.

DELEUZE Gilles, « Ferdinand Alquié : *Philosophie du surréalisme* »,
Paris, P.U.F., compte-rendu, *Les Études philosophiques*, n° 2,
avril-juin 1956, p. 314-316, repris dans *Lettres et autres
textes*, « Paradoxe », Paris, Minuit, 2015, p 113-116.

– « Ferdinand Alquié : *Descartes, l'homme et l'œuvre* », compte-
rendu, *Cahiers du Sud*, n° 335, oct. 1956, p. 473-475, repris
dans *Lettres et autres textes*, « Paradoxe », Paris, Minuit,
2015, p. 117-120.

Brun Jean, « *Philosophie du surréalisme* », Paris, Armand Colin, compte-rendu, *Revue de Métaphysique et de Morale*, n° 3-4, juillet-déc. 1956, p. 360-369.

Goldschmidt Victor, « À propos de *Descartes selon l'ordre des raisons* », *Revue de Métaphysique et de Morale*, n° 62, janvier-mars 1957, p. 67-71.

Lacroix Jean, « Ferdinand Alquié et le surréalisme », dans *Panorama de la philosophie française contemporaine*, Paris, P.U.F., 1966, p. 63-69.

Marion Jean-Luc, « Ferdinand Alquié, *Signification de la philosophie* », compte-rendu, *Revue Philosophique de Louvain*, t. 69, n° 4, nov. 1971, p. 599-601.

Armogathe Jean-Robert, « Descartes, *Œuvres philosophiques*, éd. F. Alquié, t. I (1618-1637) et t. II (1638-1642) », compte-rendu, *Bulletin cartésien*, n° I, *Archives de philosophie*, vol. 35, n° 2, avril-juin 1972, p. 268-269.

Brun Jean, « Ferdinand Alquié, *Signification de la philosophie* », Paris, P.U.F., compte-rendu, *Les Études philosophiques*, n° 2, avril-juin 1972, p. 151-252.

– « La notion de transcendance dans l'œuvre de Ferdinand Alquié », *Sud*, n° 9, mars 1973, Dossier 'Ferdinand Alquié', p. 17-31.

Caminade Pierre, « Ferdinand Alquié : De l'amour passion à l'amour action », *Sud*, n° 9, mars 1973, Dossier 'Ferdinand Alquié', p. 32-38.

Deprun Jean, « L'interprète de Descartes », *Sud*, n° 9, mars 1973, Dossier 'Ferdinand Alquié', p. 39-49.

Grimaldi Nicolas, « Au nom de la raison », *Sud*, n° 9, mars 1973, Dossier 'Ferdinand Alquié', p. 60-73.

Dhainaut Pierre, « L'espoir surréaliste : Ferdinand Alquié ou le témoin lucide », *Sud*, n° 9, mars 1973, Dossier « Ferdinand Alquié », p. 50-59.

Millet Louis, « Temps et Éternité », *Sud*, n° 9, mars 1973, Dossier 'Ferdinand Alquié', p. 74-81.

Grimaldi Nicolas, « La répétition. Étude sur l'expérience métaphysique dans la philosophie de Ferdinand Alquié »,

Paris, Armand Colin, *Revue de Métaphysique et de Morale*, n° 2, avril-juin 1973, p. 129-150.

ROBINET André, « Descartes, Malebranche et Monsieur Alquié », *Revue Internationale de Philosophie*, n° 110/4, 1974, p. 532-539.

BRUN Jean, « Ferdinand Alquié, *Le Cartésianisme de Malebranche* », Paris, P.U.F., compte-rendu, *Les Études philosophiques*, n° 4, oct.-déc. 1974, p. 527-529.

MARION Jean-Luc, « Ferdinand Alquié, *Le Cartésianisme de Malebranche* », compte-rendu, *Revue Philosophique de Louvain*, t. 72, n° 16, nov. 1974, p. 772-776.

ARMOGATHE Jean-Robert, « Descartes, *Œuvres philosophiques*, éd. F. Alquié, t. III (1643-1650) », compte-rendu, *Bulletin cartésien*, n° IV, dans *Archives de philosophie*, vol. 38, n° 2, avril-juin 1975, p. 266-267.

PHILONENKO Alexis, « Le cartésianisme de Malebranche suivant Ferdinand Alquié », Paris, Armand Colin, *Revue de Métaphysique et de Morale*, n° 2, avril-juin 1975, p. 209-239.

RODIS-LEWIS Geneviève, « Ferdinand Alquié, *Malebranche et le rationalisme chrétien* », Paris, P.U.F., compte-rendu, *Revue philosophique de la France et de l'Étranger*, t. 169, n° 2, avril-juin 1979, p. 218.

BEYSSADE Jean-Marie, « Ferdinand Alquié, *Malebranche* », Paris, Armand Colin, compte-rendu, *Revue de Métaphysique et de Morale*, n° 2, avril-juin 1980, p. 279.

BESSE Guy, « Emmanuel Kant, *Œuvres philosophiques*, t. I », compte-rendu, *Dix-huitième siècle*, n° 14, 1980, p. 461.

ROBINET André, « Ferdinand Alquié, *La Conscience affective* », compte-rendu, *Revue Internationale de Philosophie*, n° 133-134, 1980, p. 610-611.

MARION Jean-Luc, « L'être et l'affection. À propos de *La Conscience affective* de F. Alquié », *Archives de philosophie*, n° 43, Centres Sèvres, 1980, p. 433-441.

COURTINE Jean-François, « Kant, *Œuvres philosophiques*, t. I », compte-rendu, *Les Études philosophiques*, n° 4, oct.-déc. 1982, p. 499-502.

MARION Jean-Luc (dir., avec la coll. de Jean Deprun), *La Passion de la raison. Hommage à Ferdinand Alquié*, « Épiméthée », Paris, P.U.F., 1983. Ce volume contient :

– « Hommage », F. Alquié, « Bibliographie » ;

I *Les dimensions de la conscience affective* : N. Grimaldi, « L'expérience de l'absence et le sens de la philosophie », P. Caminade, « L'amour, le rêve et le nouveau roman », P.-G. Castex, « Le génie et l'asile », E. Lévinas, « Sur l'idée d'infini en nous » (repris dans *Entre nous*, Paris, Grasset, 1991, rééd. Paris, « Le Livre de poche », 1993, p. 227-230) ;

II. *Descartes* : J.-L. Marion, « Les trois songes ou l'éveil du philosophe » (repris dans *Questions cartésiennes*, Paris, P.U.F., 1991, p. 7-36), P. Magnard, « L'*intuitus mentis* et la vision aveugle », M. Henry, « Sur l'*ego* du *cogito* » (repris dans *Phénoménologie de la vie, t. II, De la subjectivité*, Paris, P.U.F., 2003, p. 73-88), J.-M. Beyssade, « Réflexe ou admiration » (repris dans Th. Gress (dir.), *Cheminer avec Descartes*, Paris, Classiques Garnier, 2018, p. 257-273), Alexandre J.-L. Delamarre, « Du consentement », J. Deprun, « Descartes et le "génie" de Socrate » ;

III. *Pascal, Spinoza, Malebranche* : H. Birault, "Pascal et le problème du moi introuvable » (repris dans *De l'être, du divin et des dieux*, Paris, Le Cerf, 2005, p. 114-155), H. Gouhier, « Le cœur qui sent les trois dimensions » (repris dans *Blaise Pascal, Conversion et apologétique*, Paris, Vrin, 1986, p. 60-70), J. Brun, « Salut et connaissance selon le rationalisme de Spinoza », G. Rodis-Lewis, « Les limites initiales du cartésianisme de Malebranche » (repris dans *Idées et vérités éternelles chez Descartes et ses successeurs*, Paris, Vrin, 1985, p. 89-101) ;

IV. *Cartésianismes et anti-cartésianismes* : R. Acworth, « La disparition de la matière chez les malebranchistes anglais John Norris et Arthur Collier », J.-R. Armogathe, « La religion de Jean Meslier », D. Leduc-Fayette, « D'une raison, l'autre. Remarque sur Coste et l'essai d'une histoire cartésienne de la philosophie » ;

V. *Descartes en philosophie allemande* : W. Röd, « Le *cogito ergo sum* dans la philosophie universitaire allemande au XVIIIᵉ siècle », J. Rivelaygue, « Des quelques difficultés concernant la IIIᵉ Antinomie : finitude et causalité », A. Philonenko, « Une lecture fichtéenne du cartésianisme n'est-elle pas nécessaire ? » (repris dans *Le Transcendantal et la pensée moderne*, Paris, P.U.F., 1990, p. 30-46) ;

VI. *Les espaces de l'esprit* : J. Brunschwig, « Aristote et l'effet Perrichon », M. Clavelin, « Duhem et la théorie physique », J. Lefranc, « Sur le dualisme freudien », P. Bénichou, « Poétique et métaphysique dans trois sonnets de Mallarmé » (repris dans *Selon Mallarmé*, Paris, Gallimard, 1995, rééd. en « Folio-essais », 1998, p. 359-389), A. de Lattre, « Le personnage proustien », Étiemble, « À propos de la littérature *pintupi* ». (Nous référençons de manière séparée les contributions spécifiquement consacrées à F. Alquié).

– « Hommage », J.-L. Marion (dir.), *La Passion de la raison*, Paris, P.U.F., 1983, p. VII-XV.

GRIMALDI Nicolas, « L'expérience de l'absence et le sens de la philosophie », J.-L. Marion (dir.), *La Passion de la raison*, Paris, P.U.F., 1983, p. 3-17.

CAMINADE Pierre, « L'amour, le rêve et le nouveau roman », dans J.-L. Marion (dir.), *La Passion de la raison*, Paris, P.U.F., 1983, p. 19-33.

BEYSSADE Jean-Marie, « Réflexe ou admiration », dans J.-L. Marion (dir.), *La Passion de la raison*, Paris, P.U.F., 1983, p. 113-130.

PORSET Charles, « Ferdinand Alquié, *Le Rationalisme de Spinoza* », compte-rendu, *Dix-huitième siècle*, n° 15, 1983, p. 514.

BRYKMAN Geneviève, « Ferdinand Alquié, *Le Rationalisme de Spinoza* », Paris, P.U.F., compte-rendu, *Revue philosophique de la France et de l'Étranger*, t. 173, n° 4, oct.-déc. 1983, p. 469-470.

BRUN Jean, « Alquié, Ferdinand (1906-1985), *Encyclopaedia Universalis*, 1984-85, rééd. dans les éditions électroniques et dans *Dictionnaire des Philosophes*, Paris, Encyclopaedia Universalis-Albin Michel, 2006, p. 63-66.

MARION Jean-Luc, « Alquié, Ferdinand, 1906-1985 », D. Huisman (dir.), *Dictionnaire des philosophes*, Paris, P.U.F., 1984, 2ᵉ éd. revue et augmentée, 1993, p. 73-76.

– « Ferdinand Alquié et le *Bulletin cartésien* », *Bulletin cartésien*, n° XIV, dans *Archives de philosophie*, n° 48, cahier 3, juillet-sept. 1985, p. 6-7, repris dans *Études cartésiennes*, éd. augmentée, Paris, Vrin, 2022, p. 141.

GOUHIER Henri, « À la mémoire de Ferdinand Alquié », Paris, Armand Colin, *Revue de métaphysique et de morale*, avril-juin 1985, n° 2, p. 147-148, repris dans *Études cartésiennes*, éd. augmentée, Paris, Vrin, 2022, p. 139-140.

PHILONENKO Alexis, « Ferdinand Alquié ou la lucidité », *Revue de Métaphysique et de Morale*, n° 4, oct-déc. 1985, p. 462-482.

BESSE Guy, « Emmanuel Kant, *Œuvres philosophiques*, t. II », compte-rendu, *Dix-huitième siècle*, n° 18, 1986, p. 477.

– « Emmanuel Kant, *Œuvres philosophiques*, t. III », compte-rendu, *Dix-huitième siècle*, n° 19, 1987, p. 463.

GRONDIN Jean, « Emmanuel Kant, *Œuvres philosophiques, tomes I, II, III* », compte-rendu, *Laval théologique et philosophique*, vol. 43, juin 1987, n° 2, p. 255-258.

GUITTON Jean, « Notice sur la vie et les travaux de Ferdinand Alquié (1906-1985) », Académie des sciences morales et politiques, séance du 30 mai 1989, Institut de France, 1989.

ALCIRA SODOR Maria, *La dimension ontologica de la consciencia afectiva segun Ferdinand Alquié*, Rome, Pontificia Università Lateranense, 1989.

BEYSSADE Jean-Marie, « La "querelle de la folie" : une suggestion de Ferdinand Alquié », J.-R. Armogathe, G. Belgioioso (ed.), *Descartes metafisico, Interpretazioni del novecento*, Istituto della Enciclopedia Italiana, Roma, 1994, p. 99-105, repris dans *Études cartésiennes*, éd. augmentée, Paris, Vrin, 2022, p. 126-130.

BEYSSADE Michelle, « Michel Foucault et Jacques Derrida : y a-t-il un argument de la folie ? », *Descartes metafisico, Interpretazioni del novecento*, Istituto della Enciclopedia Italiana, Rome, 1994, p. 99-105.

BELGIOIOSO Giulia, « "Storia dell'essere" e "metafisica dell'uomo". Ferdinand Alquié interprete delle *Meditationes* », *Descartes metafisico, Interpretazioni del novecento*, Istituto della Enciclopedia Italiana, Roma, 1994, p. 71-98.

GIOLITO Christophe, « Le débat cartésien entre Alquié et Gueroult : controverse ou polémique ? », M. Bouacha et F. Cossutta, *La polémique en philosophie*, Éditions Universitaires de Dijon, 2000, p. 97-130.

KAMBOUCHNER Denis, *Les* Méditations métaphysiques *de Descartes. Introduction, Première Méditation*, « Quadrige », Paris, P.U.F., 2005.

PELLEGRIN Marie-Frédérique, « Ferdinand Alquié, *Leçons sur Descartes* », Paris, P.U.F., compte-rendu, *Revue philosophique de la France et de l'Étranger*, t. 197, n° 1, janv.-mars 2007, p. 106-107.

LEQUAN Mai, « Ferdinand Alquié, *Leçons sur Kant. La morale de Kant* », compte-rendu, *Revue philosophique de la France et de l'Étranger*, Paris, P.U.F., t. 198, n° 4, 2008, p. 497-498.

FERRY Luc, « La controverse sur la folie », *Sagesses d'hier et d'aujourd'hui*, Paris, Flammarion, 2014, p. 218-222.

MACHEREY Pierre, *Querelles cartésiennes*, « Opuscules », Villeneuve d'Asscq, Presses Universitaires du Septentrion, 2014.

MEHL Édouard, « Une polémographie de la modernité », *Methodos, savoirs et textes*, n° 16, 2016, disponible en ligne: https://doi.org/10.4000/methodos. 4653

GRESS Thibaut, « Ferdinand Alquié : *Descartes, l'homme et l'œuvre* », compte-rendu, site internet *Actu-philosophia.com*, 20 fév. 2017.

ZUPPINGER Thibaud, « Ferdinand Alquié – rééditions aux éditions La Table Ronde », compte-rendu, site internet *Implications-philosophiques.org*, 20 mars 2017.

ORIGINE DES TEXTES

« L'évidence philosophique », dans G. Deledalle et D. Huisman (éd.), *Les philosophes français d'aujourd'hui par eux-mêmes. Autobiographie de la philosophie française contemporaine*, Paris, C. D. U., 1963, p. 314-324.

« Les Sources cartésiennes de Malebranche », *Les Études philosophiques*, oct.-déc. 1974, n°4, PUF, p. 437-448.

« Entretien avec Ferdinand Alquié », *Entretiens avec* Le Monde, *1. Philosophies*, Paris, Éditions Le Monde/La Découverte, 1984, p. 53-61.

« Descartes et la chaleur cardiaque », *Bulletin cartésien* n° XIII, *Archives de philosophie*, n° 47, cahier 3, 1984, p. 1-2.

« Le philosophe et le fou », *Descartes metafisico, Interpretazioni del novecento*, Istituto della Enciclopedia Italiana, Roma, 1994, p. 99-120.

© Ayants droit de Ferdinand Alquié. Autorisation accordée par la Société COUTOT-ROEHRIG, Montpellier.

Jean-Marie Beyssade, « La "querelle sur la folie" : une suggestion de Ferdinand Alquié », dans *Descartes metafisico, Interpretazioni del novecento*, Istituto della Enciclopedia Italiana, Roma, 1994, p. 99-120. Texte reproduit avec l'aimable autorisation de Madame Michelle Beyssade.

Henri Gouhier, « À la mémoire de Ferdinand Alquié », *Revue de métaphysique et de morale*, avril-juin 1985, Armand Colin, p. 147-148. Texte reproduit avec l'aimable autorisation des ayants droit d'Henri Gouhier et des Éditions Armand Colin.

Jean-Luc Marion, « Ferdinand Alquié et le Bulletin cartésien », *Bulletin cartésien*, n° XIV, *Archives de philosophie*, n° 48, cahier 3, 1985, p. 6-7. Texte reproduit avec l'aimable autorisation de l'auteur.

TABLE DES MATIÈRES

SUPPLÉMENTS

Achevé d'imprimer en février 2023
La Manufacture - Imprimeur – 52200 Langres – Tél. : (33) 325 845 892
Imprimé en France – N° 230118 – Dépôt légal : février 2023